부목사학

이주영 지음

副牧師學
― 補助牧會學 Ⅱ ―

이 주 영 지음

성광문화사

Assistant Pastor

by

Lee, Joo Young, Th. M., D.D.

1987

Sung Kwang Publishing Co.,

Seoul, Korea

저자 서문

날로 세속화(secularization)의 궤적이 급속히 발전되어가고 있는 작금에 하나님의 일을 올바로 수행해 나간다는 것은 대단히 어려운 일이 아닐 수 없다. 이러한 외적인 정황과 더불어 기독교계 안에서도 편만하게 확산되어가고 있는 진리에 대한 상대화 작업은 하나님의 교회(ἐκκλησία τοῦ θεοῦ)를 선택받은 자(λαός)들의 공동체가 아니라 하나의 단순한 게마인샤프트 정도로 전락시키는(casta meretrix) 지경에 까지 이르렀다.

이러한 딜렘머의 와중 속에서 하나님의 사역자들이 특별히 자신의 위치를 정확하게 설정하고 그 한계와 기능에 부합되는 사역을 충실히 수행해 간다는 것은 대단히 힘들다.

분명히 사랑과 충성으로 철저하게 연결되어 그리스도의 명령을 순종하면서 함께 사역해야 하는 공동운명체로서의 동역자임에는 분명하나 한국 교계의 일각에서 발생되는 담임목사와 부목사간의 갈등과 마찰은 한국교계 전체의 아픔과 고통이 되고 있는 실정이다.

이러한 문제성은 분명히 성경에서 연원하는 목회신학적 원리를 올바로 정립하지 못한 신학적인 딜렘머인 동시에 관계신학(interpersonal theology)적 측면에서 요청되는 기능적이고도 윤리적인 분야에 대한 미성숙에서도 연원되는 딜렘머이기도 하다.

작금 한국교회의 양적인 급성장과 더불어 개교회의 비대화는 기능적 측면에서의 분담사역이라는 불가피한 과제를 제공하게 되었고 따라서 각 분야별, 기능별 동역자들의 협력목회(協力牧會)가 요청된 것이다. 이러한 상황에 준하여 가장 귀중한 동역자로서 그 전반적인 기능적 사역을 담당하는 부목사의 위치는 대단히 중요한 것이 아닐 수 없다.

담임목사의 동역자로서, 또한 보조목회자로서의 부목사의 충직하고도 신실한 봉사는 교회성장의 초석이 되고 있으나 불행하게도 부목사들의 기능적 목회를 도울 수 있는 지침서가 전무한 현실을 생각할 때 목회일반에 대한 지침서인 현대목회학을 집필한 후 다시 붓을 들지 않을 수 없었다.

필자는 본서를 집필함에 있어서 좀더 풍성하고 다양한 목회적 자료들을 수집하여 다원화 목회(多元化 牧會)와 기능적 목회(機職的 牧會)에 촛점을 맞추고 오랜 세월동안 목회현장에서 체득한 경험과, 신학교 교단에서 교수한 자료들을 종합하여 행정가(administrator)로서, 교육가(educator)로서, 크리스챤 카운슬러로서 나아가 보조목회자(assistant)로서의 다양한 자질과 임무를 원리론과 기능적 사역론으로 나누어 기술해 보았다. 아무쪼록 본서를 통하여 신실하게 자신에게 맡겨진 사역을 수행하고 계시는 부목사들에게 조금이라도 도움이 되었으면 하는 마음 간절하며 담임목사들에 대한 깊은 이해와 사랑이 더욱 두터워져서 수고하시는 목장이 날로 윤택해지며 성장하여 우리 하나님 아버지께서 기뻐하시는 교회가 되었으면 더없는 보람으로 알겠다.

끝으로 필자는 본서를 출판함에 있어서 원고정리에 땀흘린 강정진 전도사와 적은 정성이 햇빛을 볼 수 있도록 해주신 성광문화사 이승하 장로님께 심심한 감사를 드린다.

1987. 3. 6

칼빈신학교 학장실에서

小石, 이주영 識

목 차

저자 서문/5

제 I 편 : 부목사직(副牧師職)의 원리론(原理論)

제 1 장 하나님의 교회의 직분(職分) ················15

제 1 절 하나님의 교회($\dot{\epsilon}\kappa\kappa\lambda\eta\sigma\dot{\iota}\alpha$ $\tau o\hat{v}$ $\theta\epsilon o\hat{v}$, qăhal Yahweh)···15
제 2 절 목회직(牧會職) ································22

제 2 장 부목사론(副牧師論) ························27

제 1 절 목사에 대한 성경적 연원(聖經的 淵源) ···········27
  1. 목사($\pi o\iota\mu\dot{\eta}\nu$)/28
  2. 종($\delta o\hat{v}\lambda o\varsigma$)/29
  3. 일꾼($\delta\iota\dot{\alpha}\kappa o\nu o\varsigma$)/30
  4. 하인($o\dot{\iota}\kappa\epsilon\tau\eta\varsigma$)/30
  5. 수종자($\dot{v}\pi\eta\rho\epsilon\tau\eta\varsigma$)/30
  6. 감독($\dot{\epsilon}\pi\dot{\iota}\sigma\kappa o\pi o\varsigma$)/31
  7. 사역자($\lambda\epsilon\iota\tau o\nu\rho\gamma\acute{o}\varsigma$)/32
  8. 전도인($\epsilon\dot{v}\alpha\gamma\gamma\epsilon\lambda\iota\sigma\tau\acute{\eta}\varsigma$)/32

제 2 절 목사에 대한 헌법적 규정(憲法的 規定) ···········33
제 3 절 부목사에 대한 헌법적 규정 및 현실적 위치
        (現實的 位置) ·································35

제 3 장 부목사의 인격적 준비······················41
　　─인격적 준비에 관한 성경적 연원(聖經的 淵源)─
　　1. 책망할 것이 없는자($ἀνεπίλημπτον$)/41
　　2. 한 아내의 남편($μιᾶς\ γυναικὸς\ ἄνδρα$)/42
　　3. 절제($νηθάλιον$)/43
　　4. 근신($σώφρονα$)/43
　　5. 아담($κόσμιον$)/44
　　6. 나그네 대접을 잘함($φιλόξενον$)/44
　　7. 잘 가르치며($διδακτικόν$)/45
　　8. 술취하지 아니함($μὴ\ πάροινον$)/45
　　9. 구타하지 아니함($μὴ\ πλήκτην$)/46
　10. 관용하며($ἐπιεικῆ$)/46
　11. 다투지 아니하며($ἄμαχον$)/46
　12. 돈을 사랑하지 아니하며($ἀφιλάργυρον$)/47
　13. 자기 집을 잘 다스려 자녀들로 모든 단정함으로
　　　순종케 하는자($τοῦ\ ἰδίου\ οἴκου\ καλῶς\ προϊστάμενον,$
　　　$ἔχοντα\ ἐν\ ὑποταγῃ\ μετὰ\ πάσης\ σεμνότητος$)/47
　14. 외인에게도 선한증거를 얻은 자($δεῖ\ δε\ καὶ\ μαρτορίον$
　　　$καλὴν\ ἔχειν\ ἀπο\ τῶν\ ἔζωθεν$)/48
　15. 제고집대로 하지 아니하며($μὴ\ αὐθάδη$)/48
　16. 급히 분내지 아니하며($μὴ\ ὀργίλον$)/49
　17. 더러운 이(利)를 탐하지 아니하며($μὴ\ αἰσχροκερδῆ$)/49
　18. 선을 좋아하며($φιλάγαθον$)/49
　19. 의로우며($δίκαιον$)/50
　20. 거룩하며($ὅσιον$)/50

제4장 부목사의 영적 준비(靈的準備) ········ 55

제1절 영적 준비 ········ 55
제2절 부목사와 영성(spirituality) ········ 59

제5장 부목사의 학적 준비(學的準備) ········ 67

제1절 학자로서의 부목사 ········ 67
제2절 연구생활의 중요성 ········ 70
제3절 부목사의 필독서 및 참고서 ········ 74
  1. 사전류, 백과사전류 / 75
  2. 신·구약 분해사전류 / 76
  3. 전반적인 조직신학류 / 77
  4. 계시론 분야 / 77
  5. 성경론 분야 / 78
  6. 성경해석학 분야 / 78
  7. 신론 분야 / 79
  8. 삼위일체론 분야 / 79
  9. 선택과 예정분야 / 80
 10. 창조와 섭리분야 / 80
 11. 인간론 분야 / 80
 12. 죄론 분야 / 81
 13. 그리스도의 위격(位格) 분야 / 81
 14. 그리스도의 사역 분야 / 82
 15. 구원과 성령 분야 / 82
 16. 교회론 분야 / 83
 17. 성례전 분야 / 83
 18. 종말론 분야 / 83

제6장 부목사의 윤리 ···87

제1절 기독교 윤리의 성격·································87
제2절 칼빈(John Calvin)의 윤리························89
  1. 윤리적 인식(ethical epistemology)의 근거/90
  2. 하나님 중심적 윤리(Theocentric ethics)/91
제3절 부목사의 윤리 ·······································93
  1. 삼중적 관계성(三重的 關係性)/93
    1) 담임목사와의 관계/94
    2) 동역자와의 관계/95
    3) 성도들과의 관계/97

제Ⅱ편 : 부목사직의 일반적 사역론(一般的 使役論)

제7장 행정관리(行政管理) ·······························105

제1절 교회행정(church administration)의 원리 ············105
  1. 하나님 중심적(God-centered) 원리/106
  2. 인간 지향적(human-oriented) 원리/107
제2절 효율적인 교회행정의 운영방안 ·······················108
제3절 교회행정에 있어서 가장 중대한 요소로서의 계획···111
  1. 계획(planning)의 원리/111
  2. 계획의 실제/113
    참고자료/116

제8장 교육관리(敎育管理) ·······························119

제1절 기독교 교육의 목표와 목적·························120
제2절 부목사의 기독교 교육업무 ·························125

제 3 절　부목사의 특별한 사역 ·····················128
　　1. 일반적인 리더쉽 개발분야／128
　　2. 교육행정분야／129
　　3. 프로그램형성분야／130
　　4. 리더쉽 개발 및 교육분야／131
　　5. 감독(supervising)／132
　　참고자료／133
　　　1) 예배시 그의 임무／133
　　　2) 어린이 사업／133
　　　3) 청년사업／134
　　　4) 장년사업／134

제 9 장　상담관리(相談管理) ·····················139

　제 1 절　상담기능(相談技能)의 요청·················139
　제 2 절　크리스챤 카운슬링의 일반적 원리···········141
　제 3 절　크리스챤 카운슬러의 자격 ·················146
　제 4 절　효과적인 상담수행에 있어서 요구되는 상담기술 ···148
　　1. 관계형성／148
　　2. 경청／148
　　3. 세심한 관찰／149
　　4. 지혜로운 질문／149
　　5. 반응하는 방법／150
　　6. 영적 자원의 활용／151
　　7. 긍정적인 마무리／151
　　참고자료
　　상담에 필요한 성구들／152

제10장 심방관리(尋訪管理) ··157

제1절 심방(visitation)의 중요성 ··································157
제2절 심방의 일반적 목적 ··159
제3절 심방의 특징··161
제4절 심방의 유익··163
제5절 심방시 고려할 사항들 ······································166
  1. 심방의 준비／166
  2. 심방의 시간／166
  3. 심방의 인원／167
  4. 심방에서의 예배／167
  5. 심방에서의 대화／167
  6. 심방에서의 태도／168
  7. 심방의 예고／168
  8. 심방과 기록철(file)／168
  9. 심방할 수 없는 성도들／169
  10. 심방과 사후처리／169

제11장 부목사의 기능적 사역(技能的 使役)······················173

제1절 예배(worship) ···173
  1. 예배의 본질과 요건／175
  2. 예배에 대한 교육／178
제2절 설교(preaching) ··181
  1. 설교의 정의／181
  2. 바울의 설교원리와 방법／183
  3. 칼빈의 설교원리와 방법／185
제3절 기타 사역··188
부록 : 심방사전 ··195

제 I 편
부목사직(副牧師職)의 원리론(原理論)

제 1 장 하나님의 교회의 직분(職分)
  제 1 절 하나님의 교회
  제 2 절 목회직(牧會職)
제 2 장 부목사론(副牧師論)
  제 1 절 목사에 대한 성경적 연원(淵源)
  제 2 절 목사에 대한 헌법적 규정
  제 3 절 부목사에 대한 헌법적 규정 및
        현실적 위치
제 3 장 부목사의 인격적 준비
제 4 장 부목사의 영적 준비
  제 1 절 영적 준비
  제 2 절 부목사와 영성
제 5 장 부목사의 학적 준비
  제 1 절 학자로서의 부목사
  제 2 절 연구생활의 중요성
  제 3 절 부목사의 필독서 및 참고서
제 6 장 부목사의 윤리
  제 1 절 기독교 윤리의 성격
  제 2 절 칼빈의 윤리
  제 3 절 부목사의 윤리

제 1 장
하나님의 교회의 직분(職分)

제 1 절 하나님의 교회($\dot{\epsilon}\kappa\kappa\lambda\eta\sigma i\alpha$ τοῦ θεοῦ, qăhal Yahweh)

교회(敎會)라는 말은 헬라어 에클레시아($\dot{\epsilon}\kappa\kappa\lambda\eta\sigma i\alpha$)의 번역이다.[1] 그리스도인 공동체(christian community)를 지칭하여 이 용어가 사용된 것은 신약성경 데살로니가전서였다. 그러나 교회의 원형적인 개념은 신약시대 이전에서 찾을 수 있다. 특히 아브라함의 부름(calling)과 이스라엘 민족의 형성에서 교회의 배경을 찾아볼 수 있다.

구약성경은 하나님께서 이스라엘 민족을 다른 민족과 구별하되 그들을 통하여 모든 나라가 축복을 받을 것이라는 약속과 애굽의 속박으로부터 이스라엘을 구출하여 시내산에서 하나님의 백성으로 계약(berith, Covenant)함으로써 —시내산 계약(Sinaiticus Covenant)[2]— 이들을 특별한 공동체(Gemeinde)[3]로 삼았다.

---

[1] 사도바울이 데살로니가 전서에서 $\dot{\epsilon}\kappa\kappa\lambda\eta\sigma i\alpha$ 라는 말을 사용하기 전에도 칠십인경(LXX)에 이 말은 거의 100회 정도 이미 사용되었다. 이것은 구약성경의 qahal(קָהָל)을 그렇게 번역했던 것으로 하나님의 백성(Volks Gottes)—M. Luther의 번역—또는 주의 백성(신 4:10, 9:10, 18:16, 시 22:22)이라는 의미가 있다.

[2] Sinaiticus Covenant 에 대해서는 Gerhardus Vos, *Biblical Theology* (Grand Rapids, Michigan; Baker Book House, 1979) 제 2 장을 참고하라.

[3] Martin Luther는 교회라는 Kirche(독), Kyrka(스웨덴), Cerkov(슬라브), Kyrike(Byzantine Greek) 등의 번역을 좋아하지 않고 공동체(Ge-

"너희가 내게 대하여 제사장 나라가 되며 거룩한 백성(ām qàdōs)이 되리라"(출 19:6)는 약속과 함께 하나님께서는 이와 같은 특별한 관계 유지를 두가지의 의식으로 그 징표를 삼았다. 할례(circumcision)[4]와 유월절(paska, passover)이 그것인데 할례는 하나님과의 계약(契約)을 준수함으로써 그들의 자손들이 약속대로 축복을 받는다는 표시로 행해졌으며 유월절은 죄와 악의 권세로부터 구원하여 하나님과의 친교(koinonia)를 유지하는 의식이었다.

이스라엘 민족의 선택과 하나님과의 관계는 이스라엘 민족이 자신을 위해 존재하기 보다는 모든 인류(all mankind)를 위한 하나님의 목적을 이루는 수단으로 되었다는 것을 시사해 준다. 이러한 관점에서 이 집단은 그 형성동기(形成動機)나 존재의미(存在意味)로 보아 단순한 사회학적 집단(sociological collectives)이 아니라 하나님의 공동체(Geminde Gottes)였으며 많은 백성들 중에서 선택소출(召出)된 하나님의 집단이었다.

이스라엘 민족이 지닌 의미의 압축과 세계적인 그 확대가 메시아의 강림이고 그를 통하여 새로운 영(靈)-(성령)으로 모든 민족 가운데서 새로운 계약(new covenant)으로 형성되는 공동체가 에클레시아였던 것이다.

이와같은 에클레시아라는 용어는 그리스도인들에 의하여 새롭게 생성된 것이 아니었고 이미 통용되던 말을 차용한 것이었다.[5]

이러한 에클레시아는 헬라어의 "부른다"(calling)는 의미인 '$καλεώ$'

---

meinde)라는 용어를 선호하고 있다. Hans Küng, *was ist Kirche?* (Verlag Herder K.G. Freiburg im Breisgau, 1970), pp. 83~89 참조.
4) '할례'는 이스라엘 민족이 되려는 모든 이방민족들에게 개방되어 있는 유일한 수단이었다. 따라서 이스라엘 민족의 성격은 분명한 개방공동체 (open Community)였음을 알 수가 있다.
5) $ἐκκλησια$가 LXX에도 많이 사용되었지만 가장 보편적으로 사용되었던 것은 고대 그리스의 도시(polis)에 있었던 '시민의회'(Assembly of Citizen)를 지칭한 것으로서 시민들중에서 선택되어 회집된 사람들을 의미했다. Paul Minear, *Images of the Church in the New Testament* (Philadelphia; The Westminster Press, 1976), 제3장 참조.

와 그의 합성어인 'ἐκκαλεω'라는 말과 밀접히 관계되는데, ἐκκαλεω는 불러낸다(call out)는 의미가 있다. 이러한 관점에서 에클레시아는 어원적(語源的)으로 "부름을 받아 모인 사람들"을 의미했다.[6]

그러므로 그리스도인 공동체(집단)를 에클레시아로 명명한 것은 교회를, 선택하에 불러 모여진 공동체로 본 것이라고 할 수 있다. 이 말은 결국 교회가 본질적으로 사람들, 그것도 특별히 선별된 공동체라는 것을 명백하게 표현하고 있는 것이다.

실제로 신약성경에 그리스도인들을 지칭해서 자주 사용된 사람이라는 의미의 헬라어 λάος도 보통 사람들을 총칭해 말한 것은 아니었고 하나님의 사람들이라는 특별한 사람들로 구별해서 썼다.[7]

사도바울은 이 공동체를 "새로운 종류의 인간공동체"로 생각했다. 비록 유대적 전통(Jewish tradition)을 완전히 탈피한 것은 아니었지만 그 전의 상태와는 다른 공동체로 여겼다.

로마 카톨릭 신학자인 한스 킹(Hans Küng)은 그의 대표적 저서인 교회란 무엇인가?(was ist kirche?)에서 원래 교회(ecclesiam)는 죄인들의 공동체(Communio peccatorum)였으나 하나님의 은총에 의하여 성도들의 공동체(Communio Sanctorum)가 된다고 했으며[8] 개혁자 칼빈(John Calvin)도 "교회 밖에는 구원이 없다"(extra ecclesiam nulla Salus, Salus extra ecclesiam non est)고 천명했던 것이다.[9] '새 이스라엘(new Israel), '새로운 피조물'(new creature), 새 사람(new man) 등이 바로 교회가 세속적인 표준(secularized standard)을 따라 존재하지 않고 예수 그리스도의 가르침을 좇아 살아가는 집단임을 바울은 강조했

---

6) 헬라인들에게 '불러모은다'라는 의미를 지닌 용어로 수레고(σύλλεγω)라는 말이 있었는데 이 말은 사적(私的)인 모임에 대하여 사용했으며 ἐκκλησια는 공적(公的)인 회집을 지칭하는데 쓰여졌다.
7) Paul Minear, op. cit., Chapt. 3.
8) Hans Küng, op. cit., pp. 84~87.
9) "Salus extra ecclesiam non est"라는 교리는 1438년 Florence 종교회의에서 로마 카톨릭교회의 교리로 확정되었다.

던 것이다.[10]

교회는 철저한 공동체로서 '나'(Ich)라는 개념으로 형성되지 않고 철두철미하게 '우리'(wir)라는 연대의식(連帶意識)을 바탕으로 이루어진 공동체였다. '우리'라는 공동체의식(Community Consciousness)은 히브리인들의 전통적인 의식이긴 했지만 예수 그리스도의 가르침과 정신에 입각해 있었다는 점에서 새로운 의미가 있었다.

헤르만 리델보스(Herman Ridderbos)는 하나님의 나라(Kingdom of God)[11]와 교회를 대비시키면서 다음과 같이 서술하고 있다.

"하나님의 나라는 그리스도 안에서 성취되고 절정에 도달할 구원에 대한 위대한 신적 사역(Divine mission)이며 교회는 하나님께서 선택하시고 부르셔서 그 나라의 축복 속에 참여하는 백성"[12]이라고 했다.

진정 우리가 믿는 교회는 칼빈이 말한 바와 같이 가견적 교회(visible church)와 불가견적 교회(invisible church)를 말하며 이 세상에서 선택하여 불러내신 새롭게 된 사람들이 모인 공동체이며 이 공동체를 위하여 예수 그리스도께서 선지자(행 3:22, 눅 4:18,21)와 왕(계 19:16, 고전 15:25, 행 12:17, 18:9,10)과 제사장(히 5:5,6,9:14,28)의 세가지 직분으로 우리를 구원하시고 그리스도의 몸된 교회에다 예수 그

---

10) 이러한 교회의 성격에 대해서는 다음의 책들을 참고하다.
   D. Bonhöeffer, *The Communion of Saints*(N.Y.; Harper and Row, 1960), pp.97~102,
   E. Brunner, *The Misunderstanding of the Church*(Philadelphia; The Westminster Press, 1969), Chapt. 6.
   Hendrik Kraemer, *A Theology of Laity*(Philadelphia; The Westminster Press, 1958), Chapt. 2,5.
11) 하나님의 나라($\beta\alpha\sigma\iota\lambda\epsilon\iota\alpha\ \tau o\tilde{u}\ \theta\epsilon o\tilde{u}$)는 예수 그리스도의 메시지의 핵심이었다. Peter Wagner에 의하면 이 '하나님의 나라'라는 용어는 마태복음에 52회, 마가복음에 19회, 누가복음에 44회, 그리고 요한복음에 4회 나타나고 있다고 하면서 이것이 바로 예수 그리스도의 메시지의 핵심임을 증명한다고 했다. Peter Wagner, *Church Growth And The Whole Gospel*(N.Y.; Harper & Row, 1981), p.2.
12) Herman Ridderbes, *The Coming of the Kingdom*(Philadelphia; Presbyterian & Reformed Publishing Co, 1962), p.354.

리스도의 3중직(三重職)대로 선지자, 왕, 그리고 제사장의 직분을 주신 것이다.

그러나 교회는 영적인 단체인 것과 같이 동시에 기능적인 기관(functional organization)이다. 영적인 단체로서의 교회는 유기적(organic)이고, 기능적인 기관으로서 교회는 조직적이다. 그러나 이 기관은 항상 그것의 영적인 관계에 근거를 두고 있다. 산 유기적조직체(有機的組織體)로서 교회는 투쟁적인 기관(ecclesia militant)이다. 만일 이 단체가 추상적인 진리의 단순한 단체였다면 교회가 이 세상에서 행한 바 그 위대한 사역은 결코 감당할 수 없었을 것이다.[13]

기관으로서의 교회(ekklesia as a organization)는 그리스도의 목회를 계속할 목적으로 봉헌된 그리스도의 도구이다. 그럼에도 불구하고 교회는 그리스도의 대리자(agent)로서 이 세상에 존재하는 것이다. 이 세상의 역사는 교회가 "역사적으로 에클레시아의 발전된 형태이며 그러므로 모든 역사를 좌우하는 상대성(相對性)에 지배를 받고(Casta meretrix) 있음을 증언하고 있다."[14] 예수님께서는 이러한 사실을 아시고 다음과 같이 말씀하셨던 것이다.

"내가 비옵는 것은 저희를 세상에서 데려가시기를 위함이 아니요 오직 악에 빠지지 않게 보전하시기를 위함이니이다"(요 17:15)

진정 교회는 "이 세상 안에"(in the world) 있으나 결코 "이 세상에 속한 것이 아니다"(not of the world).

가견적이며 동시에 기능적인 기관으로서 교회는[15] 그 생활에 있어서 세상의 문제들과 악영향들을 물리치고 나가지 않으면 안된다. 분명하게

---

13) Thomas M. Lindsay, *The Church and the Ministry in the Early Centuries*(N.Y.; George H. Doran Co, 1958), p.10.

14) Emil Brunner, *The Misunderstanding of the Church*(Philadelphia; The Westminster Press, 1953), p.111.

15) 교회의 기능적인 목회(functional ministry)에 대해서는 아래의 책을 참조하라.
   Franklin M. Segler, *A Theology of Church and Ministry* (Tenn-

도 가라지는 밀과 함께 자라고 있는 것이다. 교회가 이러한 결점들과 그 상대성을 지니고 있음에도 불구하고 그곳은 하나님의 구원의 메시지 선포를 위한 하나님의 기구로서 세워진 것이다. 이러한 의미로서 교회는 은혜의 자유와 진리 선포의 책임을 지닌다.[16]

우리 주님께서는 이렇게 말씀하셨다.

"하늘과 땅의 모든 권세를 내게 주셨으니 그러므로 너희는 가서 모든 족속으로 제자를 삼아 아버지와 아들과 성령의 이름으로 세례를 주고 내가 너희에게 분부한 모든 것을 가르쳐 지키게 하라, 볼지어다 내가 세상 끝날까지 너희와 항상 함께 있으리라 하시니라"(마 28:18—20).

이와 같이 교회는 봉사($\delta\iota\alpha\kappa o\nu\iota\alpha$)의 목적을 위해 창조되었으며 교회의 존재는 주님의 생명의 연장이며 교회의 목적은 주님의 목회를 계속해가는 것이다.

이러한 교회의 목회의 표준이 되며 전형적인 모델이 되는 것은 예수님의 독회(Jesus' ministry)이며, 이것은 동시에 목사가 수행해야 할 목회의 표준이 되는 것이다.

예수님의 목회는 복음서 가운데서 119회나 나타나 있듯이 "하나님의 나라"이다. 하나님 나라에 대한 이러한 완전한 표명(manifestation)은 즉각적으로 제자들의 생활에 표준이 되었다. 그리스도 공동체의 회원 (member, branch)들의 모든 기능은 봉사($\delta\iota\alpha\kappa o\nu\iota\alpha$)[17]이며 그리스도 자신은 모든 봉사의 최초의 실천자이셨다. 이러한 봉사의 정신과 태도는

---

essee, Nashville; Broadman Press, 1960), pp.156~196.
16) T.D. Price, *Church-Encyclopedia of Southern Baptist Church*, Vol. I, (Nashville; The Broadman Press, 1958), p.276.
17) 봉사라는 용어는 일반적으로 $\delta\iota\alpha\kappa o\nu\iota\alpha$, $\delta\iota\alpha\kappa o\nu\epsilon\omega$, 혹은 $\delta\iota\alpha\kappa o\nu o s$의 형태로 나타나는데 이 용어의 의미는 다음과 같다.
  1. 구약성경 ; 봉사의 개념을 지니고 있고 이웃을 사랑하라는 계명(레 19:8)을 포함하고 있으며 자비로운 자선행위로 나타나있고 LXX은 $\delta\iota\alpha\kappa o\nu o s$를 7회, $\delta\iota\alpha\kappa o\nu\iota\alpha$를 2회 사용하고 있다.
  2. 일반 헬라어 문헌 ; $\delta\iota\alpha\kappa o\nu\epsilon\omega$는 "섬기다", "봉사하다"는 의미로 "자신을 괴롭게 하다"라는 의미를 지닌 라틴어 'Conari'와 어원이 같

교훈(discipline)과 모범(modeling)에 의해 주어졌다.[18] 이것은 우리가 그렇게 실천할 때에 우리들은 교회의 머리되신 우리 주 예수 그리스도의 목회인 오직 하나의 본질적이며 조직적인 목회를 발견하게 된다.

은 단어이다. Homer Kent 박사는 먼지를 의미하는 'κονις'와 연결지어 "분주하게 움직여 먼지가 날 정도로 열심히 일하다"는 의미로 사용하고 있다. 그러나 일반 헬라어 문헌에서의 기본의미는 Ⓐ 식사의 시중을 들다, Ⓑ 가족을 돌보다, Ⓒ 봉사하다, 이 세가지로 나타나는데 봉사하다는 포괄적인 의미 속에 함축적으로 제시되어 있다.

3. 신약성경 ; 섬기다, 봉사하다, 식사의 시중을 들다는 의미를 지닌다. 구체적인 예를 보면 다음과 같다.

① 수종들다(마 8:15, 막 1:31, 눅 4:39), 일하다(눅 10:40, 요 12:2), 공궤하다($διακονειν\ τραπεζαις$)—식탁에 시중든다는 의미—수종들다(눅 12:27), 섬기다(눅 22:27, 요 13:4).

② 돌보다(마 25:42—44), 도움을 베풀다(행 19:22, 몬 1:13, 딤후 1:18, 히 6:10).

③ 도우다(헌금의 모금과 연결) 고후 8:19, 롬 15:25($διακονων$), (히 6:10).

④ 집사의 사역(딤전 3:10—13:10).

⑤ 기타의 사역 ; 복음의 선포로서의 섬기는 일(벧전 1:10—12), (고후 3:3), 다른 사람을 위해 자신을 버리다(마 20:28, 막 10:45, 눅 18:26), 자발적인 겸손(눅 22:26), 그리스도를 따름(요 12:26).

이러한 행위는 모두 하나님의 사랑에서 파생된 것으로서 이 단어로서 $κοινονια$(fellowship)의 완성을 묘사하기도 한다. 다음의 책들을 참고하라.

- Walter Bauer, *A Greek-English Lexicon of the New Testament*, trans. by W.F. Arndt, F.W. Gingrich, (Chicago; University of Chicago Press, 1957)
- Klaus Beyer, *Semitische Syntax im Neuen Testament*, (Göttingen; Vandenhoeck & Ruprecht, 1968)
- G.J. Botterweck, Helmer Ringgren, *Theological Dictionary of the Old Testament* (Grand Rapids, Michigan; Eerdmans Publishing Co, 1973)
- Gerhard Kittel, Gerhard Friedrich(eds), *Theological Dictionary of the New Testament*, Vol. I, (Grand Rapids, Michigan; Eerdmans Publishing Co, 1973)

18) T.W. Manson, *The Church's Ministry* (Philadelphia; The Westminstar Press, 1948), p.27.

제 2 절 목회직(牧會職)

목회(ministry)는 교역(敎役)—pastoring—이라고도 번역되는 바 광의로는 교회에 봉사하는 사역으로서 목사가 실행하는 제반 행위를 지칭한다. 설교, 성찬과 세례의 집행, 교회의 관리 및 운영, 평신도 지도, 훈련, 교육을 망라하고 있다.

헬라어에는 διακονία 로서 신약성경에 34회 사용되었으며 원래의 의미는 봉사(service)와 헌신(devotion)이라는 포괄적인 의미를 지니고 있었다. 영어성경 흠정역(King James Version, 1611년 번역)에서는 'ministry'가 16회 나타나 있으며[19] 'ministration'이 6회,[20] 'ministering'이 3회,[21] 'service'가 4회,[22] 'administration'이 2회,[23] 'relief'가 1회,[24] 'office'가 1회,[25] 'minister'가 1회,[26] 등으로 모두 34회 나타나 있다.

신약성경에 나타나 있는 목회의 의미는 고후 9:12에 나타나 있는 "ἡ διακονία τῆς λειτουργίας ταύτης"인데 흠정역 성경에는 "the administration of this service"라고 번역되어 있고 신미국표준성경(New American Standard Bible, NASB)에는 "The ministry of this service"로 번역되어 있는데 원문의 정확한 의미는 "그 직무에 대한 봉사"라고 할 수 있을 것이다.

---

19) 행 1:7,25, 6:4, 12:25, 20:24, 21:19, 롬 12:7, 고전 16:15, 고후 4:1, 5:18, 6:3, 엡 4:12, 골 4:17, 딤전 1:12, 딤후 4:5,11.
20) 행 6:1, 고후 3:7,8,9, 9:13.
21) 롬 12:7, 고후 8:4, 9:1.
22) 눅 10:40, 롬 15:31, 고후 11:8, 계 12:19.
23) 고전 12:5, 고후 9:12.
24) 행 11:29
25) 행 11:13
26) 히 1:14
   Kurt Aland, Matthew Black, Carlo M. Martini, Bruce M. Metzger, Allen Wikgren(eds) *The Greek New Testament*(American Bible Society, 1968).

직무를 지칭하는 두 개의 헬라어 단어중 $\lambda \alpha \tau \rho \epsilon i \alpha$로 5회 정도 나타나 있고,[27] $\lambda \epsilon \iota \tau o \upsilon \rho \gamma i \alpha$는 모두 6회 정도 나타나 있다.[28] $\lambda \alpha \tau \rho \epsilon i \alpha$는 하나님께 예배하는 직무(to serve, to minister)[29]를 지칭하며 $\lambda \epsilon \iota \tau o \upsilon \rho \gamma i \alpha$의 직무는 "공무" "공직을 위한 봉사"(to serve in an office and ministry)이다.

히브리서 9:1—6에서도 $\lambda \alpha \tau \rho \epsilon i \alpha$를 목회의 공직(公職)을 묘사하고 있다. $\lambda \alpha \tau \rho \epsilon i$의 동사형인 $\lambda \alpha \tau \rho \epsilon \upsilon \omega$는 하나님을 섬기기 위하여 채용된 자가 봉사한다는 의미이다. 그리고 $\lambda \epsilon \iota \tau o \upsilon \rho \gamma i \alpha$의 동사형인 $\lambda \epsilon \iota \tau o \upsilon \rho \gamma \epsilon \omega$는 공무를 시행하거나 예배를 드릴 때 봉사하는 의미를 지니고 있다.

이와같이 "목회"라는 명사는 $\lambda \alpha \tau \rho \epsilon i \alpha$와 $\lambda \epsilon \iota \tau o \upsilon \rho \gamma \iota \alpha$로 나타나는데 $\lambda \alpha \tau \rho \epsilon \iota \alpha$의 어근은 '$\lambda \alpha \tau$'로서 "기뻐한다"는 의미이고 $\lambda \alpha \tau \rho o \nu$은 "상급"(reward)을 받기 위하여 기쁨으로 일한다는 의미이며 $\lambda \epsilon \iota \tau o \upsilon \rho \gamma i \alpha$의 어근은 백성($\lambda \acute{\alpha} o s$)이라는 '$\lambda \alpha$'에서 왔는데 백성과 회중을 위하여 일하는 공적인 직무를 말한다.

또한 목회를 위하여 봉사한다는 동사형은 모두 4가지가 있는데 첫째가 $\delta \iota \alpha \kappa o \nu \epsilon \acute{\omega}$이다. 이것의 어근은 $\delta \iota \alpha$-$\kappa o \nu o$이바 먼지를 일으키면서 분주히 일하는 희생적인 봉사를 의미한다.[30]

둘째는 $\lambda \epsilon \iota \tau o \upsilon \rho \gamma \acute{\epsilon} \omega$이다. 이것은 백성을 위하여 공적인 임무를 시행하는 사역자의 봉사를 말한다.[31]

세째는 $\upsilon \pi \eta \rho \epsilon \tau \epsilon \omega$이다. 이 단어는 $\upsilon \pi o$(아래서, 밑에서)와 $\rho \epsilon \tau \epsilon \omega$(노를 젓는 사람)의 합성어로서 상관의 명령에 의해서 배의 노를 젓는다는 의

---

27) 요 16:2, 롬 9:4, 12:1, 히 9:1, 9:6.
28) 눅 1:23, 고후 9:12, 빌 2:17,30, 히 8:6, 9:21.
29) Fritz Rienecker, *A Linguistic Key to the Greek New Testament* (Grand Rapids, Michigan; Zondervan Publishing House, 1980), p. 556, Gerhard Kittel, Gerhard Friedrich, op. cit., $\lambda \alpha \tau \rho \epsilon \upsilon \omega$, (빌 2:17) 참조. (TDNT)
30) $\delta \iota \alpha \kappa o \nu \epsilon \hat{\omega}$에 대해서는 각주 17을 참조하라.
31) 행 13:2, 롬 15:27, 히 10:11.

미이다. 동사형 ὑπηρετεω는 신약성경에 3회 나타나는데[32] 섬긴다, 또는 수종든다는 의미를 지닌다.

넷째는 ἱερουργεω이다. 롬 15:16에 단 1회 나타나고 있다.[33]

롬 15:16에서는 그리스도 예수에게 속한 사역자의 직무는 하나님의 복음을 전할 직무를 맡은 사역자로 묘사되어 있는데 바로 그리스도 예수에게 속한 사역자의 직무는 하나님의 복음을 위하여, 모든 사람들을 위하여 제사의 직무를 맡으신 예수 그리스도에게 속한 사역자됨을 말해 주고 있는 것이다.

이와같이 목회직은 먼저 하나님을 섬기고(λατρεία) 그리고 사람을 섬기는(λειτουργία) 사직(私職)이 아닌 공직(公職)이라는 사실을 결코 잊어서는 안될 것이다.

---

32) 행 13:36, 20:34, 24:23.
33) "λειτουργὸν Χριστοῦ Ἰησοῦ εἰς τὰ ἔθνη ἱερουργοῦντα τὸ εὐαγγέλιον" "이방인을 위하여 그리스도 예수의 일군이 되어 하나님의 복음의 제사장 직무를 하게 하사……" 여기에서 λειτουργός는 'minister'로서 공적인 예식을 수행하는 자를 지칭하여 특히 종교적인 예식(religious service)을 수행하는 인물을 지칭한다. 그리고 ἱερουργέω는 제사장으로서의 동사로서 특히 거룩한 기능(sacred function) 특히 제사(sacrifice)에 관련된 기능을 수행하는 것을 의미한다.

Walter Bauer, op. cit., λειτουργός
TDNT. λειτουργός
William Barclay, *A New Testament Wordbook*(London; SCM Press, 1955), pp.74~76.
William Sanday, Arthur C. Headlam, *A Critical and Exegetical Commentary on the Epistle to the Romans*(I.C.C.) (Edinburgh; T. & T. Clark, 1955), Rom 15:16.
Fritz Rienecker. op. cit., p.382.

참고문헌 및 계속연구문헌

1. Gerhardus Vos, *Biblical Theology*(Grand Rapids, Michigan; Baker Book House, 1979)
2. Hans Küng, *Was Ist Kirche?*(Vorlag Herder K.G. Freiburg im Breisgau, 1970)
3. Paul Minear, *Images of the Church in the New Testament* (Philadelphia; The Westminster Press, 1976)
4. D. Bonhöeffer, *The Communion of Saints*(N.Y.; Harper & Row, 1960)
5. E. Brunner, *The Misunderstanding of the Church*(Philadelphia; The Westminster Press, 1969)
6. Hendrik Kraemer, *A Theology of Laity*(Philadelphia; The Westminster Press, 1958)
7. Peter Wagner, *Church Growth And the Whole Gospel*(N.Y.; Harper & Row, 1981)
8. Herman Ridderbos, *The Coming of the Kingdom*(Philadelphia; Presbyterian and Reformed Publishing Co, 1962)
9. Thomas M. Lindsay, *The Church and the Ministry in the Early Centeries*(N.Y.; George H. Doran Co, 1958)
10. T.D. Price, *Church-Encyclopedia of Southern Baptist Church*, Vol. I, (Nashville; The Broadman Press, 1958)
11. Franklin M. Segler, *A Theology of Church and Ministry* (Nashville; Broadman Press, 1960)
12. Walter Bauer, *A Greek-English Lexicon of the New Testament*

trans by W.F. Arndt, F.W. Gingrich. (Chicago; University of Chicago Press, 1957)

13. Klaus Beyer, *Semitische Syntax im Neuen Testament*(Göttingen; Vandenhoeck & Ruprecht, 1968)
14. G.J. Botterweck, H. Ringgren, *Theological Dictionary of the Old Testament* (Grand Rapids, Michigan; Eerdmans Publishing Co, 1973)(TDOT)
15. G. Kittel, G. Friedrich, *Theological Dictionary of the New Testament* (Grand Rapids, Michigan; Eerdmans Publishing Co, 1973)(TDNT)
16. T.W. Manson, *The Church's Ministry*(Philadelphia; The Westminster Press, 1948)
17. K. Aland, M. Black, C.M. Martini, B.M. Metzger, A. Wikgren (eds) *The Greek New Testament*(American Bible Society, 1968)
18. Fritz Rienecker, *A Linguistic Key to the Greek New Testament* (Grand Rapids, Michigan; Zondervan Publihing House, 1980)
19. William Barclay, *A New Testament Wordbook*(London; SCM Press, 1955)
20. W. Sanday, A.C. Headlam, *A Critical and Exegetical Commentary on the Epistle to the Romans(ICC)* (Edinburgh; T&T Clark, 1955)
21. Homer A. Kent, *Pastor and His Works*(Chicago; Moody Press, 1958)—이주영 역—(서울 ; 성광문화사, 1983).

제 2 장
부목사론(副牧師論)

제 1 절 목사에 대한 성경적 연원(聖經的 淵源)

목사라는 명칭은 영어로 대략 여섯가지로 번역되어 있다. 즉 Pastor, Minister, Reverend, Clergyman, Preacher, 그리고 Bishop 등이 그것이다. 먼저 Pastor는 목회(pastoring)를 하면서 양떼들을 돌보는 사람을 의미하며 Minister는 라틴어에서 연원된 것으로서 음식을 제공하고 일상생활에 필요한 물건을 공급해주는 사역자(agent)와 봉사하는 헌신자를 의미했다.[1]

Reverend도 라틴어에서 연원했는데 그 신분으로 인하여 "자주 존경받는 사람"이라는 의미를 지니고 있으며[2] Clergy는 헬라어 $κλῆρος$[3]에

---

1) $διακονέω$, to serve, to minister.
   Fritz Rienecker, *A Linguistic Key to the Greek New Testament* (Grand Rapid, Michigan; Zondervan Publishing House, 1980), p.75.
2) Re+vereri라는 Latin어 합성어로서 Re(again)+vereri(to fear feel awe)라는 의미를 지니고 "많은 존경을 받는 사람"이라는 함축적인 의미를 지닌다.
3) $κλῆρος$는 제비를 뽑는다는 lot(마 17:35, 막 15:24, 눅 23:34, 요 19:24, 행 1:26, 8:21) 부분이라는 'part'(행 1:17, 25) 기업이라는 'inheritance'(행 26:18, 골 1:12) 유산이라는 'heritage'(벧전 5:3) 그리고 이것은 또한 조약돌(pebble)이나 조그만 막대기(small stick)를 의미하기도 한다. Walter Bauer, *A Greek-English Lexicon of the New Testament*, Translated by W.F. Arndt, F.W. Gingrich(Chicago; University of Chicago Press, 1959)

서 연원했는데 본래의 의미는 제비뽑힘(lot)을 받아서 하나님의 천국사역을 위해 택함을 받은 사람을 의미한다.

그리고 preacher는 설교하는 사람을 지칭하는 것으로서 하나님의 말씀을 사람 앞에서 외치는 설교인을 의미하며 Bishop은 일반적으로 로마 가톨릭에서는 주교(bishop)라고 하며 감리교에서는 감독이라고 부른다.

그러므로 영어의 Pastor는 목양하는 목자(shepherd)를 의미라고 Minister는 공급자 또는 봉사자라는 의미이며[4] Reverend는 존경받을 사람이며, Clergy는 거룩한 직분을 맡은 사람이며, Preacher는 하나님의 말씀을 외치는 설교자이며 Bishop은 감독이다.

1. 목사($\pi o\iota\mu\acute{\eta}\nu$)

목사는 하나님께서 선택하여 세우심으로 교회를 돌보며 공급하여 양떼들을 영적으로 인도하고 양육하며[5] 다스리고 격려하며 보살펴 주는 사람이라고 할 수 있다.

헬라어 원문에는 $\pi o\iota\mu\acute{\eta}\nu$이라는 단어가 18회 나타나 있는데[6] 엡 4 : 11에만 목사라고 번역되어 있고 나머지에는 모두 목자(shepherd)라고 번

---

4) pastor와 minister의 가장 분명한 차이점은, pastor는 교회의 직원으로 성경에 언급된 직분이나($\pi o\iota\mu\acute{\eta}\nu$), minister는 직원으로 언급된 직분이 아니라 교회의 직분자는 누구나 minister이어야 한다는 의미로 직분보다는 기능(function)으로 언급되고 있다.
　minister의 어원은 $\delta\iota\acute{\alpha}\kappa o\nu o s$로서 공관복음서와 요한복음 그리고 바울서신에서 쉽게 찾아 볼 수 있다. 복음서에는 종($\delta o\bar{\upsilon}\lambda o s$)으로 서신서에는 섬기는자(minister)로 언급되어 있다. $\delta\iota\alpha\kappa o\nu\iota\alpha$에 대해서는 제 1 장 각주 17)을 참고하라.
　James Hastings, *Dictionary of the Apostolic Church*(Edinburgh; T&T clark 1946), pp.37—39.

5) $\beta\acute{o}\sigma\kappa\epsilon\ \tau\grave{\alpha}\ \acute{\alpha}\rho\nu\iota\alpha\ \mu o\upsilon,\ \pi o\acute{\iota}\mu\alpha\iota\nu\epsilon\ \tau\grave{\alpha}\ \pi\rho\acute{o}\beta\alpha\tau\alpha\ \mu o\upsilon,\ \beta\acute{o}\sigma\kappa\epsilon\ \tau\grave{\alpha}\ \pi\rho\acute{o}\beta\alpha\tau\alpha\ \mu o\upsilon$(요 21 : 15, 16, 17) $\beta\acute{o}\sigma\kappa\epsilon\ \beta\acute{o}\sigma\kappa\omega$는 목자로서의 양육하는것(to feed as a herdsman) 또는 치는것(to tend)이며 $\pi o\iota\mu\alpha\iota\nu\epsilon(\pi o\iota\mu\alpha\acute{\iota}\nu\omega)$는 목양하다(to shepherd), 양을 치다(to tend to sheep)의 의미이다. Fritz Rienecker, op. cit., p.262.

6) 마 9 : 36, 25 : 32, 26 : 31, 막 1 : 34, 14 : 27, 눅 2 : 8, 15, 18, 20, 요 10 : 2, 11, 12, 14, 16, 히 13 : 20, 벧전 2 : 25, 엡 4 : 11.

역되어 있다.

엡 4 : 11의 원문을 보면 "τούς δέ ποιμένας καί[7] διδασκάλους"인데 에디(John Eadie)의 에베소서 주석(Commentary on the Epistle to the Ephesians)에 보면 ποιμήν은 목자(shepherd)와 목사(pastor)로서 번역되는데 목자의 이메이지는 그의 명령과 맡겨진 일을 수행하는 영적인 지도자(spiritual leader)와 관계되는 그의 양떼들을 묘사하고 있다.[8]

2. 종(δοῦλός)

δοῦλος는 신약성경에 모두 125회 정도 사용되고 있다.[9] δοῦλος는 노예(slave), 그리고 매인 상태의 하인(bondservant)을 의미하는 바 이 용어는 속박(bondage)과 다른 사람에게 속해있는(belonging to another) 상태를 강조하는 단어이다.[10]

δοῦλος는 종으로서 목사의 탈랜트, 지식, 시간, 이러한 모든 소유물과 사역들이 목사의 것이 아니고 예수 그리스도의 소유물임을 나타내며 나아가 예수 그리스도에게 매여있는(bond) 몸이라는 의미를 강하게 풍기고 있다.

---

7) 엡 4 : 11의 "τούς δέ ποιμένας καί διδασκάλους"에서 접속사 καί는 앞의 ποιμένας와 뒤의 διδασκάλους가 동일그룹임을 나타내주는 구실을 한다. 즉 가르치는 목자(teaching shepherd)라고 지칭할 수 있다.
   Marcus Barth, *The Anchor Bible; Ephesians 2 Vols.*(Garden City, N.Y.; Doubleday, 1974).
8) L. Coenen, E. Beyeruther, H. Bietenhard, *Theologischers Begriffslexicon Zum Neuen Testament* 3. *Vols*(Wuppertal; Brockhaus, 1971) John Eadie, *Commentary on the Epistle to the Ephesians* (Grand Rapids, Michigan; Zondervan Publishing House, 1956).
9) 마태복음 30회, 마가복음 5회, 누가복음 27회, 요한복음 11회, 사도행전 3회, 로마서 5회, 고전 5회, 고후 1회, 갈 4회, 엡 3회, 빌 2회, 골 4회, 딤전 1회, 딤후 1회, 딛 2회, 몬 2회, 약 1회, 벧전 1회, 벧후 2회, 유 1회, 계 14회.
10) Colin Brown(ed), *The New International Dictionary of New Testament Theology* (Grand Rapids, Michigan; Zondervan Publishing House, 1975).

3. 일군(διακονος)

목사를 고후 3:6에는 "새로운 언약의 일군"(διακόνος καινης διαθήκης)[11]이라고 칭하고 있는데 원래 '일군'이라는 용어는 집사(deacon)로서 "직책을 맡은 자"를 의미한다.

보편적으로 διάκονος를 일군으로 번역하고 있는데 신약성경에서는 일군으로 20회, 종으로 7회, 집사로 3회, 모두 30회나 기록되어 있다.

4. 하인(οἰκετης)

목사를 롬 14:4에서는 οἰκετης 즉 하인(servant), 집안의 노예(household slave)라는 의미를 지니고 있다. 목사의 사역을 집안의 노예 혹은 하인의 사역에 비유한 것은 집안의 하인이 하는 영적인 아이돌보기(spiritual baby-sitting)나, 영적인 가정교사(spiritual tutor)의 사역을 말하는데 이 직책은 현대 교회에서의 부목사(assistant pastor)의 사역을 의미할 수가 있을 것이다.

5. 수종자(ὑπηρέτης)

ὑπηρέτης라는 용어는 원어적 의미로 분석해보면 ὑπο(아래서)와 ρἐτης(뱃사공)의 합성어이다. 영어성경(K.J.V. N.S.A.B. N.I.V, N.E.B)에는 Officer,[12] Minister[13] 그리고 Servant[14]로 번역하고 있다.

특히 눅 4:20에 나타나는 ὑπηρέτης는 상관이나 주인의 명령을 복종하는 수종자(attendant, N.I.V.)를 의미한다.

수종자는 본래 군사용어로서 사령관이나 부대장의 지시대로 노를 저어서(vower) 명령에 복종한다는 수종의 의미를 지니고 있다. 진정 목

---

11) "ministers of a new Covenant"
12) 마 5:25, 요 7:32,45,46, 18:3,12,18,22, 19:6, 행 5:22,26.
13) 눅 1:2, 4:20, 행 13:5, 26:16, 고전 4:1.
14) 마 26:58, 막 14:54,65, 요 18:36.

사의 최고 사령관은 바로 예수 그리스도이신 것이다. 그러므로 그분의 뜻과 그분의 명령에 절대 복종하여 맡겨진 사역들을 수행해 나가야 할 것이다.

6. 감독 ($\epsilon\pi\iota\sigma\kappa o\pi o\varsigma$)

LXX은 욥 20 : 29에서 하나님을 그의 사법적인 기능(judicial function)에 대한 분명한 언급과 더불어 $\epsilon\pi\iota\sigma\kappa o\pi o\varsigma$라고 불렀다.[15]

왜냐하면 하나님께서는 인간의 마음을 통찰하시기 때문이다(지혜서 1 : 6, 행 1 : 24, $\kappa\alpha\rho\delta\iota o\gamma\nu\omega\sigma\tau\eta\varsigma$). LXX에서는 이 용어에 대하여 분명하게 규정된 직책을 언급하지는 않으나 이 용어는 여러 다른 의미들로 감독자(overseer)로 사용되고 있다.[16] 파일로(Philo)는 "영혼을 아는 자"(one Who Knows Souls)로, 요세푸스(Josephus)는 "도덕성의 수호자"(guardian of morality)로서 이 용어를 사용하고 있다.[17]

신약성경에서는 다섯가지 용례로 나타나 있으나 그 중 하나는 그리스도에 관련되어 있다.[18]

---

15) "The LXX Calls God $\epsilon\pi\iota\sigma\kappa o\pi o\varsigma$ in Job 20 : 29 with a clear reference to his judicial function"
　　Gerhard Kittel Gerhard Friedrich, *Theological Dictionary of the New Testament*(Ⅰ Volume) trans. by. G.W. Bromiley.(Grand Rapids, Michigan; WM.B. Eerdmans, 1985), p. 246.
16) 장관들(officers) 삿 9 : 28, 사 60 : 17, 재경의 감독자들(supervisors of funds) 대하 34 : 12, 17, 제사장들과 레위인들의 감독자들(overseers of the Priests and Levites) 느 11 : 9, 성전의 감독자들(왕하 11 : 18), 성전기능(temple function)의 감독자들(민 4 : 16)
17) Gerhard Kittel, Gerhard Friedrich, op. cit., p. 247.
18) 행 20 : 28, 빌 1 : 1, 딤전 3 : 2, 딛 1 : 7, 벧전 2 : 25. 특히 벧전 2 : 25의 감독은 'overseer' guardian, bishop의 일반적인 의미를 지닌다.
　　Ernest Best, *First Peter The New Century Bible*(London; Oliphants, 1971)
　　J.N.D. Kelly, *A Commentary on the Epistles of Peter and Jude* (London; Adam and Charles Black, 1969)
　　TDNT(Ⅰ Vol), p. 247. Colin Brown; op. cit., 참조.

목자를 보충해주는 이 용어는 지키고 보호해주는(watching over or guarding) 목회적 사역을 암시해 주고 있다.

종합적으로 볼 때 목자와 연결되어 있는 이 용어는 그의 백성의 영혼을 돌볼 때의 그의 완전한 자기 헌신(total self-offering)의 의미를 지니고 있다(히 12:15, $\dot{\epsilon}\pi\iota\sigma\kappa o\pi\epsilon\acute{\omega}$).[19]

7. 사역자($\lambda\epsilon\iota\tau ov\rho\gamma\acute{o}s$)

$\lambda\epsilon\iota\tau ov\rho\gamma\acute{o}s$는 $\lambda\epsilon\iota\tau$와 $ov\rho\gamma\acute{o}s$의 합성어이다. 이 용어의 원래의 의미는 "백성을 위하여 일한다"는 사역자를 의미한다. 목사를 사역자라고 칭함은 하나님의 백성을 위하여 하나님의 백성($\lambda a\acute{o}s$)의 공적 사역(public ministry)을 담당하는 것이고(히 8:2) 공적예배를 드리는 사역자를 지칭하고 있다. 따라서 사역자는 성스러운 사역을 집행하는 공직을 맡은 자라는 의미를 지니고 있다.

8. 전도인($\epsilon\dot{v}a\gamma\gamma\epsilon\lambda\iota\sigma\tau\acute{\eta}s$)

헬라어 명사인 $\epsilon\dot{v}a\gamma\gamma\epsilon\lambda\iota\sigma\tau\acute{\eta}s$는 동사 $\epsilon\dot{v}a\gamma\gamma\epsilon\lambda\iota\zeta\omega$와 동일한 어근을 지닌 것으로서 "복음을 전파한다"(proclaimed the gospel) 또는 기쁜소식을 전한다"(proclaims the good news)는 의미를 지니고 있다.

신약성경에는 $\epsilon\dot{v}a\gamma\gamma\epsilon\lambda\iota\sigma\tau\acute{\eta}s$[20]가 3회 나타나 있는데[21] 전도인은 기쁜

---

[19] "...shepherd the word has the implication of his total self-offering in caring for the souls of his people" Ibid, p. 247.

[20] $\epsilon\dot{v}a\gamma\gamma\epsilon\lambda\iota\sigma\tau\acute{\eta}s$는 복음을 선포하는 전도자를 의미한다. 그는 사도들로부터 받은 복음을 선포하는 전도자(evangelist)를 지칭하여 그는 특별히 새로운 지역으로 복음을 전파하려는 선교사(missionary)를 의미한다.
   Heinrich Schlier, Der Brief an die Epheser(Düsseldorf; Patmosverlag, 1968). Marcus Barth, op. cit., Vols. II.
   TDNT, Ephesians, 4:11.
   L. Coenen, B. Beyreuther, H. Bietenhard, op. cit., Ephsians 4:11.

[21] 행 21:8, 엡 4:11, 딤후 4:5.

소식을 전파하는 오늘날의 선교사를 의미할 수가 있다.

제 2 절 목사에 대한 헌법적 규정(憲法的 規定)

대한예수교 장로회 헌법 제4장에서는 목사를 다음과 같이 규정하고 있다.

"목사는 노회의 안수로 임직(任職)함을 받아 그리스도의 복음을 전파하고 성례를 거행하며 교회를 처리하는 자니 교회의 가장 중요하고 유익한 직분이다(롬 11 : 13). 성경에 이 직분 맡은 자에 대한 칭호가 많아 그 칭호로 모든 책임을 나타낸다.

1. 양의 무리를 감시하는 자이므로 목자라 하며(렘 3 : 15, 벧전 5 : 2-4)[22]
2. 교회 안에서 그리스도를 봉사하는 자이므로 그리스도의 종이라, 그리스도의 사역자라 하며 또 신약의 집사라 하며(빌 1 : 1, 고전 4 : 1, 고후 3 : 6)[23]
3. 엄숙하고 지혜롭게 하여 모든 사람의 모범이 되고 그리스도의 집과 그 나라를 근실히 처리하는 자이므로 장로라 하며(벧전 5 : 1-3)[24]
4. 하나님의 보내신 사자이므로 교회의 사자라 하며(계 2 : 1)[25]

---

22) $\pi o\iota\mu\acute{a}\nu a\tau\epsilon$, $\pi o\iota\mu a\acute{\iota}\nu\omega$ 목양(shepherding)의 사역을 맡은 자가 목사이다. F.W. Beare, *The First Epistle of Peter*(Oxford; Basil Blackwell, 1958).
23) $\dot{\epsilon}\pi\acute{\iota}\sigma\kappa o\pi o\varsigma$라는 용어는 "elder"와 상호교차적으로 사용되기도 한다.
    J.B. Lightfoot, *St. Paul's Epistle to the Philippians*(Grand Rapids, Michigan; Zondervan Publishing House, 1953), pp. 95~99.
    Merrill C. Tenney, *The Zondervan Pictorial Encyclopedia of the Bible*(Grand Rapids, Michigan; Zondervan Publishing House, 1975), pp. 617~620.
24) $\pi o\iota\mu\acute{a}\nu a\tau\epsilon$, F.W. Beare, op. cit., I Pet 5 : 2.
25) $\acute{a}\gamma\gamma\acute{\epsilon}\lambda\omega$(messenger)

5. 하나님의 거룩한 뜻을 죄인에게 전파하며 그리스도로 말미암아 하나님과 화목하라 권하는 자이므로 그리스도의 사신이라 혹은 복음의 사신이라 하며(고후 5 : 20, 엡 6 : 20)[26]
6. 정직한 교훈으로 권면하며 거역하는 자를 책망하여 각성하게 하는 자이므로 교사라 하며(딛 1 : 9, 딤전 2 : 7, 딤후 1 : 11)[27]
7. 죄로 침륜할 자에게 구원의 복된 소식을 전하는 자이므로 전도인이라 하며(딤후 4 : 5)[28]
8. 하나님의 광대하신 은혜와 그리스도의 설립하신 율례(律例)를 시행하는 자이므로 하나님의 오묘한 도를 맡은 청지기라 한다(눅 12 : 42, 고전 4 : 1-2). 이는 계급을 가리켜 칭함이 아니요, 다만 각양 책임을 가려켜 칭하는 것 뿐이다.[29]

또한 목사의 자격에 대해서도 다음과 같이 규정하고 있다. "목사된 자는 신학을 졸업하고 학식이 풍부하며 행실이 선량하고 신앙이 진실하며 교수에 능한 자가 할찌니 모든 행위가 복음에 적합하여 범사에 존절함과 성결함을 나타낼 것이요, 자기 가정을 잘 다스리며 외인(外人)에게서도 칭찬을 받는 자로 연령은 만 27세 이상자로 한다"(딤전 3 : 1-7).[30]

그리고 목사의 직무에 대해서도 다음과 같이 규정하고 있다.

1. 목사가 지교회를 관리할 때는 양무리 된 교인을 위하여 기도하여 하나님 말씀으로 교훈하고 강조하며 찬송하는 일과 성례를 거행할 것이요, 하나

---

26) πρεσβεύω, 대사, 사신이 되다, 대사로서의 사역과 여행.
   Walter Bauer, *A Greek-English Lexicon of the New Testament*, (Chicago; University of Chicago Press, 1959)
27) διδασκαλία
28) εὐαγγελιστής, 이 단어는 제일 먼저 복음전파자에게 해당되는 용어이다. TDNT, op. cit., Ⅱ Tim, 4 : 5.
   G. W.H. Lampe, *A Patristic Greek Lexicon*(Oxford; Clarendon Press, 1968)
29) 대한예수교장로회총회 교육부편, 헌법(서울 ; 총회교육부, 1985), p.66.
30) Ibid, p.66.

님을 대표하여 축복하고 어린이와 청년을 교육하며 고시하고 교우를 심방하며 궁핍한 자와 병자와 환난 당한 자를 위로하고 장로와 합력하여 치리권을 행사한다.
2. 목사가 신학교나 교회 중등 정도 이상의 학교 교사로 청년에게 종교상 도리와 본분을 교훈하는 직무를 받을 때는 목자같이 그 학생을 돌아보며 구원하기 위하여 각 사람의 마음 가운데 성경의 씨를 뿌리고 결실되도록 힘쓴다.
3. 선교사로 외국에 선교할 때에는 성례를 거행하며 교회를 설립하고 조직할 권한이 있다.
4. 목사가 기독교 신문이나 서적에 관한 사무를 시무하는 경우에는 교회에 덕의(德義)를 세우고 복음을 전하는 데 유익하도록 힘써야 한다.
5. 기독교 교육 지도자로 목사나 노회나 지교회나 교회에 관계되는 기독교 교육 기관에서 청빙을 받으면 교육하는 일로 시무할 수 있다.[31]

제 3 절 부목사에 대한 헌법적 규정 및 현실적 위치(現實的 位置)

대한예수교 장로회 헌법은 제4장 4조 3항에서 부목사를 다음과 같이 규정하고 있다.

"부목사는 위임 목사를 보좌하는 임시 목사니 당회의 결의로 청빙하되 계속 시무하게 하려면 매년 당회장이 노회에 청원하여 승락을 받는다."[32]

또한 애스핀월 핫지(J. Aspinwall Hodge) 박사는 그의 책「무엇이 장로회 헌법인가?」(What is presbyterian law?)에서 부목사(Assistant pastor)에 대하여 상당히 그 사역의 범위가 축소된 규정을 하고 있다.

"부목사는 위임목사를 보조하도록, 위임목사나 혹은 교회의 청원으로 노회의 허락을 얻은 목사이니, 그 목사비를 교회가 드리거나 혹은 담임목사가 담당하며, 당회에 참여할 권과 치리권이 없으며 오직 담임목사

---
31) Ibid., pp.66~67.
32) Ibid., p.68, 제4장, 4조, 3항.

의 지시대로만 임한다(이는 조사(助師)와 방불하다)."³³⁾

사실상 개교회(local church)에서 담임목사를 보조하여 시무하는 부목사는 그가 맡고 있는 담당 목회기능(擔當牧會機能)에 따라 여러가지 명칭들로 불려진다. 그러나 부목사는 담임목사와 정치적 기능의 차이만이 있을 뿐 다른 목회기능의 차이는 없다고 본다.

부목사는 담임목사와 밀접한 관계를 맺으면서 목사가 담당해야 하는 목회의 여러가지 기능의 한 부분을 담당하거나 담임목사의 전반적인 목회를 보좌해야 한다.

특히 현대교회가 요구하는 다원화 목회(pluralization ministry) 혹은 공동목회(joint ministry)에서는 보다 전문화된 목회지식(牧會知識)과 능력을 갖추고 있는 부목사의 중요성이 높이 인식되고 있다.

부목사는 목회의 공동 참여자(joint partaker)로서, 또는 선배 목사밑에서 훈련받는 목사로서 교인들과 담임목사 사이를 연결시키는 또다른 기능을 갖기도 한다.

이러한 부목사제도는 현대 교회의 전문성과 그 기능성으로 인하여 자생적(自生的)으로 형성된 것이다. 대형화된 교회의 기구와 그에 준하는 다양한 목회기능(ministrial function)의 분담이라는 문제로 인하여 부목사 제도가 요청되었던 것이다.

대부분의 경우 장로교의 교단에서는 부목사를 담임목사를 보좌하는 임시목사로서 규정하고 임시목사의 성격상 매년 당회장의 청원으로 노회의 승인을 받아 시무하도록 하고 있다.

교회의 헌법이 부목사의 위치와 한계를 규정하고 있지만 사실상 보다 구체적인 규정은 개교회의 상황에 따라 이루어지고 있다.

현대교회와 같이 목회의 사역이 세분화(細分化)되고 전문화되었으며 또한 그 기능성(機能性)이 보다 강조되는 기능적 측면의 기관으로서의

---

33) J. Aspinwall. Hodge, *What is Presbyterian law?* 박병진 역(서울 ; 성광문화사, 1985), pp.50~51.

하나님의 교회에서는 부목사의 수, 목회기능의 분할 그리고 업무의 한 계성 등의 측면들은 대부분 개교회의 교역상황(敎役狀況)에 맞추어 조 정되고 있는 실정이다.

이러한 측면에서 현대교회의 기능의 다변화, 기구의 대형화, 업무의 전문화 등등의 변수로 인하여 점차 복잡해지는 목회현장에서 동역자 (fellow-worker)로서 담임목사의 보조자(assistant)로서 존재하는 부목 사의 역할은 대단히 중요하며 보다 교회의 기능성과 전문성을 가일층 제고시키는 매개자들이 될 것이라고 본다.

오늘날의 교회는 수적 증가(數的增加)가 가속되어감에 따라 목회자 한 사람으로서는 도저히 그 모든 분야의 책임수행을 할 수 없기 때문에 함께 돕고 보조해야할 부목사의 존재가 요청되었던 것이다. 그러므로 어디까지나 부목사는 담임목사의 보조자(assistant)로서 또는 동역자로 서 그 직무에 충실해야 할 것이다.

참고문헌 및 계속연구문헌

1. Fritz Rienecker, *A Linguistic Key to the Greek New Testament* (Grand Rapids, Michigan; Zondervan Publishing House, 1980)
2. Walter Bauer, *A Greek-English Lexicon of the New Testament* (Chicago; University of Chicago Press, 1917)
3. James Hastings, *Dictionary of the Apostolic Church* (Edinburgh T&T Clark, 1946)
4. Marcus Barth, *The Anchor Bible; Ephesians* 2*Vols* (N.Y.; Garden City, Doubleday Press, 1974)
5. L. Coenen, E. Beyeruther, H. Bietenhard, *Theologischer Begriffs Lexicon Zum Neuen Testament* 3*Vols*. (Wuppertal; Broc-

khaus, 1971)
6. John Eadie, *Commentary on the Epistle to the Ephesians* (Grand Rapids, Michigan; Zondervan Publishing House, 1956)
7. Colin Brown(ed). *The New International Dictionary of New Testament Theology*(Grand Rapids, Michigan; Zondervan Publishing House, 1975)
8. Gerhard Kittel, Gerhard Friedrich, *Theological Dictionary of the New Testament*(trans. G.W. Bromiley) I Volumed(Grand Rapids, Michigan; WM.B. Eerdmans, 1985)
9. Ernest Best, *First Peter The New Century Bible* (London; Oliphants, 1971)
10. J.N.D. Kelly, *A Commentary on the Epistles of Peter and Jude*(London; Adam and Charles Black, 1969)
11. Heinrich Schlier, *Der Brief an die Epheser* (Düsseldorf; Patmosverlag, 1968)
12. F.W. Beare, *The First Epistle of Peter*(Oxford; Basil Blackwall, 1958)
13. J.B. Lightfood, *St. Paul's Epistle to the Philippians* (Grand Rapids Michigan; Zondervan Publishing House, 1953)
14. Merrill C. Tenney, *The Zondervan Pictorical Encyclopedia of the Bible* (Grand Rapids, Michigan; Zondervan Publishing House, 1975)
15. G.W.H. Lampe, *A Patristic Greek Lexicon*(Oxford; Clarendon Press, 1968)
16. 대한예수교장로회총회 교육부편, 헌법(서울 ; 총회교육부, 1985)
17. J. Aspinwall Hodge, *What is Presbyterian law?* 박병진 역(서울 ; 성광문화사, 1985)

18. 이주영, 현대목회학(서울 ; 성광문화사, 1986)
19) Homer A. Kent, *The Pastor And His Works*, 이주영 역(서울 ; 성광문화사, 1983)

제 3 장
부목사의 인격적 준비(人格的 準備)

인격적 준비에 관한 성경적 연원(聖經的 淵源)

부목사란 어떠한 인물인가? 그는 먼저 주 예수 그리스도를 자신의 개인적인 구주(personal savior)로 믿고 있는 평범한 성도임에 틀림없다.[1]
본 장에서는 목사일반(牧師一般)에 대하여 주로 그의 퍼스낼리티에 촛점을 맞추어 목회서신에 나타난 목사의 인격적인 준비를 서술해보자.

1. 그는 책망할 것이 없는 자($ἀνεπίλημπτον$)[2] —above reproach— 이어야 한다(딤전 3:2, 딛 1:6—7)

책망할 것이 없다는 헬라어 단어는 딤전 3:2에 $ἀνεπίλημπτον$[3] 으로

---

1) Robert C. Anderson, *The Effective Pastor* (Chicago; Moody Press, 1985), p.4.
2) $ἀνεπίλημπτος$라는 단어가 암시하고 있는 것은 목사는 좋은 평판(good report)을 받고 있는 사람이어야 하며 또한 그러한 평판을 받을만한 가치가 있는 사람(deservedly so)이어야 한다는 의미이다.
   G. Abott Smith, *A Manual Greek-Lexicon of the New Testament* (Edinburgh; T. & T. Clark, 1936)
   James H. Moulton, George Miligan, *The Vocabulary of the Greek Testament* (London; Hedder & Stoughton, 1952)
   Friedrich Priesigke, *Wörterbuch der griechischen papyrussurkunden.* (Heidelberg-Berlin, 1924~31)
3) 딤전 3:2, 5:7, 6:14.

나타나 있고 또 다른 곳에는 $ἀνέγκλητος$⁴⁾로 5회 나타나 있다.⁵⁾

$ἀνέγκλητος$는 $ἀν$과 $ἐν$ 그리고 $κλητός$의 합성어로서 "안으로($ἐν$) 불리움을 받지($κλητός$) 말라($ἀν$)"는 의미를 지닌 법적인 용어로서 "죄를 지고 법정에 잡혀들어와서 재판을 받지 말라"는 의미를 지니고 있다. 그러나 고전 1:8과 골 1:22의 $ἀνέγκλητος$는 보편적인 의미와는 다르게 최후 심판 때에 예수님께 책망을 받지 지옥에 떨어지거나 면류관을 받지 못하는 심판의 대상자가 되지 말라는 의미도 지니고 있다.

딤전 3:2의 $ἀνεπίληπτον$은 목사가, "손을 들어 타인을 해치지 말라"는 의미를 지니며 딛 1:6-7의 $ἀνέγκλητος$는 타인에게 죄를 지어 법정에 끌려 들어와 재판이나 심판을 받지 말라는 의미이다.

결국 $ἀνεπίλημεπτον$은 죄된 행동의 동기(motive)의 금지율(禁止律)을 의미하며 $ἀνεγκλμτος$는 죄된 행동의 결과에서 오는 죄의 결과의 심판을 금지한 용어인 것이다.

2. 그는 한 아내의 남편($μτᾶς\ γυναικὸς\ ἄνδρα$)-The husband of one wife-이어야 한다. (딤전 3:2, 딛 1:6)

바울사도는 목사를 한 아내의 남편과 한 남편의 아내(딤전 5:9)의 일부일처주의를 가르치고 있다. 그러나 이 귀절은 목사의 일생동안 오직 한 아내만을 가져야 한다는 의미는 아니다. 즉 재혼까지도——아내가 죽었을 경우——금지한 것은 아니다.⁶⁾ 다만 가정의 순결성(純潔性)과

---

4) $ἀνέγκλητος$는 비난이나 고소를 당하지 아니함(with accusation, blameless)을 의미한다.
   James H. Moulton, George Milligan, op. cit., 고전 1:8.
5) 고전 1:8, 딤전 3:10, 딛 1:6-7, 골 1:22.
6) 그러나 다음의 자료들에서는 재혼까지도 금하고 있다고 주해하고 있다.
   Robert Saucy, *The Husband of one wife*. Bibliotheca Sacra. 131. (July, 1974), pp. 229~240,
   Alexander Robert; James Donaldson, *Constitution of the Holy Apostles-Ante-Nicean Fathers*(Grand Rapids, Michigan; WM.B. Eerdmans, 1951), Vol. Ⅶ, p. 457.
   H.L. Strack, P. Billerbeck, *Kommentar Zum Neuen Testament aus*

성결성(聖潔性)을 강조한 말씀으로서 목회자 뿐 아니라 교회의 모든 지도자들이 지녀야 할 가정생활의 덕이라고 본다.

3. 절제(νηθάλιον)-temperate-(딤전 3 : 2)

νηθάλιον이란 단어는 명사형으로는 3회[7] 그리고 동사형으로는 6회[8] 나타나 있다. 헬라어의 보편적인 의미는 육체적, 정신적 욕망의 영역 (the area of appetites)에서 자기 통제를 잘하라는 의미를 지니고 있으나[9] 원래 νήφω의 의미는 "깬다"라는 의미로서 알코홀 기운이 전혀 없는 상태를 의미하지만 보다 넓은 은유적 의미(metaphorical sense)를 지니고 있는 것으로서[10] 항상 마음가짐과 판단력이 분명하여 자신을 통제할 줄 아는 인격적 요소를 말한다. 진정한 절제는 소극적으로 하고 싶어도 하지 않는 것과 적극적으로 하고 싶지 않아도 해야할 일을 하는 것 두 가지를 함축하고 있다.

4. 근신(σώφρονα)-prudent-(딤전 3 : 2, 딛 1 : 8)

σώφρονα는 사려깊은 것(thoughtful) 그리고 잘 자기자신을 통제해야 (self-controlled)함을 의미한다.[11] 나아가 정직한 마음을 지닌다는 의미를 지니고 있다. 목사는 마음의 생각이 바르고 결코 비정상적인 사고방식을 지니지 않은 사람인 것이다. 또한 목사는 그의 행동이 과다하게 경

Talmud und Mildrasch, Ⅲ. Vols.(Munich; C.H. Beck, 1965), pp. 647~650.
7) 딤전 3 : 2, 3 : 11, 딛 2 : 2.
8) 살전 5 : 6—8, 살후 4 : 5, 벧전 1 : 13, 5 : 8, 4 : 7.
9) Robert C. Anderson, op. cit., p.7.
10) J.N.D. Kelly, *A Commentary on the Pastoral Epistles*(London; Adam and Charles Black, 1972).
11) Fritz Rienecker, *Linquistic Key to the Greek New Testament*(Grand Rapids. Michigan; Zondervan Publishing House, 1980), p.622.
　Gerhard Kittel, Gerhard Friedrich, *Theological Dictionary of the New Testament*, (Grand Rapids Michigan; WM.B. Eerdmans Publishing Co, 1973), σώφρων.

쟁적(overly competitive)이지 않고 그의 본능은 잘 억제하는 인물임을 시사해주고 있으며,[12] 항상 자신을 잘 제어하여 필요이상의 생각이나 행동에 몰입되지 않아야 함을 나타내고 있다.

5. 아담하며 (κόσμιον)-respectable-(딤전 3 : 2)

κόσμιον은 원래는 외현적인 질서를 나타내는 단어이지만 보다 확대해서 보면 외현적으로나 내적으로 의무감으로 가득차 있고 그의 심성이 항상 밝음을 의미해 주고 있다.[13]

목사는 그의 생활, 정신적, 육체적 상태가 잘 다듬어져 있어야 하는데 절제는 깨끗한 습관의 내적 처소(內的處所)이며 근신은 절제에서 오는 온전한 정신적인 태도이며 아담은 잘구비된 외적 표현의 모범적인 행동이 된다. 진정 그에게는 모든 생활에 있어서 그리스도의 향기를 발산하는 인격적인 덕이 수반되어야 한다.

6. 나그네 대접을 잘하며 (φιλόξενον)-hospitable-(딤전 3 : 2)

φιλόξενον이란 단어의 의미는 손님을 사랑하는 사람(lover of quests)이라는 말의 복합어이다. 원래 ξένος는 여행이나 어떠한 직무를 위하여 떠나온 안면이 전혀 없는 사람을 의미하는데[14] 목사는 자신의 자격으로서 교회일로 오거나 구제를 요청하거나 도움을 필요로 하는 나그네가 오면 자신의 집이나 교인 댁에서 환대해야 한다.[15] 사실상 이러한 것은 목사뿐 아니라 모든 그리스도인들에게도 해당되는 요소가 아닐 수 없다.

---

12) Robert C. Anderson, op. cit., p.7.
13) Walter Lock, *A Critical Exegestical Commentary on the Pastoral Epistles* I.C.C.(Edinburgh; T. & T. Clark, 1966).
14) 신약성경에서 '나그네'의 의미로 쓰인 단어는 ξένος, 즉 여행이나 어떠한 사역을 위해 떠나온 안면이 전혀 없는 생소한 사람, πάροικος, 즉 다른 곳에서 온 이웃이 있으며, παρεπίδημος 즉 고국이나 친구를 떠나온 행인 등이 있다.
15) J.N.D. Kelly, op. cit.,
Fritz Rienecker, op. cit., p.622.

7. 가르치기를 잘하며 (διδακτικόν)-able to teach-(딤전 3 : 2)

διδακτικός는 접미사 κός가 있어서 능력과, 적성과 기술을 의미하고 있다.[16] 목사는 가르치는 능력과 기술이 있어서 하나님의 말씀을 잘 가르치는 교사의 직분을 충실히 감당해야 한다. 그러나 목사의 가르침의 많은 부분이 모범을 보이는(modeling) 것에서 완성되며 만일 그가 잘 가르치기를 원한다면 그는 좀더 적합한 모델이 되려는 것부터 배워야 할 것이다.[17] 가르친다는 두 가지 측면이 있다. 즉 지적(知的)인 면과 인격적인 면이 그것인데 교육이 함축하고 있는 것은 가르치는 것과 전달되는 것임을 알아야 한다.

8. 술취하지 아니하며 (μὴ πάροινον)-not addicted to wine-(딤전 3 : 3, 딛 1 : 7)

μὴ πάροινον이란 παρα+οἶνος의 합성어로서 술의 근처라는 의미인데 μὴ라는 강한 부정의 의미가 합쳐져서 "술의 근처에도 가지말라"는 의미를 지니고 있다. 결국 목사는 술과 함께 오래 있게 되면 술의 노예(slave of drink)가 되기 때문에[18] 술을 멀리 해야 한다.

---

16) Walter Bauer, *A Greek-English Lexicon of the New Testament*(Chicago; University of Chicago Press, 1959)
   J.H. Moulton, W.F. Howard, *A Grammar of New Testament Greek: Accidence and World-Formation* Ⅱ.(Edinburgh; T. & T. Clark, 1956), p.379.
17) "a great deal of his teaching will be accomplished by modeling. If he aspires to be a teacher, he had better learn how to be a proper model" Robert C. Anderson, op. cit., p.10.
18) A.T. Robertson, *Word Pictures in the New Testament*, 6. Vols.(N. Y.; Harper and Brothers, 1930)
   Henry, Alford, *The Greek Testament*, 5. Vols.(London; Rivingstons, 1855)

9. **구타하지 아니하며**($\mu\grave{\eta}$ $\pi\lambda\acute{\eta}\kappa\tau\eta\nu$)-not pugnacious-(딤전 3:3, 딛 1:7)

구타하지 않는다는 것은 $\mu\grave{\eta}$ $\pi\lambda\acute{\eta}\kappa\tau\eta\nu$ 으로서 핍박이나 폭력을 가하거나 제공하지 않음을 의미하는 것으로[19] 성급하게 손이나 혀로서 사람을 향하여 때리거나 내뱉는 난폭한 행위를 하지 않는다는 것을 의미한다. 진정한 인격자는 남을 자신의 손이나 혀로서 치지 않는다. 목사는 예수 그리스도를 닮아가야(Imitatio Christi)한다. 어떠한 경우에든지 과격한 행동을 삼가하고 오히려 고난을 자취하는 것을 배워야 한다.

10. **관용하며**($\epsilon\pi\iota\epsilon\iota\kappa\hat{\eta}$)-gentle-(딤전 3:3, 딤후 2:24)

$\epsilon\pi\iota\epsilon\iota\kappa\hat{\eta}$는 $\epsilon\pi\iota$와 $\epsilon\iota\kappa\sigma\varsigma$의 합성어로서 이 용어는 법정에서 쓰여지는 술어로서 죄인이 죄 지은 것을 벌하지 않고 용서해주고 책망하지 않는 것이다. $\epsilon\pi\iota\epsilon\iota\kappa\grave{\eta}\varsigma$는 공정(equity), 관대(lenient), 친절(kindly) 그리고 오래 참는(forbearing)[20] 것이다. 신약에는 $\epsilon\pi\iota\epsilon\iota\kappa\acute{\eta}\varsigma$라는 단어가 모두 5회[21]나 나타나 있는데 빌 4:5에서는 "너희 관용을 모든 사람에게 알게 하라"[22]고 말씀하셨다. 목사는 넓고 깊은 아량과 관용으로 상대방의 허물을 덮어줄 줄 알아야 한다.

11. **다투지 아니하며**($\check{\alpha}\mu\alpha\chi o\nu$) -uncontentions- (딤전 3:3, 딤후 2:24)

$\check{\alpha}\mu\alpha\chi o\nu$의 어근인 $\mu\acute{\alpha}\chi\eta$는 전쟁(war)이라는 의미로서 "$\alpha\mu\alpha\chi o\varsigma$는 싸움이 없는, 분쟁하지 않는(not contentions)다는 의미를 지닌다.[23] $\check{\alpha}$ 라는

---

19) J.N.D. Kelly, op. cit.,
    Fritz Rinenecker, op. cit., p.622.
20) Fritz Rinecker, op. cit., p.22.
21) 딤전 3:3, 빌 4:5, 딛 3:2, 약 3:17, 벧전 2:18.
22) "$\tau\grave{o}$ $\epsilon\pi\iota\epsilon\iota\kappa\grave{\epsilon}\varsigma$ $\acute{o}\mu\hat{\omega}\nu$ $\gamma\nu\omega\sigma\theta\acute{\eta}\tau\omega$ $\pi\hat{\alpha}\sigma\iota\nu$ $\grave{\alpha}\nu\theta\rho\acute{\omega}\pi o\iota\varsigma$" (Let your *gentleness* be evident to all)
23) A.T. Robertson, op. cit., $\check{\alpha}\mu\alpha\chi o\varsigma$.

부정을 나타내는 접두사가 있어서 싸움이나 전쟁을 강하게 부정하고 있다. 목사는 싸움이라는 것이 지체 중에서 싸우는 정욕으로 말미암아 연원된 것이기 때문에 이것을 멀리하면서 동시에 믿음의 도를 지키기 위해서는 힘써 싸워야 한다(유 1 : 3, 딤전 6 : 12). 조그마한 문제를 문제시하고 다툼은 크게 확장되어 결과적으로 목사의 인격에 손상을 끼치는 일이 종종 있음을 명심해야 한다.

12. **돈을 사랑치 아니하며** (ἀφιλάργυρον)-not avaricious-
 -Free from the love of money (딤전 3 : 3, 딛 1 : 7)

ἀφιλάργυρον은 임의로 은(ἄργυρος)을 사랑하지 않는다는 의미이다. 사도 바울도 딤전 6 : 10에서 말했듯이 "돈을 사랑함이 일만 악의 뿌리가 되나니 이것을 사모하는 자들이 미혹을 받아 믿음에서 떠나 많은 근심으로써 자기를 찔렸도다"라고 경고하고 있다. 목사는 물질에 탐닉하거나 좌우된다면 그것으로 인하여 목사직 수행에 막대한 지장을 초래하게 된다는 사실을 명심해야 한다.

13. **자기 집을 잘 다스려 자녀들로 모든 단정함으로 순종케 하는 자**
 (τοῦ ἰδίου οἴκου καλῶς προϊστάμενον, τέκνα ἔχοντα ἐν ὑποταγῇ μετὰ πάσης σεμνότητος)-He must manage his own family well and see that his children obey him with proper respect-(딤전 3 : 4)

목사의 가정은 교인들의 가정의 모델이 되어야 하며 호머 캔트(H. Kent)박사의 말대로 목사관은 지상에 있는 자그마한 천국이 되어야 한다.[24] 다스린다는 προϊστάμενον[25]의 의미는 앞에 선다(to stand before)는 의미로서 잘 다스리는 목사는 위에 군림하는 것이 아니라 앞에 서는

Donald Guthrie, *The pastoral Epistles.* (London; Tyndale Press, 1969).
24) Homer A. Kent, *The Pastor and His Work* 이주영 역(서울 ; 성광문화사, 1982) 제 1 편을 참고하라.

것이다.

그리고 σεμνότητος는 목사를 따르는 모든 성도들에 대한 경건함, 정중함, 독립성, 그리고 겸손의 완벽한 상표가 된다.[26] 목사에게 자녀교육은 대단히 중요하다. 이것이 올바르지 못하다면 덕을 상실할 뿐 아니라 목회생명에도 치명적인 영향을 가져온다는 사실을 간과해서는 안될 것이다.

14. 외인에서도 선한 증거를 얻은 자(δεῖ δε καὶ μαρτυρίαν καλὴν ἔχειν ἀπο τῶν ἐξωθεν)-have a good reputation with outsiders- (딤전 3:7)

목사는 예수 그리스도를 믿지 않는 불신자로부터도 선한 증거를 받아야만 한다.[27] 이것은 하나님 나라의 확장사역에 가장 기본적인 초석이 된다. 오늘의 선교는 이론에 앞서 실제가 요구됨으로 목사 자신의 유덕한 생활은 교회성장이나 선교에 지대한 영향을 미친다. 그러므로 사도 바울은 "유대인에게나 헬라인에게나 하나님의 교회에 거치는 자가 되지 말고 모든 사람은 기쁘게 하여 많은 사람의 유익을 구하여 저희로 구원을 얻게하라"(고전 10:32)고 했던 것이다.

15. 제 고집대로 하지 아니하며(μὴ αὐθάδη)-not self-pleasing-(딛 1:7)

αὐθάδης는 자기 뜻대로 한다(self-willed)는 의미로서 μή라는 강한 부정이 첨가되어 다른 사람의 말을 듣기를 거절하고 자기의 견해만을 고

---

25) προΐστημι는 롬 12:8, 살전 5:12, 딤전 3:4,5,12, 딛 3:8에 동사형으로 '다스린다'는 개념으로 나타나 있다.
26) William Barclay, *More New Testament Words*(London; SCM Press, 1958), p.144.
  R.C. Trench, *Synonyms of the New Testament*(Grand Rapids, Michigan; Eerdmans Publishing Co, 1953), p.344.
27) Fritz Rinecker, op. cit., p.623.

집하는 교만한 상태에 놓이지 않음을 의미한다.[28] 목사는 자신의 생각이나 판단을 "절대"로 알지 말아야 한다.

진정 목사는 다른 사람의 말을 잘 들어야 하는데 이것은 상담자로서의 목사의 태도를 단적으로 지적한 것이다.

16. 급히 분내지 아니하며($μὴ$ $ὀργίλον$)-not passionate-(딛 1:7)

$ὀργίλον$은 급히 분을 내는 것인데(quick-tempered)[29] 잘못된 판단과 실수로 인하여 타인을 해치는 것을 말한다. 이것은 자신의 잘못된 습관과 관습의 결과로 주로 나타나는데[30] 야고보 사도는 "사람마다 듣기는 속히 하고 말하기는 더디하며 성내기도 더디하라, 사람의 성내는 것이 하나님의 의를 이루지 못함이니라"(약 1:19—20)고 했던 것이다.

17. 더러운 이(利)를 탐하지 아니하며($μὴ$ $αἰσχροκερδῆ$) -not pursuing dishonest gain-(딛 1:7)

$αἰσχροκερδῆ$는 수치스럽다는 $αἰσχρός$, 돈벌이라는 $κερδός$의 합성어로서 "수치스럽게 돈벌이를 하다"라는 의미에 $μὴ$라는 강한 부정의 접두사가 붙어서 "수치스럽게 돈을 벌지 말라"는 의미를 지니고 있다.[31] 결국 의롭게, 정당한 경제생활을 영위해야 한다는 것이다.

18. 선을 좋아하며($φιλάγαθον$)-loves what is good-(딛 1:8)

$φιλάγαθον$은 "선을 사랑한다"[32]는 의미이다. 그것은 또한 가장 좋은

---

28) Walter Lock, op. cit., Titus 1:7,
    R.C. Trench, op. cit., p.349.
    James H. Moulton, George Milligan, op. cit., $αὐθάδης$
    Gerhard Kittel, Gerhard Friedrich, op. cit., $αὐθάδης$
29) Walter Bauer, op. cit., $αὐθάδης$
30) Charles J. Ellicott, *The Pastoral Epistles of St.* Paul, 5th ed.(London; Longmans, Green and Co, 1883).
31) Walter Lock, op. cit., Titus 1:7.
32) J.N.D. Kelly, op. cit., Titus 1:7.

모든 것에 대한 헌신(devotion to all that is best)[33]이다. 이것의 의미는 선한 사람을 좋아한다는 의미이며 좋은 사람을 따르기를 좋아하거나 모방하기를 사랑한다는 의미로서 예수 그리스도를 본받는(Imitatio Christi) 사람이 목사인 것이다.[34]

19. 의로우며 ($δίκαιον$)-upright-(딛 1 : 8)

$δίκαιον$은 목사의 대단히 중요한 퍼스낼리티의 요소로서, $δίκαιος$는 도덕적 의[35]이며 의무적 의[36] 하나님을 따르는 의[37] 사람의 의무로서의 의[38] 그리고 믿음으로 인한 의[39] 등의 신학적인 의미가 있다.

20. 거룩하며 ($οσιον$)-holy-(딛 1 : 8)

$όσιος$는 신약성경에 모두 8회[40] 나타나는데 거룩, 순결, 청결 등으로서 하나님의 도를 지키는 데 자신의 몸을 드린다는 의미가 있다. $δίκαιος$는 인간의 법과 의무를 지키는 데 치중하지만 $όσιος$는 하나님의 인간보다 하나님의 법을 지키는데 치중하는 요소이다. '거룩'이라는 단어에는 단절(斷切)의 의미도 함유하고 있는데 세상 것과 육신의 소욕을 단

---

33) Fritz Rinecker, op. cit., p. 652.
34) 그래서 James Stalker박사를 목사의 퍼스낼리티의 최상의 자격으로 선함(goodness)을 들고 있다.
   James Stalker, *The Preacher and His Models*(Grand Rapids, Michigan; Baker Book House, 1969), p. 56.
35) 마 5 : 10, 20, 행 17 : 31, 요일 3 : 10, 계 19 : 11.
36) 딛 1 : 8, 요일 1 : 9.
37) 마 5 : 6, 요 16 : 8.
38) 눅 1 : 75, 행 10 : 35.
39) 롬 1 : 17, 9 : 30, 갈 5 : 5, 히 11 : 7.
   오직 의로운 행동은 하나님으로부터 연원하는 것이다. (the righteous activity which comes from God)
   J.A. Ziesler, *The Meaning of Righteousness in Paul*(Cambridge; Cambridge University Press, 1972), pp. 9~14.
   C.E. Cranfield, *Epistle to the Romans*(Naperville, Ill; Allenson, 1979).
40) 행 2 : 27, 13 : 34, 35, 딤전 2 : 8, 딛 1 : 8, 히 7 : 26, 계 15 : 4, 16 : 5.

3. 부목사의 인격적 준비 51

절하고 하나님의 법도만 따른다는 깊은 의미도 있음을 알아야 한다.

지금까지 부목사의 인격적 준비에 대한 성경적 연원으로서 주로 목회서신을 중심으로 살펴보았다. 진정 목회자로서의 부목사는 먼저 그 자신이 예수 그리스도의 멍에를 진 다음에 주님께서 그의 전인격(全人格)을 조직하고 균형잡히게 하고 온전케 하고,……무거운 짐진 자들을 온전히 세우기 위해 전체의 인격을 위탁해야만 한다.[41] 특별히 부목사는 연령적으로 젊은 때이기 때문에 단지 연소하다는 이유로 가벼히 여김을 받지 않도록 세심한 신경을 써야 할 것이다.

부목사가 자신의 인격적인 준비를 하지 못한다면 결코 성도들에게 인격적인 감화를 끼칠 수는 없다. 빅터 프랭클(Viktor Frankl)의 말처럼 영혼의 치료(soul-therapy)는 그 치료자가 온전한 인격자이라야만 효과를 거둘 수 있는 것이다. 물론 대다수의 교인들이 목사의 지적인 면에도 크게 관심을 보이고 있으나 사실상 목사의 인격으로 구체화 되는 부목사의 인간 자체에 더 큰 관심을 보이고 있다는 사실을 결코 간과해서는 안될 것이다.

진정 그리스도 예수께서 목사들에게 위탁하신 자신의 양떼들은 자신들의 목자들이 부활하신 예수 그리스도 한 분만을 사랑하고 그 분만을 존귀케 하기 위해 지혜롭고 성결하며 능력있는 목자가 되기를 바라고 있다. 따라서 목사는 자신이 지닌 어떠한 기능(機能)보다는 자신의 인격 그 자체의 가치를 보다 더 귀중히 여겨야 한다. 왜냐하면 목양(牧羊)이란 단순한 기능이 아니라 전 인격 그 자체이기 때문이다. 진리는 단지 강단(pulpit)에서만 외쳐지는 것이 아니며 목사들의 삶 그 자체 속에서 이루어져야 하는 것이다. 그러므로 목사는 예수 그리스도의 몸된 교회를 봉사하는 사역자로서 그는 먼저 예수 그리스도의 인격과 교훈에서 그 모델을 찾아야 할 것이다.

---

41) Erik Routley, *The Gift of Conversion*(Philadelphia; Muhlenberg Press, 1955), p.134.

참고문헌 및 계속 연구 문헌

1. Robert C. Anderson, *The Effective Pastor* (Chicago; Moody Press, 1985)
2. G. Abott Smith, *A Manual Greek-Lexicon of the New Testament* (Edinburgh; T. & T. Clark, 1936)
3. James H. Moulton, George Millgan, *The Vocabulary of the Greek Testament* (London; Hodder & Stoughton, 1952)
4. Friedrich Priesigke, *Wörterbuch der griechischen papyrussurkunden* (Heidelberg-Berlin, 1924~31)
5. Robert L. Saucy, *The Husband of one-wife*-Bibliotheca Sacra· 131. (July, 1974)
6. Alexander Robert, James Donaldson, *Constitution of the Holy Apostles. --Anti-Nicean Fathers--* (Grand Rapids, Michigan; WM.b. Eerdmans Publishing Co, 1951)
7. H.L. Stract, P. Billerbeck, *Kommentar. Zum Neun Testament aus Talmud und Midrasch* Vols Ⅲ. (Munich; C.H. Beck, 1965)
8. J.N.D. Kelly, *A Commentary on the Pastoral Epistles* (London; Adam and Charles Black, 1972)
9. Fritz Rinecker, *Linguistic Key to the Greek New Testament* (Grand Rapids, Michigan; Zondervan Publishing House, 1980)
10. Gerhard Kittel, Gerhard Friedrich, *Theological Dictionary of the New Testament* (Grand Rapids, Michigan; WM.B. Eerdmans Publishing Co, 1973)
11. Walter Lock, *A Critical Exegetical Commentary on the*

Pastoral Episstles, I.C.C. (Edinburgh; T. & T. Clark, 1966)
12. Walter Bauer, *A Greek-English Lexicon of the New Testament* (Chicago; University of Chicago Press, 1959)
13. J.H. Moulton, W.F. Howard, *A Grammar of New Testament Greek: Auidence and WordFormation* Ⅱ (Edinburgh; T. & T. Clark, 1956)
14. A.T. Robertson, *Word Pictures in the New Testament* (N.Y.; Harper and Brothers, 1930)
15. Henry Alford, *The Greek Testament* 5. *Vols.* (London; Rivingstones, 1955)
16. Donald Guthrie, *The Pastoral Epistles.* (London; Tyndale Press, 1969)
17. William Barclay, *More New Testament Words* (London; SCM. Press, 1958)
18. R.C. Trench, *Synomyms of the New Testament* (Grand Rapids, Michigan; Eerdmans Publishing Co, 1953)
19. Homer A. Kent, *The Pastor and His Works*, 이주영 역, (서울; 성광문화사, 1982)
20. Charles J. Ellicott, *The Pastoral Epistle of St. Paul* (London; Longmans, Green and Co, 1883)
21. James Stalker, *The Preacher and His Models* (Grand Rapids, Michigan; Baker Book House, 1967)
22. J.A. Ziesler, *The Meaning of Righteousness in Paul* (Cambridge; Cambridge University Press, 1972)
23. C.E. Cranfield, *Epistle to the Romans* (Naperville, Ill; Allenson, 1979)
24. Erik Routley, *The Gift of Conversion* (Philadelphia; Muhl-

enberg Press, 1955)
25. Thomas C. Campbell; Gary B. Reierson, *The Gift of Administration* (Philadelphia; The Westminster Press, 1981).
26. 이주영, 보조목회학(서울 ; 성광문화사, 1985)
27. ──────, 현대목회학(서울 ; 성광문화사, 1986)

제 4 장
부목사의 영적 준비(靈的準備)

제 1 절 영적 준비

 부목사는 항상 사도바울이 그의 젊은 제자 디모데에게 "하나님의 사람은 경건에 이르기를 연습하라"(γύμναζε δὲ σεαυτὸν πρὸς εὐσέβειαν)고 당부한 간곡한 권고를 잊어서는 안된다. 경건에 이른다는 말은 하나님 같이 된다(godliness), 거룩해진다(piety)는 의미를 지니고 있다.[1] 이러한 당부는 지극히 어려운 것일지라도 자신을 부단히 매일매일의 삶 가운데에서 영적으로 재각성해 나가지 않으면 안된다.
 존 칼빈(John Calvin)은 그의 기독교 강요(Institutes of the Christian Religion) 제 4 권 3장에서 다음과 같이 서술하고 있다.
 "하나님께서는 아무 도움이나 연장(tool)이 없이도 자신의 사업을 친히 하시거나 천사들을 시켜서 하실 수 있었지만, 여러 가지 이유로 사람을 수단으로 삼아 행하시는 편을 택하셨다. 이러한 수단으로 우선 우

---

1) Gerhard Kittel, Gerhard Friedrich, (eds) *Theological Dictionary of The New Testament*(Grand Rapids, Michigan; WM. Eerdmans Publishing Co, 1973).
   Colin Brown(ed), *The New International Dictionary of New Testament Theology* (Grand Rapids, Michigan; Zondervan Publishing House, 1975).
   William Barclay, *More New Testament Words*(London; SCM. Press, 1958), pp.66~77.

리(목회자들)에게 대한 관심을 표명하셔서 사람들을 택하여 세상에서 그의 사자($πρεσβεύω$)[2]가 되게 하시며 그의 비밀한 뜻을 해석하게 하시고 그를 대표하게 하신다. 이것으로 우리는 그의 성전이라고 부르시는 것이(고전 3:16-17, 6:19, 고후 6:16) 쓸데없는 이야기가 아니란 것을 증명하신다. 사람들의 입을 통해서 마치 성소에서 말씀하시는 것 같이 사람들에게 대답을 주시기 때문이다."[3]

하나님께서는 목회자로서의 부목사를 이렇게 자신의 사역을 대리할 사자로 삼으셨고 그를 통해 말씀하시기 때문에 부목사는 항상 하나님과의 산 대화를 나누어야 한다. 이러한 하나님과의 산 대화는 "위대한 활동적인 침묵 속에, 혹은 즐거운 사역 가운데서 똑똑히 표현되거나 또는 환상(vision)가운데 있을 것이다……하나님과의 대화의 형태나 방법이 어떠하든지간에 그것은 영혼과 살아계신 하나님 사이에 부단히 연결되어지는 활기있는 대화인 것이다."[4]

부목사의 생활에 있어서 가장 결정적인 요소는 그의 영적인 훈련(spiritual training)에 있다. 왜냐하면 부목사의 생활과 사역은 분명하

---

2) "대사가 되다"(to be an ambassador), "대사의 직무를 수행하다"(to carry out the office of an ambassador)는 의미이며 이것은 왕의 공식사절에 대한 공식적인 헬라어 단어였다. James H. Moulton, William F. Howard, *A Grammar of New Testament Greek; Accident and Word-Formation*, Ⅰ (Edinburgh; T. & T. Clark, 1956).

  James H. Moulton, George Milligan, *The Vocabulary of the Greek Testament* (London; Hodder & Stoughton, 1952).

  Gerhard Kittel, G. Fridrich, *TDNT* $πρεσβεύω$.

  Adolf Deissmann, *Light From the Ancient East*. tr. by. Lionel R.M. Strachan (London; Hodder & Stoughton, 1927), p.378.

  Hans Windisch, *Der Zweite Korintherbrief, Kritschexegetischer Kommentar über das Neue Testament*(Göttingen; Vandenhoeck & Ruprecht, 1970).

3) Augustine, *On Christian Doctrine*, Prologue. 6 ; Ⅳ, xxxii. 59. (MPL. 34, 18, 118 ; tr. NPNF. Ⅱ, 520, 595)

4) Samuel H. Miller, *The Great Realities*(N.Y.; Harper & Brothers Publisher, 1955) p.65.

4. 부목사의 영적 준비

게도 성령의 내주와 그의 능력에 의해 생명력을 얻기 때문이다.[5]

만일 하나님께서 직접적으로 말씀하신다면, 모든 사람이 즉시 귀를 기울이고 마음을 다해 경건하게 그 말씀을 받아들인다는 것은 결코 놀라운 일이 아니다. 어느 누가 그분의 능력의 임재(臨在)에 두려워 하지 않을 것인가? 누가 그렇게 위대한 위엄에 놀라지 않을 것인가? 어느 누가 그 한없는 광채에 당황하지 않겠는가? 그러나 흙에서 나온 보잘 것없는 인간이 하나님의 이름으로 말할 때 그 분의 능력으로 힘입지 않는다면 무엇으로 그분의 사역을 감당할 것인가?

부목사는 하나님의 부르심(calling)을 받아서 하나님을 위하여 하나님의 큰일(magnalia Dei)을 감당하는 성직자임을 먼저 깊이 인식하지 않으면 안된다. 성직자로서의 부목사의 신분과 사명은 참으로 신성한 것이며 그 사명이 신성한만큼 또한 영광스러운 것이다. 이러한 신성하고 영광스러운 직분을 감당하기 위해서는 부단한 영적인 준비가 선행(先行)되어야 한다.

아무리 목사가 학적으로 탁월하고 뛰어난 지식이 있을찌라도 목회 사역의 성공적인 수행은 무엇보다 먼저 하나님과 동행하는 영적인 교제의 깊이와 친밀도에 의존한다. 그의 생활에서 하나님의 임재와 능력에 대한 목사의 민감성(敏感性)은 그가 생각하고, 말하고, 행동하는 모든 일을 조절한다.

성령이 내주(內住)하시고 성령에 의해 조절되는 그의 의식과 무의식은 그가 그리스도와 교회에 대한 봉사에 그 자신을 먼저 드리도록 강제(强制)한다.[6]

목회자에게 있어서 하나님 나라의 현재적 측면(present aspect)과 미

---

5) 졸저, 현대목회학(서울 ; 성광문화사, 1985), p.71.
6) 사도바울은 목회자의 봉사($\delta\iota\alpha\kappa\text{ovos}$)는 성도들을 결속해서 한 몸을 이루게 하는 힘줄이라는 말로 목회자의 봉사가 하나님께서 교회를 다스리시기 위해 사용하시는 가장 중요한 힘이 된다는 것을 가르친다.
    John Calvin, *Institutes of the Christian Religion*, Vols. II. (Philadelphia; The Westminster Press, 1967)

래적 측면(future aspect), 즉 이미(already)와 아직 아니(not yet)라는 긴장(tension)과 영적인 전률의 지속은 영적인 훈련의 성질에 좌우되는 것이다.[7]

그러므로 존 윌슨(J.C. Wilson) 박사는 목회자가 주님에 의해 그에게 제공된 영적인 능력을 얻는 방법을 배우는 것은 대단히 중요한 일이다. 그리스도 안에서 하나님을 접촉하는 기술과 메시지의 전달(delivery the message)에 좋은 결과를 가져올 수 있도록 성령을 모시는 것은 목회사역에 있어서 다른 모든 부수적이고 기능적인 기술에 초점이 되어야만 하는 근본적인 기술이 된다[8]고 했다. 결국 목회자의 권위는 성령으로부터 연원하는 것이다.[9]

이와 같이 신학교육의 제일의 요소는 바로 영적인 헌신(spiritual devotion)이다. 이 영적인 헌신은 다음과 같은 영적인 훈련에 의해서만 유효하게 될 수 있다. 그것은 ⓐ 은밀한 기도생활 즉 지속적인 영적인 활력(spiritual vitality) 속에 자신을 머물게 하기 위해서 매일 매일의 경건한 결단의 시간인 기도생활을 영위해야 한다. 또한 ⓑ 규칙적인 성경의 묵상, 성경지식을 자신의 삶의 위기(crisis)에 연관시키고, 삶의 의미에 대한 묵상을 통하여 하나님께서 말씀하시는 것을 듣고 기다리면서 ⓒ 고전적인 경건서적과 현대의 경건서적 등으로부터 영감과 통찰(insight)을 유도해 내야한다.[10]

---

7) C.T. Rae, *Spiritual Discipline in the Minister's Life*(The Congregational Ministry in the Modern World, 1964), p.129.
8) J.C. Wilson(ed), *The Spiritual Basis of Field Work-Minister's in Training*(Princeton, N.J.; The Directors of Field Work in the Theological Seminaries of the Presbyterian Church in U.S.A. 1953), p.53.
9) Gerhard Kittel, Gerhard Friedrich, *Theological Dictionary of the New Testament, one volumed.* tr. by. G.W. Bromiley(Grand Rapids, Michigan; W.M.B, Eerdmans, Publishing Co, 1985), p.247.
10) Samuel Shoemaker, *How you can Help other people*(N.Y.; E.P. Dutton & Co, Inc. 1946), p.59.

부목사의 생활에는 현실적인 삶과 영적인 삶이 병존(並存)에 의한 긴장이 존재할 수 밖에 없다. 그래서 목회자는 그의 시간과 사역 가운데에서 자기 자신을 훈련해야만 한다.[11]

부목사가 그의 사역기간 중에서 어떠한 종류의 영적인 훈련을 하지 않는다면 그는 결코 그리스도의 장성한 분량에 이를 수 없을 것이다.

진정 축복받는 목회는 빈틈없는 영적인 무장을 통해서 이루어진다. 왜냐하면 하나님의 사역은 오로지 성령의 역사하심 속에서 성취되기 때문이며 성령으로 아니고서는 누구든지 예수 그리스도를 주님이라고 고백할 수 없기 때문이다.[12] 결코 힘으로나 능으로 되는 것이 아니라 오직 하나님의 영으로라야 이루어 질 수 있다. 유명한 설교자요 목회자이신 알렉산더 맥클라렌(Alexander Maclaren) 목사는 "나는 항상 나 자신의 위안과 설교에 있어서의 효과는 매일 하나님과의 영적인 교제의 빈도와 길이에 비례된다는 사실을 발견했다"[13]고 술회하고 있다. 목회자들이 영적으로 무장하지 않고, 영적인 준비없이 어떻게 영혼을 구원하고, 보살피며, 치유하는 그의 목회적 사역을 감당하길 바라겠는가?

제 2 절 부목사와 영성(spirituality)

영성(spirituality)이라는 말은 최근에 들어와서 대단히 중대한 개념으로 등장했으며 이 영성의 개발(development of spirituality)은 새로운

---

11) Homer A. Kent 박사는 영적훈련의 예로서 경건한 성서공부, 기도, 예배의 참여, 신앙서적의 독서, 영적훈련장에의 참여를 들고 있다.
   Homer A. Kent, *The Pastor and His Works* 필자역(서울 ; 성광문화사, 1984), pp. 12~16.
12) Peter Wagner, *Your Church Can Grow*. (Glendale ; A Division of Gospel Publications, 1976), p. 162.
13) H.F. Sugden, W.W. Wiersbe, *Confident Pastoral Leadership*, (Chicago ; Moody Press, 1979), p. 157.
   T.H. Pattison, *For the Work of the Ministry* (Philadelphia ; American Baptist Publication Society, 1907), p. 123.

실천신학의 한 장으로서, 또한 영성 개발 프로그램은 목사의 사역의 개발영역에 중요한 프로그램으로 등장했다.[14]

영성이란 단어의 사전적 의미는 "종교적인 가치(religious value)에 붙잡혀서 사는 영적인 삶의 상태"를 지칭한다. 이 용어는 경건함(piety)[15] 이라는 용어와 상호 교차적으로 사용되고 있는바 이것은 동일하게 종교생활의 또는 신앙생활의 내용을 표시한 것이라고 말할 수 있다. 그러나 이러한 경건(敬虔)이라는 용어는 17세기에 들어와서 독일의 경건주의(pietism) 운동에서 다소간의 왜곡이 발생했다. 왜냐하면 철저하게 내면적(內面的)이고, 개인주의적이며, 또한 감정적인 신앙, 그리고 신비주의적인 색채가 농후했기 때문이었다. 그러나 우리가 일반적으로 영성(靈性)이라고 할 때 그런 신앙의 상태란 하나님을 경외하는 수직적 신앙과 이웃을 사랑하는 수평적 신앙의 균형을 유지한 상태를 의미하며 책임적인 행동을 수반하는 신앙 생활을 의미하는 용어이다.[16]

최근에 들어서 이러한 영성개발의 운동이 가속화된 것은 교회 밖으로부터 밀어닥친 세속주의(secularism)의 물결을 순수한 기독교적 신앙생활로서 극복하려는 현상에서 나타난 자생적인 것이다.

필자는 이러한 현대사회의 구조적 특징중 미국의 사회학자 피터 버거(Peter Berger)가 지적한 세속화(secularization)의 물결속에서 그리스도의 정신과 태도를 닮아가려는 영성의 개발은 시급하다고 사료되었기 때문에 이 문제를 거론하려는 것이다.

영성의 무드는 예수 그리스도의 말씀가운데서도 흔히 나타나고 있는

---

14) Rowan Williams, *Christian Spirituality*(Atlanta; John Knox Press, 1979)
    Louis B. Bouyer, *History of Christian Spirituality* 3. *Vols*(N.Y.; Desclee Co, 1982)
15) "종교적인 의무에 충실함" ὅσιος (행 2:27, 13:34~35, 딤전 2:8, 딤후 1:8, 히 7:26, 계 15:4, 16:5)
16) Kenneth Leech, *Soul Fried; The Practice of Christian Spirituality* (N.Y.; Harper & Row Publishers, 1977), p.11.

바 "심령이 가난한 자는 복이 있나니 천국이 저희 것임이요"(마 5:8)라는 말씀은 당시의 종교적인 영성의 무드를 시사해주고 있으며 "심령이 가난한 자는 복이 있나니 천국이 저희 것임이요"(마 5:3)라는 산상보훈의 말씀도 당시의 종말론적인 청빈(eschatological poverty)을 의미한 것이다. 심령이 가난해야 천국을 소유한다는 예수 그리스도의 말씀은 어느 시대에서나 기독교의 영성 생활의 지표가 되어왔다.

그러나 기독교의 영성을 바로 정립한 인물은 사도바울이었다. 바울의 기독교 영성 이해는 헬라 철학의 범주를 초월하여[17] 십자가의 신비주의(mysticism of the cross)로 승화시켜 기독교 영성의 역사적 기반을 수립하게 되었던 것이다.[18]

새 사람을 입으라, 예수 그리스도의 마음을 품으라(빌 2:5) 등의 바울서신에 자주 나타나는 권고는 그리스도의 마음을 채워서 살아가라는 권고였으며 이러한 마음은 예수 그리스도의 십자가를 통해서 선물로 주어진다고 말했던 것이다(고전 1:18). 어거스틴(Augustinus)을 거쳐 종교개혁가들에 이르러서는 모두가 하나님의 말씀과 설교를 강조했고 믿음에 의한 구원(Salus), 하나님의 은총(Gratia) 그리고 자비를 강조했다. 그리스도와의 신비적인 연합(unio mystica)은 하나님의 의롭다고 인쳐주시는 은총과 자비로서만 가능하다고 역설했던 것이다.

마르틴 루터(Martin Luther)는 성경과 어거스틴 외에는 아무 것도 필요없다고 말하면서도 영성적으로는 독일의 신비주의(theologica Germanica)와 그 계보를 같이하고 있다. Imitatio Christi를 쓴 토머스 아켐피스(Thomas A Kempis)의 영향을 받았다고 학자들은 추측하고 있으며 루터는 신앙을 통한 은총에 의한 개인의 구원체험을 영성 생활의 지

---

17) 사도바울은 당시의 유대교의 영성의 전통이 헬라철학자 Platon의 사상으로 책색되어 있었다고 믿었기 때문에 이것에 대한 초월을 시도하려고 했던 것이다.
18) Urban T. Holmes, *A History of Christian Spirituality*(N.Y.; Seabury Press, 1980), p.14.

표로 삼았다.[19]

그러나 존 칼빈(John Calvin)은 믿음에 의한 의인(義認)의 단회성(單回性)을 강조했으며 나아가 예수 그리스도 안에서의 신앙적인 성장을 강조했다. 그리스도인의 삶은 하나님의 선물로서 주신 예수그리스도 안에서 시작되는 삶이다. 결코 예정(predestinatio)이 중심주제가 아니었고 그리스도와의 연합(unio)이 영성 생활의 촛점이었던 것이다.[20]

그런데 이러한 영성의 무드가 후에 부흥 운동의 맥락에서 다소 감정적이고 개인주의적인 영성으로 굴절되어 그 본래의 순수성을 상실한 것은 유감이 아닐 수 없다.

부목사는 자신의 영성이 부단히도 그리스도를 닮아가는 그리스도와의 신비적 연합을 통해서 하나님을 경외하면서 동시에 수평적 차원에서 양떼들과 이웃과 사람들을 사랑하고, 종말론적으로 예수 그리스도의 파루시아($παρόμγια$)를 기대하고 아울러 하나님 나라의 현재적인 내림(來臨)을 직시하면서 하나님 나라의 시민으로서의 윤리성을 이땅에서 실천해 가야 할 것이다.

부목사가 진정한 교역자상(敎役者像)을 추구하기를 원한다면 먼저 예수님께서 가르치시고 모범을 보이신 사랑($αγαπη$)과 봉사($διακονια$)로 충만하여 이 땅 위에서 이러한 것을 실천적으로 구체화(具體化)시키지 않을 수 없는 영성이 선행되어야 한다. 또한 항상 예수그리스도의 임재를 확인하면서 그의 심장으로 범사에 수종들어야 할 것이다(빌 1 : 8).

진정, 영성이란 하나님께서 성령을 통해 은혜로 나를 고쳐 하나님의 형상(Imago Dei)을 입게 하는 역사요 교회가 하나님의 자녀들을 도와 그리스도인안에 이루어 나가는 예수 그리스도의 성품형성(性品形成)이며, 동시에 하나님께서 나를 고쳐 그리스도의 사랑을 내 성품속에 형성

---

19) R. Williams, *Christian Spirituality*(Atlanta; John Knox Press, 1979), p.142.
20) L.J. Richard, *The Spirituality of John Calvin*, (Atlanta; John Knox Press, 1974) 참조.

시키도록 나를 쳐서 헌신하게 하는 것이다. 이러한 영성은 오직 깊은 기도생활을 통하여, 인격자이신 하나님과의 현재적인 교제를 통해서만 성취되는 것임을 간과해서는 안될 것이다.

참고문헌 및 계속연구문헌

1. Gerhard Kittel, Gerhard Friedrich. (eds), *Theological Dictionary of the New Testament* (Grand Rapids, Michigan; WM.B. Eerdmans Publishing Co, 1973)
2. Colin Brown(ed), *The New International Dictionary of New Testament Theology* (Grand Rapids, Michigan; Zondervan Publishing House, 1975)
3. William Barclay, *More New Testament Words* (London; SCM Press, 1958)
4. James H. Moulton, W.F. Howard, *A Grammar of New Testament Greek: Accident and Word-Formation.* II (Edinburgh; T & T. Clark, 1956)
5. James H. Moulton, George Milligan, *The Vocabulary of the Greek Testament* (London; Hodder and Stoughton, 1952)
6. Gerhard Kittel, Gerhard Friedrich, *Theological Dictionary of the New Testament*, tr. by. G.W. Bromiley, Vol. I. Edition, (Grand Rapid, Michigan; EM.B. Eerdmans Publishing Co, 1985)
7. Adolf Deissmann, *Light From the Ancient East*, tr. by. Lionel, R.M. Strachen, (London; Hodder & Stoughton, 1927)
8. Hans Windisch, *Der Zweite Korintherbrief, Kritschexegetis-*

cher Kommentar über das Neue Testament(Göttingen; Vanderhoeck & Ruprecht, 1970)
9. Hugustinus, *On Christian Doctrines*. Prologue. 6. Ⅳ, xxxii. 59. (MPL. 34, 18, 118 ; tr. NPNF. Ⅱ)
10. Samuel Miller, *The Great Realities*. (N.Y.; Harper & Brothers, Publisher, 1955)
11. John Calvin, *Institutes of the Christian Religion* (Philadelphia; The Westminster Press, 1967)
12. C.T. Rae, *Spiritunl Discipline in the Minister's Life* (The Congregational Ministry in the Modern World, 1964)
13. J.C. Wilson(ed), *The Spiritual Basis of Field Work-Minister's in Training*(Princeton, N.J.; The Directors of Field Work in the Theological Seminaries of the Presbyterian Church in U.S.A. 1953)
14. Samuel Shoemaker, *How You Can Help Other People*(N.Y.; E.P. Dutton & Co, Inc. 1946)
15. Peter Wagner, *Your Church Can Grow*(Glendale; A Division of Gospel Publications, 1976)
16. H.F. Sugden, W.W. Wiersbe, *Confident Pastoral Leadership* (Chicago; Moody Press, 1979)
17. T.H. Pattison, *For the Work of the Ministry*(Philadelphia; American Baptist Publication Society, 1907)
18. Rowan Williams, *Christian Spirituality*(Atlanta; John Knox Press, 1979)
19. Louis B. Bouyer, *History of Christian Spirituality*(N.Y.; Desclee Co, 1982)
20. Kenneth, Leech, *Soul Friend; The Practice of Christian*

Spirituality(N.Y.; Harper & Row Publishers, 1977)
21. Urban T. Holmes, *A History of Christian Spirituality*(N.Y.; Seabury Press, 1980)
22. L.J. Richard, *The Spirituality of John Calvin.*(Altanta; John Knox Press, 1974)
23. Jay. E. Adams, *Shepherding God's Flock-A preacher's Handbook on Pastoral Ministry, Counseling, and Leadership* (Grand Rapids, Michigan; Baker Book House, 1983)
24. Charles Hodge, *Discussion in Church Polity*(N.Y.; Charles Scribner's Sons, 1978)
25. Glenn E. Whitlock, *From Call to Service: The Making of a Minister* (Philadelphia; The Westminster Press, 1968)
26. Hugh T. Kett(ed), *A Compend of Luther's Theology*(Philadelphia; The Westminster Press, 1943)
27. Walter Bauer, *A Greek-English Lexicon of the New Testament* (Chicago; University of Chicago Press, 1959)
28. Herman Douwman, *Gereformeerde KertRecht* Vol. I, 1928.
29. Warren L. Koon, *Minister's Manual of Discipline.* (N.Y.; Vantage Press, 1957)
30. Cyril J. Barber, *The Minister's Library* (Grand Rapids, Michigan; Baker Book House, 1976)
31. 이주영, 현대목회학(서울; 성광문화사, 1985)
32. Homer A. Kent, *The Pastor and His Works*, 이주영 역(서울; 성광문화사, 1983)
33. 박윤선, 헌법주석—정치, 예배모범—(서울; 영음사, 1983)

제 5 장
부목사의 학적 준비

제 1 절 학자로서의 부목사

바람직한 부목사는 한 손에 성경을 들고 성경에 살아있는 하나님의 뜻을 찾고 다른 한 손에는 신문을 들고 현실을 직시하며 우리의 삶속에서의 하나님의 뜻이 무엇인지를 분별하는 사람이라야 한다.

부목사는 그의 목회사역에 있어서 기능적인 측면이 담임목사보다 더 요구되기 때문에 교육적이며 학적인 측면의 계발은 대단히 중요한 것이다. 물론 하나님께서는 능력이 그 자신의 것임을 보여주시기 위해 "연약한 그릇들을 능력있게 사용하시기를"(고전 1 : 27-28) 사랑하시는 점은 사실이나 그럼에도 불구하시고 그들의 학적인 준비를 위축시키지는 않으신다.[1] 왜냐하면 하나님의 말씀은 반지성적(anti-intellectual)인 책이 결코 아니기 때문이다.[2]

현대와 같이 다원화되고(pluralized) 사회학자 다니엘 벨(Daniel Bell)이 규정했듯이 후기—산업사회(post-industrial society) 시대의 고도의 첨단과학기술(higher-technology)이 적용되는 시대에 목회자가 학적인 준비를 하지 않는다는 것은 스스로 목회자이기를 포기하는 행위가 아닐

---

1) 이주영, op. cit., p.75.
2) Jay E. Adams, *Shepherding God's Flock-A Preacher's Handbook on Pastoral Ministry, Counseling, and Leadership*(Grand Rapids, Michigan; Baker Book House, 1983), pp.18~19.

찰스 핫지(Charles Hodge)는 다음과 같이 경고한 바 있다.

"어떤 사람들은 신학적인 훈련을 충분히 받아야 된다는 확신이 없이 좀 더 빠르게 목회의 현장에 나서려고 한다. 이러한 현상은 그들 자신과 하나님의 교회에 큰 재앙이다. 이것은 일시적으로 좋게 되기 위한 것이지만 영구한 불행을 자초하게 된다…… 모든 경험이 가르치는 바와 같이 무식(ignorance)은 죄악 다음가는 과오의 근원인 것이다. 학문적으로 잘 준비된 몇명의 진실한 목사는 교육을 받지 못하고 열성만 가지고 있는 큰 무리보다 선을 이루는 데 훨씬 더 큰 효력을 발생시킬 것이다."[3]

또한 루터(Martin Luther)도 목사의 자격에 있어서 신앙생활의 연조가 깊고 신학적인 지식과 학적인 지식이 풍부해야 함을 역설하고 있으며[4] 존 칼빈(John Calvin) 역시 정신적 온전함, 도덕생활과 신앙생활의 엄격함 이외에 신학적 지식이 풍부한 자를 목회자의 자격으로 천거하고 있다.[5]

부목사는 특히 교육적 기능수행의 영역이 넓기 때문에 과학이나 철학분야 기타 사회과학 분야에도 이해가 깊어야 한다. 왜냐하면 성경에도 "목회자는 모든 이론을 파하며 하나님 아는 것을 대적하여 높아진 것을 다 파하고 모든 생각을 사로잡아 그리스도에게 복종케"한다고 말하고 있기 때문이다(고후 10 : 5). 이것은 결코 반지성주의(anti-intellectualism)가 아니며 세상지식을 비판할 만한 지식을 가리킨다고도 할 수

---

3) Charles Hodge, *Discussion in Church Polity*(N.Y.; Charles Scribner's Sons, 1978), pp.446~447.
4) Glenn, E. Whitlock, *From Call to Service; The Making of a Minister*(Philadelphia; The Westminster Press, 1968), pp.30~39.
   Hugh Thompson Kett(ed), *A Compend of Luther's Theology* (Philadelphia; The Westminster Press, 1943), p.137.
5) John Calvin, op. cit., Vols. Ⅳ, iii, p.11.

있다.⁶⁾ 그래서 영국 성공회 주교인 존 스탓트(John R.W. Stott) 목사도 목회자의 사고활용(思考活用)과 성숙의 문제를 결부시키고 있다.

특히 화란의 교회정치학자인 헤르만 보우만(Herman Bouwman)은 그의 개혁파 교회정치학(Gefeformeerde Kerkrecht)에서 교수에 능하여 잘 가르치는 자(딤전 3:2)⁷⁾는 부단히 연구하며 배우는 자라고 규정하고 있다.⁸⁾

워랜 쿤(Warren L. Koon)도 모든 분야의 지식 뿐만 아니라 신학적 지식의 풍부해야 함을 피력하면서 신학이 확립되지 않고서는 훌륭한 목회자가 되기를 바랄 수 없다고 단정짓고 있다.⁹⁾

전술한 바와 같이 부목사의 지적, 학문적 준비의 요소는 비단 신학(theologia) 자체만의 지식을 의미하지는 않는다.

신학일반(神學一般)을 위시하여 신학의 인접학문에 대한 분야들과 사회학적인 지식까지도 폭넓게 이해해야 한다. 이러한 것이 가능케 되려면 많은 도서들을 접하고 탐독해야 할 것이다. 또한 여러가지 세미나등에도 시간이 허락되는 한 참가하여 최근의 연구동향, 새로운 학설 등에 대한 정보를 수집하는 것이 바람직하다. 그래서 적어도 일주일에 한번 정도는 꼭 서점에 들려서 신간서적에 대한 정보를 입수하여 필요한 서적은 구입하여 탐독해야 할 것이다. 유명한 헨리 비쳐(Henry W. Beecher) 목사는 다음과 같이 목사와 책을 연관시키고 있다.

"목사가 책을 많이 지닌다는 것은 의무이다. 훌륭한 서재는 결코 사치가 아니며 목사의 생애에 가장 필요한 것이다. 과거의 위대한 목회자

---

6) 박윤선, 헌법주석—정치, 예배모범—(서울 ; 영음사, 1983), p.40.
7) διδακτίκος, able to teach, skillful in teaching, (이것은 목사(ἐπίσκοπος)의 자격이다).
   Walter Bauer, *A Greek-English Lexicon of the New Testament* (Chicago; University of Chicago Press, 1957).
   James H. Moulton, W.F. Howard, op. cit., p.379.
8) Herman Bouwman, *Gereformeerde Kerkrecht*, Vol. I, 1928, p.535.
9) Warren L. Koon, *Minister's Manual and Discipline*(N.Y.; Vantage Press, 1957), p.1.

들은 항상 좋은 책들을 사랑했던 사람들이었다."[10]

　부목사의 학적인 준비는 크리스챤들의 삶의 자리(Sitz im Lebens)를 보다 분명하게 그리고 조직적이며 포괄적으로 분석하게 하기때문에 성도들의 준거의 틀(frame of reference)에 정향(定向)된 목회사역의 수행이 가능해지는 것이다. 현대인들의 지적수준은 점점 더 높아져 가고 있다. 때문에 모든 분야에 걸친 학적인 준비야말로 보다 풍성하게 일할 수 있는 동력중 하나라는 사실을 알아야만 한다.

　진정 부목사는 자신의 목회사역에 필요한 전문적인 신학지식 뿐만 아니라 현대 사상사의 흐름에 대한 조망과 현대사회 속의 인간들의 병리현상, 구조적 모순 등에 대한 올바른 파악을 가능케 하는 인접 인문, 사회과학 분야에 대한 지식을 섭렵하여 자신의 기능적인 목회사역(functional pastoral ministry)에 원용시켜야 할 것이다.

제 2 절　연구생활의 중요성

　이 세상에는 타성적이고, 습관적으로 살아가는 사람들이 대단히 많다. 부목사의 보조목회(補助牧會)라는 사역까지도 습관적으로 직업의식에 의해 그때 그때 적당히 메꾸어 나가는 사람들을 볼 수 있다. 그러나 목회자로서의 부목사는 부단히 연구하고 책과 더불어 사는 사람이어야 한다.

　연구하지 않고 훌륭한 설교가 나오기를 기대하기는 대단히 어렵다. 또한 연구하지 않고 훌륭한 교육 프로그램이 나오기를 기대한다는 것은 사리에 맞지 않는 일이다. 따라서 목회자는 세상의 그 어느 직업을 가진 사람보다도 부단히 연구하고, 책을 항상 가까이 하는데 결코 게을러서는 안될 것이다.

---

10) Cyril J. Barber, *The Minister's Library*(Grand Rapids, Michigan; Baker Book House, 1976), p.15.

하워드 서그댄(Howard F. Sugden)과 워얼스비(W.W. Wiersbe) 목사도 목회자의 연구생활을 경건생활(personal devotional life) 다음에 중요한 부문으로서[11] 설정하고 있다.[12]

사실상 목회현장에서 실제적이고 기능적인 사역을 주로 담당해야 하는 부목사에게 있어서 거의 쉴 틈도 없이 짜여진 스케줄 속에서 한가롭게 책을 읽고 연구하는 시간을 가진다는 것이 말로만 하기 쉬운 대단히 어려운 일임에는 분명하지만 고도로 기능화(機能化)되어 있는 현 시대적 정황가운데서는 이러한 자신 뿐만 아니라 성도들을 위한 연구생활은 그 어떠한 일보다 더욱 많은 관심과 시간을 할애해야 할 부분인 것이다. 연구하지 않는 부목사는 자신의 직무를 유기하는 목사라고 할 수 있다.

목회자로서 부목사는 항상 엘리뜨 중의 엘리뜨로서 정상적인 이 시대의 표준을 능가하고 있어야만 한다. 이러한 수준을 지속적으로 유지하려면 항상 부단히 책을 가까이하고 매일매일의 공식적인 연구시간을 배정해야 한다.

영국의 변호사 보랜(Boren)은 "소송사건의 승리는 서재에서 판가름난다"[13]고 천명했듯이 강단이나 목회 현장에서의 성공적인 목회 사역의 수행의 열쇠는 바로 목회자의 연구생활에 달려있는 것이다.

사도바울은 그의 제자 디모데에게 "네가 진리의 말씀을 옳게 분변하며($\partial\rho\theta o \tau o \mu o \tilde{u} \nu \tau \alpha \ \tau \delta \nu \ \lambda o \gamma o \nu \ \tau \tilde{\eta}\varsigma \ \dot{\alpha}\lambda\eta\theta\epsilon\dot{\iota}\alpha\varsigma$)[14] 부끄러울 것이 없는 일군으

---

11) Howard F. Sugden과 W.W. Wiersbe는 목회자의 연구생활(Study)을 모든 부분별 사역의 초석이 되는 것으로서 간주하고 있다. "The pastor and His priorities"
   Howard F. Sugden, W.W. Wiersbe, *Confident Pastoral Leadership* (Chicago; Moody Press, 1979), pp. 156~158.
12) T.H. Pattison, *For the Work of the Ministry*(Philadelphia; American Baptist Publication Society, 1907), pp. 121~137.
13) 줄저, 현대목회학(서울 ; 성광문화사, 1985), p. 103.
14) 분변한다는 $\partial\rho\theta o \tau o \mu\epsilon\omega$의 은유적 의미는 길을 만드는 사람이 그의 길을 똑바르게 만드는 것을 의미하며 농부가 자기의 밭고랑을 똑바로 쟁기질

그($ἐργάτην\ ἀνεπαίσχυντόν$)[15] 인정된 자로 자신을 하나님 앞에 드리기를 힘쓰라($σπούδασον$[16] $σεαυτὸν\ δόκιμον$[17] $παραστῆσαι\ τῷ\ θεῷ$)(딤후 2:5)고 권고하고 있다.

이 권고가운데 진리의 말씀을 옳게 분변한다는 말은 "Cutting Straight the Word of truth"라는 번역으로서 진리의 말씀을 바르게 쪼갠다는 의미로서[18] 목회자의 부단한 연구의 결과로서만 나타난다는 사실을 감지할 수가 있을 것이다. 그래서 위얼스비 목사는 목회자의 영적 생활과 연구 생활은 반드시 병행되어야 함을 강조하고 있다.[19]

하는 것(plowing a straight furrow) 또는 석수장이가 사용하기에 알맞도록 돌을 똑바로 자르는 것을 의미한다.
　Walter Lock, *A Critical and Exegetical Commentary on the Pastoral Epistles*, I.C.C. (Edinburgh; T. & T. Clark, 1966)
　W.R. Nicol(ed), *The Expositor's Greek Testament*, 5. Vols.(Grand Rapids, Eerdmans, 1956)
　J.N.D. Kelly, *A Commentary on the Pastoral Epistles*(London; Adam & Charles Black, 1972)
　J.H. Moulton, G. Miligan, *The Vocabulary of the Greek Testament*, (London; Hodder & Stoughton, 1952)
15) $ἀνεπαίσχοντος$, 부끄럽지 않게(not being ashamed) 부끄러움을 당할적이 없게(having no occasion to be ashamed of)
　Patrick Fairbairn, *Commentary on the Pastoral Epistles*. Ⅰ & Ⅱ. Tim, Titus, (Grand Rapids, Michigan; Zondervan Publishing House, 1956)
16) $σπουδάζω$, "부지런히 드리다"는 의미를 지니며 "열성적"(zeal)이라는 의미가 함축되어 있다.
　Donald Guthrie, *The Pastoral Epistles*, (London; Tyndale Press, 1969)
17) $δόκιμος$ "시험이나 테스트를 통해서 인정받다" Gerhard Kittel, G. Friedrich, *T.D.N.T.* Adolph Deissmann, *Bible Studies* 2nd Ed, tr. by Alexander Grieve. (Edinburgh; T. & T. Clark, 1903), pp.259~262.
　James H. Moulton; George Milligen, op. cit., Friedrich Priesigke, *Wörterbuch der griechischen papyrussurkenden* (Hiedelberg-Berlin, 1924~1931)
18) D. Guthrie, J.A. Motyer, *The New Bible Dictionary*(Grand Rapids, Michigan; Eerdmans Publishing Co, 1981), p.1180.
19) D. Wiersbe, W.W. Wiersbe, *Making Sense of the Ministry*(Chicago;

물론 한국 교회의 실정하에서 보면 부목사의 사역의 범위가 대단히 광범위하기 때문에 사역시간 이외의 시간을 연구시간으로 할애한다는 것은 대단히 어려울 것이다. 그러나 매일 매일의 생활가운데 새벽시간이나 저녁시간을 이용하여 규칙적인 연구시간을 할애한다는 것은 부목사의 목회사역을 보다 풍성하고 기름지게 해 줄 것이다.

위대한 목회자요 설교자였던 죠웻(J.H. Jowett) 목사는 예일대학교 신학부 강의(Yale Lecture) 중에서 다음과 같이 피력하고 있다.

"예정된 시간에 당신의 연구실에 들어가십시요. 사업가들이 일찍이 그의 사무실에 들어가는 것보다 먼저 시간을 활용하도록 하십시요. 나는 나의 어린시절에 아침 6시에 공장을 향하여 우리집을 지나가는 공장의 노동자들의 소리를 듣던 일을 기억합니다. 나는 그 거리에 울려퍼지는 그들의 소음은 회상할 수 있읍니다. 그 소음은 나를 침대에서 일어나게 해서 나를 공부하도록 했읍니다. 나는 더 이상 그 소음을 듣지 못하나 나는 사업가들이 매일 매일의 양식을 얻기 위해 일찍이 출근하는 것을 볼 수 있었읍니다. 그런데 영적인 양식, 생명의 양식을 추구하는데 있어서 목사가 그들보다 늦장을 부릴 수 있겠읍니까?"[20]

부목사는 직장인들과 상인들의 부지런함을 배워야 한다. 그들은 적은 수입을 위하여 잠을 이루지 못하고 새벽부터 뛰는 것을 보면서 부단한 연구를 해야한다.

필자가 항상 강조해왔듯이 부목사직은 보다 전문성과 기능성이 요구되는 직분이므로 보다 많은 정보와 자료들을 통한 지식이 필요하다. 그러나 이러한 소프트 웨어들에 대한 수집은 그렇게 용이하지 않다. 다만 좋은 책을 항상 가까이하고, 훌륭한 신간 서적에 대해서는 속히 구입할 수 있어야 한다. 그러기 위해서는 외국에서나 국내에서 발행되는 주간, 격주간, 월간, 격월간, 계간지등의 잡지등을 통하여 외국의 서적과 국

Moody Press, 1983), pp.51~52.
20) John. H. Jowett, *The Preacher, His Life and Work*, (N.Y.; Garden City, Double day, Doran & Co, Inc. 1929)

내서적에 대한 정보를 수집하여야 한다.[21] 사실상 이러한 일을 위해서는 적어도 일주일에 한번 정도는 서점에 들려야 하겠고 여러 채널을 통해서 구입된 자료들은 복사한 후 화일로 철해서 분야별로 구분해야 할 것이다.[22] 결국 이러한 일들은 책이 해결해 주기 때문에 부목사는 항상 책을 통한 연구에 진력해야 할 것이다.

이러한 책을 통한 연구의 중요성에 대하여 모이어(E. Moyer) 박사는 다음과 같이 충고해 주고 있다.

> "잘 선별된 책은 능력있고 성장하는 목사를 위한 부(富)의 보고(treasury)라고 할 수 있을 것이다. 만일에 그가 지적인 예민함(intellectual susceptibility)을 유지하고 정신적인 긴장감과 영적인 통찰력(spiritual insight)을 지니려면 많은 양의 책을 지니고 있어야 한다. 그것은 급변하는 이 세대에 응전(應戰)해 나가는데 크게 도움을 줄 것이다. 그것은 그의 영적인 비젼을 정화시키고 분명하게 해 줄 것이며, 그에게 위대하고 경건한 영감을 고취시켜 줄 뿐 아니라 나아가서 크리스챤 세계에 가장 높은 영적 발전에 화합하도록 도울 것이다. 그것은 위대한 학자들의 훌륭한 사상을 그에게 알게 해 주며 그의 눈을 항상 헌신하는 삶과 영적인 봉사의 높은 수준으로 지향하게 하여 그에게 용기를 주고 그의 생각을 고무시키며 그의 영적인 품격을 고양시키고 부단한 성장을 지속하게 할 것이다."[23]

상술한 바와 같은 모이어 박사의 충고는 대단히 유익하다.

제3절 부목사의 필독서 및 참고서

신학에 대한 문헌은 대단히 방대하다. 이러한 측면에서 다음에 열거

---

21) 외국의 잡지로는 Christianity Today, Moody Monthly, Bibliotheca Sacra, Leadership, Christian History, Urban Mission, Biblical Archeologist, Disciples, Biblical Archaeologist 등이 있는데 정기구독이 가능하다.
22) 자료의 수집 못지 않게 자료의 정리와는 대단히 중요하다. 이것을 용이하게 하려면 File을 이용한 조직신학별, 항목별 분류가 좋을 것이다. (A4 싸이즈 File이 바람직함)
23) Elgin Moyer, *The Pastor and His Library*(Chicago, Moody Press, 1953), p.12.

하는 다양한 문헌들은 부목사들에게 실제적인 목회사역에 있어서의 준비를 가능하게 해 줄 것이다. 2000년 기독교 역사 가운데서 엄청난 문헌들이 발간되었는데 여러가지 신학적 라인에 따라 서로의 입장을 반영하고 있기 때문에 사려깊은 선별작업이 필요함을 간과해서는 안된다.[24] 이제 각 신학별로 기본적인 필독서 및 참고서를 소개하고자 한다. 물론 지면관계상 많은 중요한 책들을 수록하지는 못했고 한글판 서적이나 번역판 그리고 일본어 서적과 독일어 서적은 생략하고 다만 꼭 필요한 책들만을 선정하여 권장하기로 했으나 각 분야별 서적들에 대한 보다 충분한 정보를 위해서는 필자의 현대목회학의 "목사와 도서"를 참고하길 바란다.

그리고 본장에 소개된 책가운데 번역된 책과 리프린팅된 책은 * 표시를 해놓았다. (번역된 책 **, 리프린팅된 책 *)

1. 사전류 및 백과사전류

* F.L. Cross(ed), *The Oxford Dictionary of the Christian Church*(London; Oxford University Press, 1958)

* J.D. Douglas(ed), *New International Dictionary of the Christian Church*(Grand Rapids, Michigan; Zondervan Publishing House, 1975)

* Everett F. Harrison(ed), *Baker's Dictionary of Theology* (Grand Rapids, Michigan; Baker Book House, 1960)

* J.D. Douglas(ed), *The New Bible Dictionary(N.B.D)* (Grand Rapids, Michigan; WM.B. Eerdmans Co, 1973)

* E.F. Harrison, G.W. Bromiley, C.F.H. Henry, *Baker's Diction-*

---

24) 이러한 선별작업을 가능하게 하는 저작물 목록도서로서는 아래의 책을 반드시 소지하길 바란다. Cyril J. Barber, *The Minister's Library-essential for building and Organizing an orderly and useful library*, (Grand Rapids, Michigan; Baker Book House, 1974)

ary of Theology(Grand Rapids, Michigan; Baker Book House, 1969)

* Merrill C. Tenney(ed), *Zondervan Pictorial Encyclopedia of the Bible*(Grand Rapids, Michigan; Zondervan Publishing House, 1976)

* Gerhard Kittel, Gerhard Friedrich, *Theological Dictionary of the New Testament*, tr. by, G.W. Bromiley, (Grand Rapids, Michigan; WM.B. Eerdmans Co, 1973) 이 책은 10권으로 되어 있으나 G.W. Bromiley가 한권으로 축약한 단권사전을 번역했고 이 단권사전은 번역출간되었다. (서울; 요단출판사, 1986)

* G.J. Botterweck, H. Ringgren, *Theological Dictionary of the Old Testament*(Grand Rapids, Michigan; Eerdmans Co, 1973)

* James Hastings(ed), *Encyclopedia of Religion and Ethics* 12. Vols. (Edinburgh; T. & T. Clark, N.Y.; Charles Scribner's Sons, 1908~1927)

2. 신구약분해사전류

* W. Gesenius, *Hebrew-Chaldee Lexicon to the Old Testament* (Grand Rapids, Michigan; Eerdmans Publishing Co, 1930)

* F. Brown, S.R. Driver, C.A. Briggs, *Hebrew and English Lexicon of the Old Testament*(Oxford; Oxford University Press, 1966)

* Walter Bauer, *A Greek-English Lexicon of the New Testament* tr. by. W.F. Arndt, F.W. Gingrich (Chicago; Chicago University Press, 1957)

3. 전반적인 조직신학류

** Herman Bavinck, *Our Reasonable Faith*-Magnalia Dei-(Grand Rapids, Michigan; Eerdmans Co, 1956)

** John Calvin, *Institutes of the Christian Religion* (Philadelphia; The Westminster Press, 1960)

· G.C. Berkovwer, *Studies in Dogmatics*, 14. *Vols.* (Grand Rapids, Michigan; Eerdmans Co, 1952~1976)

** Louis Berkhof, *Systematic Theology*(Grand Rapids, Michigan; Eerdmans Co, 1949)

· J.O. Buswell, *A Systematic Theology of the Christian Religion* (Grand Rapids, Michigan; Zondervan Publishing House, 1962)

· B.B. Warfield, *Biblical and Theological Studies* (Philadelphia; Presbyterian and Reformed Publishers, 1952)

4. 계시론

** Carl, F.H. Henry, *God, Revelation and Authority*, *Vols* 1~4, (Waco, Texas; Word Books, 1979)

** Leon Morris, *I Believe in Revelation*(Grand Rapids, Michigan; Eerdmans Co, 1976)

· A.W. Pink, *The Doctrine of Revelation* (Grand Rapids, Michigan; Baker Book House, 1975)

· Berhard Ramm, *Special Revelation and the Word of God* (Grand Rapids, Michigan; Eerdmans Co, 1961)

· Cornelius Van Til, *Common Grace and the Gospel* (N.J.; Presbyterian & Reformed Co, 1973)

5. 성경론

- Loraine Boettner, *The Inspiration of the Scripture*(Grand Rapids, Michigan; Eerdmans Co, 1937)
- ** Laird H. Harris, *The Inspiration and Canonicity of the Bible*(Grand Rapids, Michigan; Zondervan Co, 1957)
- Carl F.H. Henry, *Revelation and the Bible*(Grand Rapids, Michigan; Baker Book House, 1958)
- H.A. Hodge, B.B. Warfield, *Inspiration* (Grand Rapids, Michigan; Baker Book House, 1979)
- Simon Kistemakar, *Interpreting God's Word Today* (Grand Rapids, Michigan; Baker Book House, 1970)
- * Meredith Kline, *The Structure of Biblical Authority*(Grand Rapids, Michigan; Eerdmans Co, 1970)
- G.C. Beckovwer, *Holy Scripture*(Grand Rapids, Michigan; Eerdmans Co, 1975)
- James Orr, *Revelation and Inspiration* (N.Y.; Charles Scribner's Son, 1910)
- James I. Packer, *Fundamentalism and the Word of God* (Grand Rapids, Michigan; Eerdmans, 1958)
- N.B. Stonehouse, Paul Woolley(eds), *The Infallible Word* (Grand Rapids, Michigan; Eerdmans Co, 1953)
- B.B. Warfield, *The Inspiration and Authority of the Bible* (Philadelphia; Presbyterian & Reformed Co, 1948)

6. 성경해석학

- ** Paul J. Achtemeier, *An Introduction to the New Hermeneutics*

(Philadelphia; The Westminster Press, 1969)

** Edwin Hartill, *Principles of Biblical Hermeneutics*[25] (Grand Rapids, Michigan; Baker Book House, 1974)

** Louis Berkhof, *Principles of Biblical Interpretation* (Grand Rapids, Michigan; Baker Book House, 1950)

* I.H. Marshall(ed), *New Testament Interpretation* (Grand Rapids, Michigan; Eerdmans Co, 1977)

** Bernard Ramm, *Protestant Biblical Interpretation* (Boston; W.A. Wilde, 1956)

7. 신 론

* Herman Bavinck, *The Doctrine of God* (Grand Rapids, Michigan; Baker Book House, 1978)

· Carl F.H. Henry, *Notes on the Doctrine of God* (Boston; W.A. Wilde, 1948)

** J.I. Packer, *Knowing God* (Ill; Inter-varsity Press, 1973)

· John Wenham, *The Goodness of God* (Ill; Inter-varsity Press, 1974)

8. 삼위일체론

· Augustine, *On the Holy Trinity-In the Nicene and PostNicean Fathers*, 3. *Vols*(Grand Rapids, Michigan; Eerdmans Co, 1956)

· B.B. Warfield, *Trinity-in Biblical and Theological Studies* (Philadelphia; Presbyterian & Reformed Co, 1952)

---

25) 본서는 필자가 "성경해석학의 원리"라는 제하에 번역 출판했다. (서울; 성광문화사, 1986), 모두 34판의 증판중 27판을 번역했다.

9. 선택과 예정

- Augustine, *Anti-pelagian Work*, In the *Nicean and Post-Nicean Fathers*, 5. Vols. (N.Y.; Christian Literature Co, 1887)
- ** Loraine Boettner, *The Reformed Doctrine of Predestination*, (Philadelphia; Presbyterian & Reformed Co, 1932)
- G.C. Berkouwer, *Divine Election*, (Grand Rapids, Michigan; Eerdmans Co, 1960)

10. 창조와 섭리

- * Abraham Kuyper, *Lectures on Calvinism* (Grand Rapids, Michigan; Eerdmans Co, 1931)
- C.S. Lewis, *Miracles* (N.Y.; Maermillan Co, 1947)
- G.C. Berkouwer, *The Providence of God*, (Grand Rapids, Michigan; Eerdmans Co, 1952)
- ** Bernard Ramm, *A Christian View of Science and Scripture* (Grand Rapids, Michigan; Eerdmans, 1954)
- H. Ridderbos, *There a Conflict Between Genesis 1 and Natural Science* (Grand Rapids, Michigan; Eerdmans Co, 1957)
- R.J. Rushdoony, *The Mythology of Science* (N.J.; Craig Press, 1967)

11. 인간론

- G.J Machen, *The Christian View of Man* (Grand Rapids, Michigan; Eerdmans, 1947)
- James Orr, *God's Image in Man* (London; Herder & Stoughton, 1905)

- G.C. Berkouwer, *Man; The Image of God* (Grand Rapids, Michigan Eerdmans, 1962)

12. 죄 론

- John Murray, *The Imputation of Adam's Sin*(Grand Rapids, Michigan; Eerdmans Co, 1959)
- James Orr, *Sin as a Problem Today* (London; Hodder & Stoughton, 1910)
- B.B. Warfield, *Studies in Tertullian and Augustine*(N.Y.; Oxford University Press, 1930)
- G.C. Berkouwer, *Sin*(Grand Rapids, Michigan; Eerdmans Co, 1971)

13. 그리스도의 위격(位格)

** Gerhardus Vos, *The Self-Disclosure of Tesus*(N.Y.; Doran and Co, 1926)
- B.B. Warfield, *The Lord of Glory*(N.Y.; American Tract Society, 1907)

** G.J. Machen, *The Virgin Birth of Christ*(N.Y.; Harper and Row, 1930)
- I.H. Marshall, *I Believe in the Historical Jesus* (Grand Rapids, Michigan; Eerdmans Co, 1977)

* Oscar Cullmann, *The Christiology of the New Testament* (Phladelphia; The Westminster Press, 1959)
- G.C. Berkouwer, *The Person of Christ* (Grand Rapids, Michigan; Eerdmans Co, 1954)

14. 그리스도의 사역

** Leon Morris, *The Cross in the New Testament* (Grand Rapids, Michigan; Eerdmans Co, 1955)

** John Murray, *Redemption Accomplished and Applied* (Grand Rapids, Michigan; Eerdmans Co, 1955)

· B.B. Warfield, *The Person and Work of Christ* (Philadelphia; Presbyterian and Reformed Co, 1950)

· R. Nicole, Carl, F.H. Henry, (eds), *The Nature of Redemption* -Christian Faith and Modern Theology- (N.Y.; Chennel Press, 1964)

· G.C. Berkouwer, *The Work of Christ* (Grand Rapids, Michigan; Eerdmans Co, 1965)

15. 구원과 성령

** Michael Green, *I Believe in Holy Spirit* (Grand Rapids, Michigan; Eerdmans Co, 1975)

· Abraham Kuyper, *The Work of the Holy Spirit* (Grand Rapids, Michigan; Eerdmans Co, 1941)

** James I. Packer, *Evangelism and the Sovereignty of God* (Grand Rapids, Michigan; Eerdmans Co, 1961)

* John R.W. Stott, *The Baptism and Fulness of the Holy Spirit* (Ill; Inter-Varsity Press, 1964)

· H.B. Swete, *The Holy Spirit in the New Testament* (London; Macmillan Co, 1910)

· B.B. Warfield, *The Plan of Salvation* (Grand Rapids, Michigan; Eerdmans Co, 1942)

- J.C. Berkouwer, *Faith and Justification* (Grand Rapids, Michigan; Eerdmans Co, 1954)
- F.D. Brunner, *A Theology of the Holy Spirit* (Grand Rapids, Michigan; Eerdmans Co, 1970)

16. 교회론

- Donald Bloesch, *The Reform of the Church* (Grand Rapids, Michigan; Eerdmans Co, 1970)
- R.A. Cole, *The Body of Christ* (Philadelphia; The Westminster Press, 1964)
- G.C. Berkouwer, *The Church* (Grand Rapids, Michigan; Eerdmans Co, 1976)
- Rudolf Schnackenberg, *The Church in the New Testament* (N.Y.; Herder and Herder, 1965)

17. 성례전

- Meredith G. Kline, *By Oath Consigned* (Grand Rapids, Michigan; Eerdmans Co, 1968)
- ** Oscar Cullmann, *Essays on the Lord's Supper* (Richmond; John Knox Press, 1958)
- G.C. Berkouwer, *The Sacraments* (Grand Rapids, Michigan; Eerdmans, 1969)
- A.J. MacDonald(ed), *The Evangelical Dostrine of Holy Communion* (Cambridge; W. Heffer and Son, 1936)

18. 종말론

- Oswald T. Allis, *Prophecy and the Church* (Philadelphia;

Presbyterian and Reformed Co, 1945)
- Loraine Boettner, *The Millennium* (Philadelphia; Presbyterian & Reformed Co, 1957)
- Marcellus. J. Kirk, *An Eschatology of Victory*(N.J.; Presbyterian & Reformed Co, 1974)

** George, E. Ladd, *The Blessed Hope* (Grand Rapids, Michigan; Eerdmans, 1956)
- Leon Morris, *Apocalyptic* (Grand Rapids, Michigan; Eerdmans, 1972)

* Gerhardus Vos, *The Pauline Eschatology* (Grand Rapids, Michigan; Eerdmans Co, 1930)
- G.C. Berkouwer, *The Return of Christ* (Grand Rapids, Michigan; Eerdmans, 1972)

참고문헌 및 계속 연구문헌

1. Howard Sugden, W.W. Wiersbe, *Confident Pastoral Leadership* (Chicago; Moody Press, 1979)
2. T.H. Pattison, *For the Work of the Ministry* (Philadelphia; American Baptist Publication Society, 1907)
3. W. Lock, *A Critical and Exegetical Commentary on the Pastoral Epistles*, F.C.C. (Edinburgh; T. & T. Clark, 1966)
4. W.R. Nicol(ed), *The Expositer's Greek Testament*, 5. Vols. (Grand Rapids, Michigan; Eerdmans Co, 1956)
5. J.N.D. Kelly, *A Commentary on the Pastoral Epistles*(London; Adam & Charles Black, 1972)

6. J.H. Moulton, G. Milligan, *The Vocabulary of the Greek Testament* (London; Hodder and Stoughton, 1952)
7. P. Fairbairn *Commentary on the Pastoral Epistles, I, II, Tim, Titus* (Grand Rapids, Michigan Zondervan Publishing House, 1956)
8. Donald Guthrie, *The Pastoral Epistles* (London; Tyndale Press, 1969)
9. Adolf Deissmann, *Bible Studies IInd Ed.* tr. by A. Grieve (Edinburgh;; T. & T. Clark, 1903)
10. F. Priesigke, *Wörterbuch der griechischen papyrussurkenden* (Heidelberg-Berlin, 1924~1931)
11. D. Wiersbe, W.W. Wiersbe, *Making Sense of the Ministry* (Chicago; Moody Press, 1983)
12. John H. Jowett, *The Preacher, His Life and Work* (N.Y.; Doubleday Doran & Co, Inc. 1929)
13. Elgin Moyer, *The Pastor and His Library*(Chicago; Moody Press, 1953)
14. Cyril J. Barber, *The Minister's Library* (Grand Rapids, Michigan; Baker Book House, 1974)
15. C. Davis, *Theology Primer* (Grand Rapids, Michigan; Baker Books, 1979)
16. 이주영, 현대목회학(서울 ; 성광문화사, 1986)

제 6 장
부목사의 윤리(倫理)

제 1 절 기독교 윤리(Christian Ethics)의 성격

 선교 1세기를 맞이하면서 한국 교회가 세계선교사상 눈부신 성장을 이룩한 것은 하나님의 인도하심에 따라 죽기까지 순종한 목회자들의 눈에 보이지 않는 희생의 댓가였음은 부인할 수 없다. 그러나 현금의 급성장한 한국의 교회들 중에는 성경이 제시하는 성경적인 교회상(敎會像)과는 상당한 거리가 있음도 역시 부정할 수 없을 것이다.
 비성경적인 현실의 교회상은 우선 하나님의 뜻보다는 목회자 자신들의 뜻에 따라 행동을 했다는 사실에 그 원인이 있었다. 재론한다면 현금의 한국교회의 고질적인 난맥상은 전적으로 목회자에게 달려있다고 해도 지나치지 않을 것이다. 왜냐하면 교회의 구심점은 바로 목회자에게 있다고 간주할 수 있기 때문이다. 한 사람의 목회자의 잘못된 행동은 전체 성도들에게도 쉽게 파급되어질 뿐 아니라 기독교계 전체에 대한 잘못된 인상을 심어주기 때문에 하나님 나라의 확장이라는 예수 그리스도의 지상명령인 복음화에 커다란 장애요인으로서 등장하기 때문이다.
 이러한 일련의 이유로서 뿐 아니라 사회인(社會人)으로서의 목회자의 윤리성(倫理性)이 시급히 요청된다고 하겠다.
 인간의 윤리란 "도덕적 의무와 이상적인 인간성"(moral duty of ideal human character)으로서 고유의 관례와 행위규범(behavior norm)을 지니고 있다. 목회자의 윤리는 그가 관여하는 모든 것으로서 목사의 행위(conduct)에 관한 것이다.

목사는 먼저 임마누엘 칸트(Immanuel Kant)가 말한 바 "너희 양심에 어그러지게 행동하지 말라"(Handle nie gegen dein Gewissen)[1]라는 양심의 규제와 도덕법에 의한 통제를 받으며 또한 계시적인 형이상학과 구속적인 신성한 언약을 믿는 교회의 윤리로서 살아계신 하나님을 언급하지 않고는 결코 정의될 수 없다. 하나님의 온전하심과 같이 온전해야 하며(마 5 : 48), 하나님이 거룩하심과 같이 거룩해지도록 힘써야 한다(벧전 1 : 16). 이러한 관점에서 칼 헨리(Carl F.H. Henry) 박사는 그의 책 기독교 개인 윤리(Christian Personal Ethics)에서 다음과 같이 기독교 윤리를 설명하고 있다.

첫째, 기독교 원리는 형이상학적 사변 이상의 것에 근거하고 있다. (Christian ethics is trans cendent than that it is philosophically and metaphysically oriented)

둘째, 기독교 윤리는 단순히 종교적인 초자연주의 속에 얽매이지 아니한다. (Christian ethics is a specially revealed morality-not merely a religious ethics, It gains its reality in and through supernatural disclosure)

세째, 기독교 윤리는 계시 종교의 도덕이다. (Christian ethics must follow christian theology. For theology treats of God under the influence of that grace; the former deals with the giver and the giving of true moral life)

네째, 기독교 윤리는 신적 언약의 윤리이다. (Christian ethics is specifically an ethics of Divine Covenant)

다섯째, 기독교 윤리는 교회의 표적이며 교회의 윤리이다. (Chri-

---

1) Immanuel Kant, *Kritik der Praktischen Vernunft*,(Brunnen-Verlag, Giessen, 1948), S. 148.

stian ethics is the ethics of the believing church)[2]

은퇴한 웨스트민스터 신학교의 코르넬리우스 밴틸(Cornelius Vantil) 박사가 천명한 바와같이 어떤 인간의 윤리문제라도 그 범위안에서 빠뜨리지 않고 다루며 인간의 최고 선(Summon bonum)과 인간의 생활 기준(criteria)과 인간의 윤리적인 동기를 다루며 오직 성경에서부터 모든 문제의 결론을 찾아내는[3] 기독교 윤리를 준행하는 인간으로서의 목회자는 교회 뿐 아니라 이 사회에서도 가장 윤리적인 인물로서 추호도 부끄러움이 없이 행동해야 할 것이다.

사도바울이 롬 2 : 21에서 말하고 있는 바와 같이 목회자들은 다른 사람들은 잘 가르치지만 ($διδάσκων$)[4] 자기 자신을 가르치는 데에는 ($διδάσκεις$) 미흡하거나 인색할 때가 많이 있음을 본다. 진정 부목사는 자신의 개인적인 생활에 있어서 뿐 아니라 직무상의 윤리를 철저히 지킴으로서 양무리의 본이 되어야 한다. (롬 2 : 21)

제 2 절 칼빈(John Calvin)의 윤리

칼빈의 윤리는 근본적으로 신학적이었다.[5] 그는 윤리의 원리(princi-

---

2) Carl F.H. Henry, *Christian Personal Ethics*, (Grand Rapids, Michigan; Baker Book House, 1979), pp. 188~208.
3) Cornelius Van Til, *Christian Theistic Ethics*, Vols Ⅲ, (N.J.; Presbyterian and Reformed Publishing Co, 1980), Chapt. Ⅱ, -The Ethics of the Gospel and the Ethics of nature-
4) Walter Bauer, *A Greek-English Lexicon of the New Testament*, tr. by. W.F. Arndt, F.W. Gingrich, (Chicago; University of Chicago Press, 1959)
   James H. Moulton, W.F. Howard, *A Grammar of New Testament Greek; Accidence and Word-Formation* Ⅱ (Edinburgh; T. & T. Clark, 1956), p. 379.
5) H.G. Stoker, *Calvin and Ethics*, in *John Calvin Contemporary Prophet*, ed. by. Jacob T. Hoogstra, (Grand Rapids, Michigan; Baker Book House, 1959), p. 127.

pio)를 명백히 하나님의 말씀($\lambda o \gamma o s \ \tau o \hat{u} \ \theta \epsilon o \hat{u}$)에서 인출(引出)해냈고 결코 철학적 의미의 윤리체계를 수립한 것은 아니었다.

칼빈은 철학자들의 사변적이고 냉냉한 윤리적 이론을 통박했다. "철학자들이 특별히 도덕적으로 살리고 하는 것은 다만 본성(本性)에 따라 살아야 된다는 것을 의미하는 것 뿐이다"[6]라고 하면서 그는 도덕적인 이론에 관심을 두지 않고 오히려 어떻게 하면 하나님의 뜻에 순종하며 살아갈 수 있는가 하는 실제적인 문제에 더 관심을 두었다.

칼빈의 윤리는 하나님의 뜻과 말씀의 절대적인 권위에 대한 근본적인 확신에서 나온 것이었다. 그는 도덕적 의무(moral obligation)를 강조하면서 자신과 제네바 시민에게 부과했던 도덕적 명령은 오직 하나님의 계명과 성경에서만 오는 것이라고 생각했다.

칼빈은 하나님의 요구하시는 바가 무엇임을 알고 있었으며, 또한 하나님의 공의(justice)를 위한 영계(靈界)의 전투에서 자신이 하나님의 검사(檢査)로 부름을 받았다고 느끼고 있었다.[7] 그러므로 그는 사람들에게 잔인하다는 평가를 받았지만 두려워하지 않고 늘 힘있게 맡겨진 삶을 영위해 나갔던 것이다.

1. 윤리적 인식(ethical epistemology)의 근거

칼빈은 성경이 신앙과 행위에 있어서 유일한 권위라는 것을 누구보다도 강력하게 주장했다. 성경은 칼빈의 윤리사상에서 가장 큰 의미를 지니며, 윤리의 근원이 된다. 성경은 하나님의 절대적이며 무오한 말씀(infallible word)이며 그 기원을 하늘에 두고(Divine origin) 신적 권위(Divine authority)로 주어진 책이라고 말한다. 그는 성경의 저자들을 "성령의 확실하며 진정한 필기자"로 보았기 때문이었다.[8] 그래서 그는

---

6) John Calvin, *Institutes of the Christian Religion*, Vols Ⅲ, 6,4.
7) Georgia Harkness, *John Calvin: The Man His Ethics*(N.Y.; Abingdon Press, 1958), p.63.
8) John Calvin, op. cit., Ⅳ, 8,9.

성령만이 성경을 바로 해석할 수 있도록 하기 때문이라고 주장했다.[9]

칼빈에 의하면, 하나님께서 우리에게 성경을 주신 것은, 하나님을 알 수 있도록 안내자(guider)와 교사(teacher)의 역할을 하겠끔 주셨다고 하였다. 하나님은 성경에서만 자신을 바로 알 수 있도록 하신 것이다.[10]

칼빈의 윤리는 이와같이 하나님을 알고 사랑하는 데서 나온 윤리이기 때문에 그 실천력이 대단히 강하다. 그의 윤리는 인간의 부패(depravity) 때문에 자력(自力)으로는 법을 지킬 수 없다는 것을 말하는 동시에 예수 그리스도의 죄없으시고 완벽한 생활을 최고 도덕적 모범(model)으로 제시한다. 그리고 율법 순종의 동기를 제공하는 동시에, 성경의 신적인 도움으로 순종의 가능성을 가르친다.

2. 하나님 중심적 윤리(Theocentric ethics)

칼빈의 윤리사상에 있어서 하나님의 주권(God's Sovereignty) 개념은 대단히 중요한 역할을 한다.[11] 모든 일들은 하나님의 주권적 의지(主權的 意志)에 의하여 결정되는데 인간은 일용할 양식을 위하여 일하는 것 같지만 그를 양육하시는 분은 바로 하나님이시다. 인간과 사물의 세계는 전적으로 의(義)로우시고 전능하시며 지혜로우신 하나님의 지도아래 있는 것이다. 칼빈은 이러한 자신의 입장을 다음과 같이 명백하게 서술하고 있다.

> "의(義)의 최고의 규범은 하나님의 의지이기 때문에, 하나님께서 뜻하시는 것은 모두 그가 뜻하신다고 하는 그 이유만으로도 의(義)로 여겨지지 않으면 안된다. 그러므로 주께서 왜 이 일을 하셨는가 하고 묻는다면 그 이유는 하나님께서 그와 같이 뜻하셨기 때문이라고 답변해야 한다. 또한 그 이상 더 깊이 들어가서 왜 하나님께서는 그와 같이 뜻하셨는가를 계속 묻는다면, 그것은 하나님의 의지보다 더 큰 것, 즉 하나님의 뜻보다 더 숭고한 것

---

9) Ibid, Ⅱ, 7, 4.
10) Ibid., Ⅰ, 6, 1.
11) Georgia Harkness, op. cit., p. 69.

을 묻는 것이기 때문에 그와 같은 것은 절대로 있을 수 없는 것이다"[12]

칼빈은 삼위일체 신관(三位一體神觀)에 따라 인간의 윤리생활을 하나님의 주권적 원리(主權的 原理)에 적용하고 있다. 그리고 일관성 있게 인간의 윤리생활이 전적으로 삼위일체 하나님께 의존하고 있으며 관련되어 있다고 보았다.

칼빈의 윤리는, 인간이 하나님의 율법과 섭리 앞에서 어떻게 자신의 생활을 명령할 수 있는가 하는 질문에 대한 답변이라고 할 수 있는 바 오늘을 살아가며 사역하는 목회자들에게는 대단히 중요한 도전과 동기를 부여하는 것이 아닐 수 없다.

이와같이 칼빈의 윤리는 인간이 자기 자신에게 속해 있지 않고 하나님께 속해 있다는 원리에 기초를 두고 있다. 사도바울도 목회자의 행동을 세가지로 제한하면서 디도서 2 : 11-14절 가운데서 근신($\sigma\omega\phi\rho\acute{o}\gamma\omega\varsigma$)[13]과 의($\delta\iota\kappa\alpha\acute{\iota}\omega\varsigma$)[14]와 경건($\epsilon\grave{\upsilon}\sigma\epsilon\beta\hat{\omega}\varsigma$)[15]하게 살라는 것이었다.[16] 그의 윤리는, 하나님의 것이 되는 것은 곧 그리스도의 것이 되는 것이며, 자기 자신의 것이 되지 않는 데 있다.

이러한 입장을 그는 자신의 말로서 다음과 같이 서술하고 있다. "우리가 생각하고 바라는 모든 선한 것은 오직 그리스도 안($\grave{\epsilon}\nu\ \tau\omega\ \chi\rho\acute{\iota}\gamma\sigma\tau\sigma\varsigma$)에서만 발견된다. 그는 우리를 사시기 위하여 팔리셨기 때문이며, 우리가 포로되었을 때 구해주셨고, 우리의 죄를 용서하시기 위해 저주를 받

---

12) John Calvin, op. cit., Ⅲ, 23, 2.
13) "근신"이라는 헬라어 단어 $\sigma\omega\phi\rho\acute{o}\nu\omega\varsigma$는 자기통제(self-control)의 의미를 지닌다.
   Fritz Rienecker, *Linquistic Key to the Greek New Testament*(Grand Rapids, Michigan; Zondervan Publishing House, 1980), p. 655.
14) "의"라는 헬라어 단어 $\delta\iota\kappa\alpha\iota\omega\varsigma$는 부사형으로 올바르게, 의롭게(righteously)라는 의미이다.
   Ibid., p. 655.
15) "경건"이라는 헬라어 $\epsilon\grave{\upsilon}\sigma\epsilon\beta\hat{\omega}\varsigma$ 역시 부사형으로 경건하게, 하나님같이 혹은, 존경받을 만하게(reverently)라는 뜻이다. Ibid., p. 655.
16) John Calvin, *Commentary on Titus*(Grand Rapids, Michigan; Eerdmans Co, 1976), 2 : 11-14.

으셨기 때문이다."[17]

이와같이 목회자는 근본적으로 그리스도의 것일 뿐이라는 분명한 사실을 항상 유념하면서 철저하게 자신을 부정하고 하나님을 높이는 하나님 중심의 윤리관을 정립해야 할 것이다.

제 3 절 부목사의 윤리

1. 삼중적 관계성(三重的 關係性)

인간이 어떠한 직분을 가지고 사명을 수행하는 것은 인간의 관계성 속에서 이루어지는 일이다. 오늘의 부목사가 어떠한 교역자상(敎役者像)을 정립해야 하는 것을 모색함에 있어서 우리는 이 세가지 인간 관계성 속에서 하지 않으면 안된다. 바로 여기에 세가지 측면의 윤리성(倫理性)이 존재하는 것이다.

첫째, 하나님과 예수 그리스도와의 관계로서 이는 종적인 관계이다. 부목사는 하나님과의 관계에 있어서는 모든 크리스챤이 다 그런 것과 같이 "하나님의 사녀"이다. 따라서 하나님은 아버지가 되시며 절대적인 예배의 대상이 되신다. 또한 교역자는 그리스도의 제자로서 그 분에게서 부단히 그 분의 모범적인 인격과 삶, 그리고 윤리를 배워야 한다. 바울은 그리스도와 자신(오늘의 교역자)을 "주와 종"의 관계로 나타내며 그의 종된 신분($\delta o \tilde{u} \lambda o \varsigma$)[18]을 역설적으로 영광스럽게 여긴다고 했다. 이러한 종적인 윤리관계(倫理關係)가 바로 정립되지 못하면 그릇된 인간

---

17) Joseph Haroutunian, Louis P. Smith, *Calvin's Commentaries*, Preface to olivetan's New Testament, 1958, p. 58.
18) 고대세계에서의 노예의 개념은 소유물로서의 다른 사람의 속박이나 소속성이 대단히 강조되고 있다. Colin Brown(ed), *The New International Dictionary of New Testament Theology*(Grand Rapids, Michigan; Zondervan Publishing House, 1975)
   Gerhard Kittel, Gerhard Friedrich, *Theological Dictionary of the New Testament*(Grand Rapids, Michigan; Eerdmans Co, 1973), $\delta o \tilde{u} \lambda o \varsigma$.

의 생각들이 앞서게 되므로 목회에 큰 지장을 초래하게 된다.

둘째, 동역자(同役者)간의 관계로서 이는 횡적인 관계이다. 같은 하나님과 그리스도를 위해서 교역을 하는 동역자는 마치 한 부모의 한 혈육을 나누는 형제간의 관계와 같다. 이들은 "주도 하나이요, 믿음도 하나이요, 세례도 하나이요, 하나님도 하나"(엡 4:1—6)이므로 동질성(同質性)을 지니며 또 그리스도의 한 몸의 각 부분이므로 지체성(肢體性)을 지니는 동시에(롬 12:3—13) 또한 한 몸의 손과 발, 눈과 귀가 동등한 동등성(同等性)을 가진다(고전 12:12—31). 아울러 동역자는 한 농작물을 위해 심는 이가 있고 물을 주는 이가 있는 것처럼 상호 협력하는 관계로서의 윤리성을 지닌다. 칼빈이 천명한대로 교회에는 계급이 있을 수 없고 직임(職任)만 있다. 달란트를 맡긴이는 오직 그리스도뿐이시며 모든 교역자들은 맡은 자로서 자신에게 부여된 사역에 진실해야 한다.

세째, 성도들과의 관계로서 이는 아래로의 관계이다.

여기서 교역자에게 요구되는 것은 성도들을 자녀와 같이 사랑하는 사랑의 윤리가 있다. 이러한 정신은 바울사도에게서 쉽게 찾아볼 수 있다(롬 1:9, 딤후 1:3). 아울러 교역자는 선생($διδασκάλος$)의 위치에서 성도들을 제자로서 교육해야 한다(마 28:19).[19] 선생으로서의 교역자는 하나님의 말씀을 잘 가르칠 뿐 아니라 모든 생각과 말과 행동에 전적으로 모범을 보이지 않으면 안된다.

1) 담임목사와의 관계

부목사에게 있어서 담임목사와의 관계는 대단히 중요한 위치를 차지

---

19) $μαθητεύσατε$, $μαθητεύω$는 제자를 만들다(make a disciples)는 의미로서 $διδασκοντες$(teaching)라는 단어와 밀접하게 연결되어 있다.
  Cleon Rogers, "*The Great Commission,*" *Bibliotheca Sacra.* 130, 1973. July, pp. 258~267.
  Wile Davies, *The Setting of the Sermon on the Mount*, (Cambridge; Cambridge University Press, 1966), pp. 455~457을 보라.

하고 있다. 목사는 같은 목사이지만 하나님께서 맡겨주신 분깃이 다르기 때문이다. 이것을 사역적인 면에서 분석해 볼 때 위임자는 교회의 모든 사역을 위임받은 것이나 혼자 수행하기에는 사역의 양이 엄청나고 기능적인 면으로도 한계가 있기 때문에 부목사제도가 요청된 것이며 이러한 상호기능적 협력에 의하여 효율적인 목회를 수행해 갈 수 있다.

이러한 관계성 하에서 부목사와 담임목사의 윤리적 관계를 살펴보면 다음과 같다.

① 부목사는 담임목사의 협력목회자(協力牧會者)임을 알아야 한다.

부목사는 담임목사의 목회방침을 정확하게 숙지하고 따라가야 한다.

우주의 모든 원리가 그러하듯이 이니셔티브는 한 사람이 쥐고 있어야 한다. 전술한 바와같이 해교회는 담임목사에게 위임된 것으로 그가 하나님의 뜻을 따라 방침을 세울 것이며 부목사를 비롯한 모든 동역자들은 그를 보필하는 조력자(helper)임을 간과해서는 안된다. 혹시 담임목사가 미치지 못하는 연구분야나 정책분야에 있어서는 정성스럽게 간하여 원만한 목회를 해나가야 한다.

② 부목사는 담임목사의 유능한 매개역(媒介役)이 되어야 한다.

인간은 누구나 완전할 수 없다. 아무리 훌륭한 목사라고 해도 제각기의 장·단점을 지니고 있기 마련이다. 이 세상사람들은 상대방의 장점을 찾기에는 인색하고 단점을 지적하기를 좋아하는 경향이 농후하기 때문에 많은 경우에 담임목사의 단점을 판단, 비난하는 경우가 있다. 이럴때마다 부목사는 담임목사에게 충직한 진언은 물론 외적으로 아낌없는 대언자(代言者)적인 역할을 담당해야 할 것이다.

2) 동역자와의 관계

부목사는 자신의 사역을 위해 동역자들과 원만한 관계를 유지한다는 것은 대단히 중요하다. 어려운 일을 당했을 때, 또는 어떠한 일을 결정하기 어려울때 동등의 목회사역에서의 위기상황은 언제나 닥쳐올 수 있기 때문에 동역자와의 관계를 잘 유지해 나간다면 서로 도와줄 수 있는 효과적인 목회(effective ministry)를 할 수 있게 된다.[20] 서그댄(H.F. Sugden)과 워렌 위얼스비(W.W. Wiersbe) 목사가 말하고 있듯이 분명히 주님의 사역에는 경쟁(competition)이란 존재하지 않는다.[21] 경쟁의식이 있을때 상호불편한 관계가 될 수도 있다. 피차 깊은 동역자의식을 가지고 서로 협력하고 격려해 나갈 때 하나님께서는 더욱 크신 은사로 역사해 주실 것이다. 하나님께서는 모든 목회자들에게 그 나름대로의 은사를 주셨으나 동일한 은사를 주신 것은 아니다. 그러므로 이들이 서로 유기적으로 협력하여 주님의 사역에 헌신할 때 보다 훌륭하게 수행해 나갈 수 있다.

이제 몇가지 동역자들과의 윤리적 관계를 살펴보자.

첫째, 목회자는 동역자들의 설교를 경청해야 한다. 이것은 성도들에게 좋은 "본"을 보여주는 것이다. 목사도 강단에 세워졌을 때에는 하나의 제물(offering)로서 드려지는 존재인 동시에 전달되는 하나님의 말씀을 받아야 할 영혼임을 알아야 한다.[22]

둘째, 목회자는 가능한 한 전임(前任) 동역자의 목회 계획을 연구하고 가능한 한 그 골격을 그대로 유지해 나가는 것이 좋다.[23] 급격스러운 변화는 적지 않은 부작용을 유발시키며 전임교역자에 대한 예우가 아니라고 본다.

세째, 부목사는 담임목사와 공동운명체임을 잊어서는 안된다. 어떤 교

---

20) Jay E. Adams, *Shepherding God's Flock-A Preacher's Handbook on Pastoral Ministry, Counseling and Leadership*(Grand Rapids, Michigan; Baker Book House, 1983), pp. 34—35.
21) Howard F. Sugden, W.W. Wiersbe, *Confident Pastoral Leadership* (Chicago; Moody Press, 1973), pp. 108~109.
22) 이주영, 현대목회학(서울 ; 성광문화사, 1986), p. 124.
23) Lloyd M. Perry. Edward J. Lias, *A Manual of Pastoral Problems and Procedures*(Grand Rapids, Michigan; Baker Book House, 1975), pp. 31~32.

단에서는 이것을 제도화(制度化)하기도 했으나 그것보다는 먼저 양식에 속한다고 본다. 나무의 뿌리가 뽑히면 가지도 자연히 같은 운명에 처하게 되는 것 같과 같다. 이러한 공동운명체적 의식은 목회를 성공적으로 수행하게 하는 초석이 되는 것이다.

네째, 부목사가 새로운 사역지로 떠날때에는 전임지(前任地)에 대하여 깨끗이 손을 떼고 특별한 경우를 제외하고는 서신왕래나 전화왕래를 삼가는 것이 좋다.[24]

다섯째, 새로운 임지에서 행정체제, 교육체제 등의 체제나 프로그램 등에 문제가 있을 때에는 비교적 작은 부분으로부터 서서히 고쳐나가도록 하는 것이 바람직하다.[25]

여섯째, 동역자간에는 서로 비교 평가하지 말아야 한다.

부목사는 모든 동역자들의 위치를 존중히 여기고 화합하여 하나의 목적을 이루도록 다해야 한다.

이러한 몇가지 동역자간의 수평적 차원에서의 윤리를 살펴보았는데 사실상 거의 상식의 수준에 머물러 있는 것들이지만 이러한 상식적인 차원의 것들을 준행하기란 그다지 용이하지 않음을 알아 항상 조심스럽게 동역자와의 관계형성을 시도해나가야 할 것이다.

3) 성도들과의 관계

교역자는 하나님의 교회($\dot{\epsilon}\kappa\kappa\lambda\eta\sigma\iota\alpha$ $\tau o\hat{u}$ $\theta\epsilon o\upsilon$)를 예수 그리스도의 몸된 교회를 봉사하는 사람으로서 그는 먼저 교회의 주가 되신 예수 그리스도의 인격과 교훈, 그리고 고양된 윤리에서 가장 이상적인 교역자상을 찾지 않으면 안된다. 사도바울이 자신을 "주와 종"의 관계로서 파악했듯이 이러한 사도바울의 태도는 교역자의 종(從)된 자세——섬기는 자로서 이 자세——는 성도들에게도 확대 적용된다. 왜냐하면 예수님께서도 친히

---

24) 이주영, op. cit., p.125.
25) John C. Theissen, *Pastoring the Smaller Church*, (Grand Rapids, Michigan; Zondervan Publishing House, 1962), p.108.

섬김의 본을 보여주셨기 때문이다. 그래서 교역자나 성도들 위에 군림하려고 하는 자세는 근본적으로 예수 그리스도의 윤리적 정신에 배치되는 것이다. 교역자는 결코 평신도들 보다 계급이나 지위가 높은 것이 아니라 지도자로서의 직능(function)을 가졌을 뿐이다.

이러한 전제(前提)하에서 성도들에게 지켜야 할 윤리적인 문제들을 살펴보기로 하자.

첫째, 호머 캔트(Homer, A. Kent)목사가 천명한 바와같이 교역자와 성도들간의 교제나 관계형성에 있어서는 결코 편벽됨이 없어야 한다.[26] 누구든지 그리스도 안에서는 꼭같은 영혼이며 지체이기 때문에 결코 차이가 있을 수 없다.

둘째, 교역자는 자신에게 맡겨진 일에 대해서는 신뢰성 있게 그리고 일관성을 가지고 추진해 나가야 한다. 이러한 것은 모든 관계형성에 있어서 초석이 되는 것이다.

세째, 교역자는 명령으로서 수직적으로 다스리지 말고 스스로 양무리의 본(example)[27]이 되어야 한다(벧전 5:2—3). 오늘의 사회에서 수직적인 것보다는 수평적인 교제와 대화는 피차간에 관계를 올바르게 유지시켜 주게 한다.

네째, 교역자는 여성도들에 대해서 자신의 행동을 조심해야 한다. 만일 이 관계성 가운데서 잘못된다면 그것은 치명적인 결과를 초래하게 된다. 목사의 치명적인 오류는 여성도와의 스캔달과 금전문제로 인한 파문 그리고 교리적으로 오류를 범하여 이단사설을 가르치는 것 등 세가지 분야에 있어서 가장 조심을 해야 한다.

다섯째, 목회자는 설혹 불쾌한 일을 당했을찌라도 인내와 자기통제를 통해서 감정을 노출시키지 말아야 한다. 이러한 인내의 정신은 교역자

---

26) Homer Kent, 목회학(이주영 역)(서울 ; 성광문화사, 1983), pp.72~73.
27) τυπος, 이 단어의 의미는 원래 전형(pattern)-type-을 의미하는 것으로서 목사의 행동이 양떼(flock)들이 닮고 따라오는 기준이 되어야 한다는 사실을 시사해주고 있다. Fritz Rienecker, op. cit., p.765.

의 절대적인 덕목(德目)임을 명심하라.[28]

여섯째, 목회자는 당사자가 없는 상태에서 그들을 비난하는 일이 없어야 한다. 상대방이 없는 비난은 피차간에 신뢰성을 상실하게 하며 자신에게도 불이익을 조장하게 하는 원인이 된다.

일곱째, 목회자는 성도들간에 결코 금전적인 채무관계를 맺어서는 안된다. 이것은 성도들 전체와의 관계형성에 있어서 형평(衡平)의 원칙을 준수할 수 없게 하는 암적 요소이다.

봉사자로서의 부목사는 모름지기 겸손하지 않으면 안된다. 바울사도도 이러한 겸손(humility)을 "예수 그리스도의 마음"이라고 규정했듯이 부목사는 성도들이나 동역자나 기타 모든 관계형성에 있어서 이 겸손함과 섬김의 청지기적 정신과 윤리를 그 기반에 깔고 있어야 한다.

오직 겸손한 마음으로……너희 안에 이 마음을 품으라, 곧 그리스도 예수의 마음이니 그는 근본 하나님의 본체시나 하나님과 동등됨을 취할 것으로 여기지 아니하시고 오히려 자기를 비어 종의 형체($\mu o \rho \phi \dot{\eta} \nu\ \delta o \dot{\upsilon} \lambda o \varsigma$)를 가져 사람들과 같이 되었고 사람의 모양으로 나타나셨으며 자기를 낮추시고 죽기까지 복종하셨으니 곧 십자가에 죽으심이라"(빌 2:3—8).

참고문헌 및 계속연구문헌

1. Immanuel Kant, *Kritik der Praktischen Vernunft* (Brunnen-Verlag, Giessen, 1948)
2. Carl F.H. Henry, *Christian Personal Ethics* (Grand Rapids, Michigan; Baker Book House, 1979)
3. Cornelius Van Til, *Christian Theistic Ethics*, Vols Ⅲ, Series (N.J.; Presbyterian and Reformed Publishing Co, 1980)

---

[28] Homer A. Kent., op. cit., p.73.

4. Walter Bauer, *A Greek-English Lexicon of the New Testament* (Chicago; University of Chicago Press, 1959)
5. James H. Moulton, W.F. Howard, *A Grammar of New Testament Greek: Accidence and Word-Formation* Ⅱ (Edinburgh; T. & T. Clark, 1956)
6. H.G. Stoker, *Calvin and Ethics in John Calvin; Contemporary Prophet*, ed. by. Jacob T. Hoogstra (Grand Rapids, Michigan; Baker Book House, 1959)
7. John Calvin, *Institutes of the Christian Religion*, Vols Ⅰ~Ⅳ, 1958.
8. Georgia Harkness, *John Calvin; The Man His Eshics* (N.Y.; Abingdon Press, 1958)
9. Fritz Rienecker, *Linguistic Key to the Greek New Testament* (Grand Rapids, Michigan; Zondervan Publishing House, 1980)
10. John Calvin, *Commentary on Titus* (Grand Rapids, Michigan; Eerdmans Co, 1976)
11. Joseph Haroutunian, Louis P. Smith, *Calvin's Commentaries*, Olivetan's New Testament, 1958-
12. Colin Brown, *The New International Dictionary of New Testament Theology* (Grand Rapids, Michigan; Zondervan Publishing House, 1975)
13. Gerhard Kittel, Gerhard Friedrich, *TDNT* (Grand Rapids Michigan; Eerdmans Co, 1973)
14. Cleon Rogers, "*The Great Commission*" -Bibliotheca Sacra,- 130, 1973. July.
15. W.D. Davis, *The Setting of the Sermon on the Mount* (Cambridge; Cambridge University Press, 1966)

16. Jay E. Adams, *Shepherding God's Flock-A Preacher's Handbook on Pastoral Ministry, Counseling and Leadership* (Grand Rapids, Michigan; Baker Book House, 1983)
17. Howard F. Sugden, W.W. Wiersbe, *Confident Pastoral Leadership* (Chicago; Moody Press, 1973)
18. Lloyd M. Perry, Edward J. Lias, *A Manual of Pastoral Problems and Procedures* (Grand Rapids, Michigan; Baker Book House, 1975)
19. John C. Theissen, *Pastoring the Smaller Church* (Grand Rapids, Michigan; Zondervan Publishing House, 1962)
20. 이주영, 현대목회학(서울 ; 성광문화사, 1986)
21. Homer A. Kent, 목회학(이주영 역)(서울 ; 성광문화사, 1983)

제Ⅱ편
부목사직의 일반적 사역론(一般的 使役論)

- 제 7 장 행정관리(行政管理)
  - 제 1 절 교회행정(Church Administration)의 원리
  - 제 2 절 효율적인 교회행정의 운영방안
  - 제 3 절 교회행정에 있어서 가장 중대한 요소로서의 계획(planning)
- 제 8 장 교육관리
  - 제 1 절 기독교 교육의 목표와 목적
  - 제 2 절 부목사의 기독교 교육 업무
  - 제 3 절 부목사의 특별한 사역
- 제 9 장 상담관리
  - 제 1 절 상담기능의 요청
  - 제 2 절 크리스챤 카운셀링의 일반적 원리
  - 제 3 절 크리스챤 카운셀러의 자격
  - 제 4 절 효과적인 상담수행에 있어서 요구되는 상담기술
- 제10장 심방관리
  - 제 1 절 심방의 중요성
  - 제 2 절 심방의 일반적 목적
  - 제 3 절 심방의 특징
  - 제 4 절 심방의 유익
  - 제 5 절 심방시 고려할 사항들
- 제11장 부목사의 기능적 사역
  - 제 1 절 예배
  - 제 2 절 설교
  - 제 3 절 기타 사역

제 7 장
행정관리(行政管理)

교회($\epsilon\kappa\kappa\lambda\eta\sigma\iota\alpha$)는 두가지 측면을 지니고 있다. 첫째는 신적 실재(Divine entity)로서의 교회이고 둘째는 주님에게 속한 사람들의 생활공동체(community)로서의 인간적 실재(human entity)라는 두가지 측면이다.[1] 따라서 교회는 그것이 하나의 생활공동체라는 점에서 조직과 다스림(행정)이 필요하게 되며 하나님의 계획 안에서 교회만이 지니는 근본목적의 달성을 위한 행동의 규정, 계획과 조직, 그리고 명령과 통제의 수단을 합리화(合理化)할 필요성이 요청된다. 여기에 교회행정의 필요성과 중요성이 부각된다. 물론 모든 행정의 수반은 담임목사일 것이나 수행과정에 있어서 효율적으로 집행되도록 보좌하는 것이 부목사의 임무 중 대단히 중요한 비중을 차지하고 있는 것이다.

제 1 절 교회행정(church administration)의 원리

교회행정은 교회전체를 동원하여 그 교회의 본질과 선교적 사명이 무엇인지를 발견하고 모든 사람에게 하나님의 사랑을 선포해야 하는 선교적 사명을 완수하는데 있어서 주어진 물적(物的), 인적(人的) 자원을 활용할 수 있도록 조직적이고 포괄적인 방법으로 교회를 이끌어 가는 것

---
1) 조동진, 교회행정학(서울 ; 크리스챤 헤럴드사, 1975), p.19.

을 말한다.[2]

교회행정의 바람직한 방법은 다음과 같은 이중적 원리(二重的 原理)에 입각하지 않으면 안될 것이다. 그것을 구체적으로 규명해보면 다음과 같다.

1. 교회행정은 하나님 중심적(God-centered)이어야 한다.

교회는 하나님의 것이기 때문에 그 본질에 있어서 어떤 특성을 지니고 있다. 만일 교회가 하나님을 중심으로 한 교회가 아니라면 일종의 사회집단이 되고 말 것이다. 중세 암흑기에 있어서와 같이 제도중심적(制度中心的) 교회가 되든지 오늘날 많은 교회와 같이 프로그램 중심적 교회가 되고 말 것이다. 그러면 과연 하나님을 중심에 두고 교회행정을 한다는 것은 무엇을 의미하는가?

첫째, 교회는 인간을 기쁘게 하는 것이 아니라 하나님을 기쁘시게 하기 위해 존재한다. 이 말의 의미는 교회의 성공적 활동을 판단하고 측정하는 기준(criteria)이 달라져야 한다는 것을 의미한다. 출석통계나 짜임새 있는 프로그램보다도 인간들을 하나님께 접근시키고 그들을 영적(靈的)으로 건강하게 하는 것이 하나님 중심적 행정에서 더욱 중요하다.

둘째, 하나님 중심적 행정은 성경연구가 반드시 필요하다. 행정을 하는 사람의 주요한 관심사의 하나는 모든 교인들로 하여금 기독교신앙에 대한 분명한 이해를 갖도록 도와주는 일이다.

세째, 하나님과의 산 인격적 관계(人格的 關係)를 수립하는 것이 필요하다. 기독교 신앙은 하나님에 대한 지적 이해(知的 理解)만 가지고는 안된다. 하나님께서 자신을 맡기는 결단과 예수 그리스도를 구주로서 인격적으로 영접하는 인간적 결단이 수반되지 않으면 안된다. 교회는 공적 예배, 사적 예배, 소친교 집단(minor koinonia group)의 활동,

---

2) Alvin J. Lindgren, *Foundations for Purposeful Church Administration* (N.Y.; Nashville; Abingdon Press, 1965), p.59.

계속적인 목회상담, 선교사업과 봉사의 기회의 부여 등을 통해서 신앙적 결단을 장려해야 한다.

2. 교회행정은 인간지향적(human-oriented)이어야 한다.

인간지향적 교회행정에 있어서는 인간이 교회의 주요 관심사가 되어야 한다는 사실을 강조한다. 이말은 인간과 그들의 요청이 교회행정의 기본자료(basic material)가 되어야 한다는 의미이다.[3] 교회는 그 모든 행동의 목적이 "인간들에게 무슨 변화가 발생하는가" 하는 것이 주요 관심사가 되어야 한다. 이 판단의 표준은 예배, 설교, 교육, 프로그램, 교회안의 소집단 활동(minor group activity),[4] 심방과 목회, 그리고 교회생활 안에서의 모든 다른 경험 등에도 적용되어야 한다. 이러한 문제에 대한 구체적인 적용에 대해 살펴보면 다음과 같다.

첫째, 교육 프로그램과 활동은 분명한 이유를 알고서 진행되어야 한다. 우선 프로그램이 사람을 섬기기 위해서 있지 사람이 프로그램을 위해서 있는 것이 아니라는 원칙을 분명히 알아 두어야 한다.

둘째, 인간지향적 방법(人間指向的 方法)은 복음을 전파하는 방편으로서의 중요성을 강조한다. 사랑의 복음은 사람과 사람의 직접적인 관계를 통해서 가장 잘 전달된다.[5]

사랑은 인간이 그것을 체험하게 될 때만 의미를 지니게 되고 그 의미는 대인관계(對人關係)를 통하여 가장 효율적으로 전달된다고 본다. 이것은 교회행정을 위해서 대단히 중요한 시사를 해주고 있다. 목회자 자

---

2) Thomas C. Campbell, Gary B. Reierson, *The Gift of Administration* (Philadelphia; The Westminster Press, 1981), pp.32~38 참조.
4) Steve Barker, Judy Johnson, Rob Malone, Ron Nicholas, Doug Whallon, *Good Things Come in Small Group*(Downers Grove, Ill; Intervarsity Press, 1985)을 참조하라.
5) 이러한 원리는 그리스도의 성육신 원리(Principio Incarnatio)가 가장 명백한 증거가 된다. 그래서 Harvie Conn 교수는 커뮤니케이션 문제를 다루면서 가장 탁월한 커뮤니케이션 모델로서 그리스도의 성육신적 모델(Incarnational model)을 꼽았다.

신이 어떤 인간이냐 하는 것이 그가 기능적으로 하는 일이나 입으로 하는 말보다 더 중요하다. 특히 교회행정의 주역으로서 주로 기능적인 사역을 담당하는 부목사에게 있어서는 이 문제가 대전제(major premise)가 된다.

세째, 인간지향적이라는 개념은 교회생활에 있어서 목회와 대인관계가 얼마나 중요한지를 말해주고 있다. 목회생활에 있어서 목사가 일대일로 사람들과 만난다는 것은 아주 중대한 기회이기 때문이다. 그러므로 사람들과의 관계를 바로 이해하고 지도해 나갈 때 그의 목회는 보다 효율적으로 수행되어 갈 수 있는 것이다.

제 2 절 효율적인 교회행정의 운영방안

개교회(local church) 조직의 가장 좋은 방법은 교회의 목적이 가장 훌륭하게 달성하기 위한 것이라는 원리에 기초해야 한다. 최선의 교회행정은 교회의 프로그램이 추구하는 바 목적에 도달할 수 있는 가장 효율적이고 이용가치있는 기술(techniques)을 요구한다. 기독교 진리를 전달하는 방법은 현대적 방법을 이용하도록 해야 한다.[6] 현대적이라 함은 오늘의 목회현장에 대한 이해, 현실적 정황(現實的 情況) 그리고 사회적 경향성에 대한 파악에 민감해야 한다는 의미를 지닌다.

이제 몇가지 최선의 교회행정에 대하여 살펴보자.

첫째, 최선의 교회행정은 교회건물의 효율적 건축에도 의존한다. 현대 교회의 건물은 반드시 예배의 효과와 교육, 그리고 여러가지 교회의 프로그램에 유효하고(effective) 기능적(functional)이어야 한다.

둘째, 최선의 교회행정은 평신도(layman)의 지도력을 활용한다. 교회의 조직이 면밀히 구성된 이후에는 모든 성도들을 그 재능대로 적절히 교회의 프로그램에 봉사하게 해야한다. 성도들의 기능적 활용(機能

---

6) 조동진, op. cit., pp. 158~159.

的 活用)은 목장을 생기있게 하고 자신들의 신앙적 성숙은 물론 교회의 성장에 큰 역할을 담당하게 되는 것이다. 특히 인물을 선정하는 데는 성경적 원리 즉 딤전 3:1:13에 입각해야 한다.

세째, 최선의 교회행정은 재정(財政)과 함께 사람을 얻는 것이다. 청지기 직분(stewardship)의 훈련과 정신을 고양시켜 성도의 마음에 봉사적 의무감을 심어주어야 한다.

네째, 최선의 교회행정은 성도들이 교회봉사를 통하여 자기들의 영적 생명이 성장하고 성숙해가도록 하는데 목적이 있다.

다섯째, 최선의 교회행정은 사람을 교회에 모이게 하는 것이 아니라 모든 성도들이 교회의 프로그램을 통하여 하나님의 일을 하게 하는데 있음을 알아야 한다. 그 모임은 반드시 하나님의 일(magnalia Dei)에 동원되어야 생명력이 있다.

여섯째, 최선의 교회행정은 민주적 진행방식을 따라야 한다.

계획의 작성, 진행의 방법, 실행(實行)의 결정 등을 개개인이 모두 자신의 일로 수용하게 해야 한다.

이러한 여러가지 최선의 교회행정의 전제들을 서술했어도 부목사는 반드시 교회행정의 가장 적합한 표본은 없다는 사실을 인식하고 개교회의 형편과 상황을 고려해서 자신의 교회에 맞게 세워야 한다.

행정가(administrator)로서의 부목사는 행정가라는 단어의 의미가 하인(minister)이라는 의미를 지닌 봉사직[7]이라고 언급한 게이블(Lee J.

---

7) 행정이라는 영어의 단어 administration은 라틴어의 섬긴다(to serve)는 동사 administrare에서 연원한 것으로서 성경에서는 종(servant) 시중드는 자(waiter) 혹은 대행자(minister)라고 번역되어 있다. 그리고 바울서신에서는 관리한다는 administer 로 사용되고 있으며 이말은 진행(executive), 관리(manage)한다는 의미를 보여주고 있다. 따라서 행정하는 사람은 다른 사람을 섬긴다는 자세로서 계획하고 조직하며 인격을 개발하여 지도하고 훈련해야 한다.
　Fritz Rinecker, *Linguistic Key to the Greek New Testament*(Grand Rapids, Michigan; Zondervan Publishing House, 1980), p.347, 556 참조.

Gable)의 말을 기억해야 한다.[8] 그는 훌륭한 행정가가 반드시 명심해야 할 중요한 원리를 제시하고 있는데 다음과 같다.

1. 행정은 교회의 목표(goal)와 일치해서 운용되어야 한다.
2. 행정은 융통성과 안정성을 지녀야 한다.
3. 행정은 인원(人員)에 관심을 두어야 한다.
4. 행정은 다음의 기능을 수행해야 한다.
  ① 기획(planning)
  ② 조직(organizing)
  ③ 집행(executing)
  ④ 감독(supervising)
  ⑤ 조정(coordinating)
  ⑥ 홍보(publicity)
  ⑦ 평가(measuring)[9]

또한 진 겟츠(Gene Getz)는 신약성경에 나타난 행정과 조직의 원리와 목적을 다음과 같이 서술하고 있다.

1. 문제의 실재(實在)를 파악하라.
2. 문제를 구체적으로 해결하기 전에 문제에 대한 적절한 심사를 하라.
3. 우선권(priority)을 설정하라.
4. 자격있는 사람에게 책임을 부여하라.

Arther M. Adams, *Pastoral Administration*(Philadelphia: The Westminster Press, 1964), p.13.
J.B. Lightfoot, *St. Paul's Epistle to the Philippians*(Grand Rapids, Michigan; Zondervan Publishing House, 1953)
Adolph Deissmann, *Bible Studies*, Ⅱ edition, tr. by. A. Grieve (Edinburgh; T. & T. Clark, 1903), p.140f.
Gerhard KittelGerhard Friedrich, *Theological Dictionary of the New Testament*, (Grand Rapids, Michigan; Eerdmans Co, 1973)
8) Lee J. Gable, *Christian Nurture Though the Church*(N.Y.; National Council of Churches of Christ in the U.S.A. 1955), pp.34~38.
9) Ibid., p.37.

5. 신적인 요소(divine factor)와 인간적 요소(human factor)의 적절한 균형을 유지하라.
6. 문제를 해결하고 결단을 내리기 전에 그 일에 관계된 모든 사람들의 감정과 태도를 참작하라.
7. 모든 문제를 성경의 지도하에 창조적으로 해결하라.
8. 신약성경의 원리를 적용하고 그 목적을 성취하기 위해 조직하라.
9. 필요를 충족시켜주기 위하여 조직하라.
10. 조직을 단순화하라.
11. 조직을 유통성 있게 하라. [10]

상술한 11가지 요소들을 종합해 보면 다음과 같은 도식으로 설명할 수가 있을 것이다. 그 내용은 예수님의 지상명령에 그 촛점을 맞추어져 있으며 이 지상명령은 결코 폐쇄적이 아니고 부단히 움직이고 약동하는 동태적인 행정과 조직(dynamic administration and organization)하에서 가능하다는 점을 시사해주고 있다.

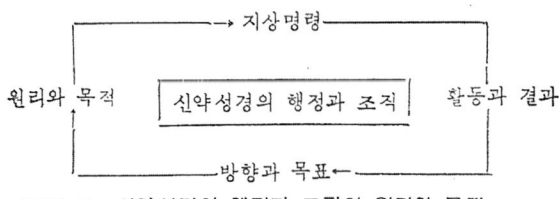

〈그림 1〉 신약성경의 행정과 조직의 원리와 목적

제 3 절 교회행정에 있어서 가장 중대한 요소로서의 계획

1. 계획의 원리

교회행정의 책임자로서의 부목사는 분명히 교회의 본질과 목적을 위

---

10) Gene Getz, *Sharpening the Focus of the Church*(Chicago; The Moody Bible Institute, 1974)

여 조직적이고도 종합적인 방법으로 성도들과 함께 그 실현을 위해 추진해가야 한다. 이러한 목적을 위해서는 행동을 하기 위한 준비단계인 계획은 보다 더 조직적인 준비태세와 정확한 계산하에 보다 더 적극적인 행동을 신속, 정확, 용이하게 그리고 보다 경제적으로 수립할 때 보다 훌륭한 결과를 얻을 수가 있을 것이다. 현대교회의 행정은 이러한 관점에서 계획행정인 것이다.

조직(organization)이 보다 용이하고 효과적으로 공동적인 목적을 달성하기 위한 장치이며 수단이라면 그것에 선행되어야 할 것은 계획이며 그것은 관리(management)에 있어서 책임행동의 기본적인 요건의 하나가 된다. [11]

계획이란 앞으로 수행해야 할 일의 청사진일 뿐 아니라 그 일을 수립해 나가야 한다. 아담스(Arther M. Adams)는 계획수립과정으로서 다음과 같은 6단계를 제시해주고 있다. [12]

1. 목적을 명백히 하라.
2. 상황을 면밀하게 분석하라.
3. 가능한 실천방안을 모색하고 개발하라.
4. 결정하라.
5. 세밀한 프로그램을 작성하라.
6. 집행할 준비를 하라.

이와같이 계획이란 하나의 조직이 관심을 명백히 하여 그 관심과 관련된 목표를 설정한 후 그 목표를 성취하기에 가장 효과적인 프로그램을 고안하여 그 프로그램의 성취에 대하여 평가하는 과정으로서 현재에서 미래로 그리고 미지의 세계에로 우리의 생각을 투사하는 과정인 것이다. [13] 모든 사업의 성패는 계획에 의존하기 때문에 이 과정에 보다 신

---

11) 조동진, op. cit., pp.79~80.
12) Arther M. Adams, op. cit., pp.32~35.
13) 박근원, "오늘의 목사론"(서울 ; 대한기독교서회, 1978), p.57.

중한 작업이 요구되는 것이다.

2. 계획의 실제

계획을 수립하고 확정하기 까지는 그것이 장기계획이든 단기계획이든 월간계획이든 연간계획이든지 간에 다음과 같은 5단계의 과정을 통해서 결정해야 할 것이다.

제1단계 : 문제를 명백히 하라(Define the Problem)

즉 주어진 상황 속에서 당면하고 있는 문제들이 정확히 무엇이며 과연 그 문제들 중에 지금 당장 취급해야 할만큼 긴박하고 중요한 문제가 무엇인가를 물어보는 명확한 문제의식의 제시가 있어야 한다.

제2단계 : 목표를 명확히 설정하라(Define the Goal).

당면한 문제가 관련해서 우리가 어떤 목표를 향하여 문제를 해결하며 그 목표가 무엇인가를 명백히 해야 한다. 이때 물론 그 목표는 교회의 본질과 사명에 일치하게 된다.[14]

제3단계 : 목표달성을 위한 최선의 길을 선택하라(Choose the best of Various Possible alternatives).

목표를 이루기 위한 가능한 모든 방법을 제1안, 제2안, 제3안 등으로 제시하고 그 중에서 가장 좋은 방법을 선택한다.

제4단계 : 선택한 방안을 실현하기 위해 필요한 준비를 갖추고 세밀한 시행지침을 마련하라(Preparethe elaborate enforcement principles).

어떠한 순서에 준하여 어떤 순서로, 무엇부터 시행해야 하며 거기에 필요한 모든 준비가 되어 있는가를 생각해야 한다. 이 단계에서 새로운 문제점이 발견되면 처음부터 다시 보완하여 정리해 나가야 할 것이다.

제5단계 : 평가하라(evaluate what happens).

실제적인 집행과정에 들어간다고 할 때 과연 이 계획이 처음에 설정

---

14) Lloyd Perry, *Getting the Church on Target*(Grand Rapids, Michigan; Baker Book House, 1969), pp. 27~36.

한 목표를 성취할 수 있으며 또 성취하고 있는지에 대하여 분석 평가해야 한다. 집행단계에서 차질이 우려될 경우에는 제3단계, 제4단계로 다시 돌아가서 계획을 수정하든가 보완해야 할 것이다.

이상과 같은 계획의 실제적 단계설정을 다섯 단계로 나누어 도시(圖示) 해보면 다음과 같다.

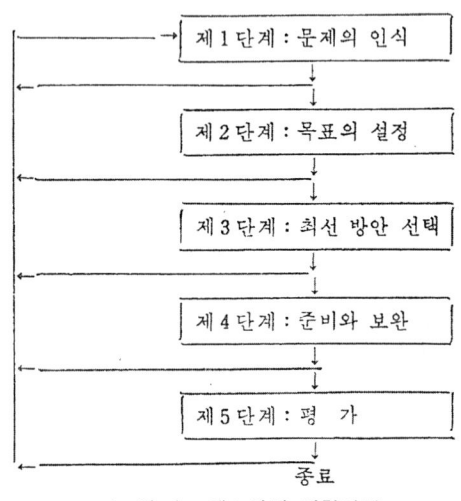

〈그림 2〉 제5단계 계획과정

계획은 또한 상기 5단계를 거치는 동안에 다음과 같은 일반원칙들을 지니고 있어야 한다.

1. 일관성(coherent)이 있어야 한다.
2. 주제의 통일(thematic unity)이 있어야 한다.
3. 판단의 조화(concert of judgment)에 의한 것이어야 한다.
4. 문제의 핵심을 찌르는 예리함(sharp)과 논리적 타당성(logical validity)을 지녀야 한다.
5. 명백한 사상(clear doctrine)이 있어야 한다.

앨빈 린그랜(Alvin J. Lindgren)목사도 오늘날 대부분의 교회의 목회자들이 거의 목회사역 시간의 절반이상을 행정적인 임무[15]를 수행하기 위해서 보내고 있다고 천명했듯이[16] 한국교회에서도 실제적인 교회행정업무를 받고 있는 부목사들의 행정적 책임은 막중하기 때문에 철저한 계획행정체계를 수립하여 나가야 할 것이다. 한국기독교 선교 100주년을 결산하면서 여러가지 많은 문제점들이 등장하고 있는 가운데 교회행정의 부재(不在) 현상이 커다란 문제점으로 제기되고 있다는 사실은 교회에서 실제적인 행정업무를 관장하고 있는 부목사들의 행정관리 능력의 배양이라는 당면과제를 부과해주고 있는 것이다. 사회가 기능화되고 조직화될수록 행정관리의 양태도 정밀하고도 완벽한 체계를 갖추어야 함은 당연한 일이다. 지금 이 시대는 대부분의 행정관리에 컴퓨터가 등장하지 않았는가? 어찌 주먹구구식의 방식이 통하겠는가?

이제 마지막으로 행정관리자로서 실제적인 책임자이며 집행자인 부목들에게 몇가지의 행정의 지침을 제기하려고 한다.

1. 우리는 실제적으로 문제가 있다는 것을 인정하여 가능한 한 신속하게 그 문제들을 처리하고 있는가?
2. 우리는 문제의 해결을 구체화하기 전에 그 문제에 대한 바른 관찰과 전망을 가지고 있는가?
3. 우리는 교회의 영적인 지도자가 특히 먼저 해야 할 일에 대한 사역의 우선권을 설정하고 있는가?
4. 교회의 영적 지도자는 자격이 있는 사람들에게 책임을 부과하며 특히 그들의 근본적인 역할과 책임을 회피하는 데서 발생하는 문제들을 어떻게 해결하는가?
5. 교회의 지도자는 그들의 행정적인 역할을 수행해 나가는 데 있어

---

15) 구역회의 관리, 새신자의 보호육성, 직분자들에 대한 훈련, 각부 주일학교의 운영과 지도관리, 각부선교기관의 활동지도, 재정, 출납의 조정, 회계의 기장과 출납사무의 체계화, 교회건물의 유지와 관리, 사무적인 정리, 활동계획과 사업계획의 독립 및 검토, 프로그램의 지도와 관리, 각종 회의의 관리와 통제, 대외적 접촉 및 효과적인 홍보 등.
16) Alvin J. Lindgren, op. cit., p.15.

서 신적인 요소와 인간적인 요소를 균형있게 유지해 나가고 있는가?
6. 우리는 문제를 해결하고 결정을 내리기 전에 그 일에 연관된 사람들의 감정과 태도를 깊이 고려하고 있는가?
7. 우리는 성경의 인도하심 속에서 문제를 창조적으로 해결하고 있는가?
8. 우리는 과거의 해결방법을 지금도 답습하며 그것을 적용시키려 하고 있지는 않는가?
9. 좀더 새롭고 호응성이 있는 행정관리를 시행해 나가고 있는가?
10. 모든 단계의 계획수립과 집행과정에 있어서 담임목사와의 긴밀한 연계가 이루어져 있으며 세밀한 보고가 간과되어지지는 않는가?

참 고 자 료

교회의 서식들에는 많은 종류들이 있겠지만 교회의 실정에 따라서 재조정되어야 하겠기에 수록은 삼가고 다만 필요한 그 항목만을 제시한다.

1. 구역관리에 관한 서식
   ㄱ) 구역 조직표   ㄴ) 구역예배 공과 교안   ㄷ) 구역별 현황
   ㄹ) 구역 보고서
2. 새신자 카드 및 교육관계 서류
   ㄱ) 성도 증명서   ㄴ) 새신자 등록 카드   ㄷ) 새신자 훈련교재
   ㄹ) 신앙훈련원   ㅁ) 신앙훈련원 입학원서   ㅂ) 베델성경연구반 신청서   ㅅ) 수료증
3. 직분자 훈련계획
4. 주일학교운영 및 지도관리 서식
   ㄱ) 주간보고서(목회)   ㄴ) 월보고서   ㄷ) 주교현황
   ㄹ) 행사계획서   ㅁ) 졸업예배 초대장   ㅂ) 학습지도안
5. 각부 선교기관 활동보고서 및 기타
6. 재정출납에 관한 것

ㄱ) 수입보고서   ㄴ) 지출결의서   ㄷ) 헌금명세서   ㄹ) 월회계보고서
7. 재단관리
8. 각종 사무서식
   ㄱ) 성도유고사항   ㄴ) 주일보고서
9. 각부회의록
10. 교적카드
    ㄱ) 장년부(2개)   ㄴ) 유치, 유초, 중·고등부
11. 교회전도지 및 요람
    ㄱ) 전도지   ㄴ) 전도대상자카드   ㄷ) 일람
12. 심방을 위한 서식 및 카드
    ㄱ) 월심방계획안   ㄴ) 대심방일정표   ㄷ) 대심방카드
    ㄹ) 심방청원서   ㅁ) 방문카드
13. 각종축위서식
    ㄱ) 생일카드   ㄴ) 신생아축복기도
14. 각종청원서식 기타
    ㄱ) 인사청원서   ㄴ) 청원서   ㄷ) 결혼주례청원서   ㄹ) 세례증
    ㅁ) 유아세례증   ㅂ) 집회승락청원서

* 헌금봉투 : 십일조, 월정, 감사, 생일, 효도, 구역, 성전대지,
             부활절, 성탄, 추수, 맥추, 부흥회

* 봉투 : 교회봉투, 서류봉투

* 봉헌약정서, 신앙결심서, 각지역별현황, 교인통계, 증명서, 헌금배치도, 예배위원안내엽서, 주일예배결석보고서, 헌혈신청서, 기도요청카드, 등록현황, 직원위촉서, 임명장, 매일성경읽기표, 연명부, 결혼순서지, 결혼동의서, 세례증명서, 부록찬송, 상장서식, 교역자수칙

참고문헌 및 계속연구문헌

1. Alvin J. Lindgren, *Foundation for purposeful church Administration* (N.Y.; Nashville; Abingdon Press, 1965)
2. Thomas C. Campbell, Gary B. Reierson, *The Gift of Administration* (Philadelphia; The Westminster Press, 1981)
3. Steve Barker, Judy Johnson, Rob Malone, Ron Nicholas, Doug Whallon, *Good Things Come in Small Group* (Douners Grove, Ill; Intervarsity Press, 1985)
4. Fritz Rinecker, *Linguistic Key to the Greek New Testament* (Grand Rapids, Michigan; Zondervan Publishing House, 1980)
5. Arther M. Adams, *Pastoral Administration* (Philadelphia; The Westminster Press, 1964)
6. J.B. Lightfoot, *St. Paul's Epistle to the Philippians* (Grand Rapids, Michigan; Zondervan Publishing House, 1953)
7. Adolph Deissmann, *Bible Studies* Ⅱ, tr. by. A. Grieve (Edinburgh; T. & T. Clark, 1903)
8. Gerhard Kittel, Gerhard Friedrich, *T.D.N.T.* (Grand Rapids, Michigan; WM.B. Eerdmans, Co, 1973)
9. Lae J. Gable, *Christian Nurture Through the Church* (N.Y., National Council of Churches of Christ in the U.S.A. 1955)
10. Gene Getz, *Sharpening the Focus of the Church* (Chicago; The Moody Bible Institute, 1974)
11. Lloyd Perry, *Getting the Church on Target* (Grand Rapids; Michigan; Baker Book House, 1969)
12. 조동진, 교회행정학(서울 ; 크리스챤 헤럴드사, 1975)
13. 박근원, 오늘의 목사론(서울, 대한기독교서회, 1978)

제 8 장
교육관리(敎育管理)

신진대사 과정이 살아있는 유기체(有機體)에 필수적인 것과 마찬가지로 교육은 기독교 교회 공동체 내에서의 본질적인 기능이다.

그래서 제임스 스마트(James Smart)는 다음과 같이 교회의 교육적 사명을 강조하고 있다.

> "교회는 선교(mission)를 해야 하는 것처럼 교육에도 주력해야만 한다. 그렇지 않으면 교회가 교회일 수가 없을 것이다. 교육은 교회의 본질에 속하는 일이며 그 기능을 소홀히 하는 교회는 교회의 본질을 구성하는데 필요 불가결한 요소를 상실하는 것이다."[1]

또한 레씽(G.E. Lessing)은 그의 "인간 교육"(Die Ersiehung des Menschengeschlechts)에서 인간교육과 신적 계시를 함께 중요시 하면서,[2] 이스라엘 역사 속에서 나타난 하나님의 계시와 선택의 사건을 이스라엘 민족에 대한 하나님의 특별한 교육의지의 표현으로 해석했다.[3]

---
1) James D. Smart, *The Teaching Ministry of the Church* (Philadelphia; The Westminster Press, 1954), p.11.
2) G.E. Lessing, *Die Erziehung des Menschengeschlechts und andere schriften*, mit einem Nachwort von H. Thielicke, 1977, Reclam Stuttgart, S. 7, 1~2.
3) "Da er aber einem jeden einzelnen menschen sich nicht mehr offenbaren Konnte, noch wollte: so wahlte er sich ein einzel volk zu seiner besondern erziehung: und eben das ungeschliffenste, das verwilderste, um mit ihm ganz von vorne anfangen zu können" Ibid., pp.8~9.

레씽은 이와 같이 계시자 하나님만을 "인류의 교육자"로 본 것이 아니라 예수 그리스도를 "최초의 신실한 스승"(Der erste zuverlassige Lehrer) 으로 평하기도 했다.[4]

이와 같은 관점에서 신·구약 성경속에서 우리들은 많은 신실한 교육자들의 모습을 발견하게 된다. 하나님 외에도[5] 모세, 선지자들, 제사장들, 그리고 율법교사들속에서 교육자의 상(像)을 찾아볼 수 있고, 신약성경에서는 예수 그리스도의[6] 공생애 사역, 사도 바울의 이방인 선교활동, 그리고 초대교회의 사도들과 교사들의 활동 속에서 교육자의 모습을 발견할 수가 있다.[7] 이와 같이 하나님의 말씀을 철저하게 가르치는 것은 교회의 교역자들의 가장 본질적인 사역중 하나인 것이다.

제 1 절 기독교 교육의 목표와 목적

20세기의 교회를 일컬어 기독교 교육 부재(不在)의 교회라는 말들을 흔히 한다. 이러한 전반적인 상황은 교회 존립의 가장 중심적인 목적인 하나님 나라의 확장이라는 사역과 그리스도인들의 성숙(maturity)에 커다란 장애요소로 등장하고 있다. 따라서 교회는 양적인 성장은 해왔으

---

4) Ibid., pp. 58~60.
5) 구약성경에 나타난 교육자로서의 하나님과 이스라엘의 관계에 대해서는 다음의 책을 참고하라.
   C.H. Sung, *Sündenvergebung Jesu bei den Synoptikern und ihre Voraussertzungen in Alten Testament und Frühen Judentum*, (Tübingon, 1984), pp. 46~58 참조.
6) 신약성경에 나타난 교육자로서의 예수의 사역에 대해서는 다음의 책을 참고하라.
   R. Riesner, *Jesus als Lehrer*(Tübingen; 1984), pp. 200~246.
7) 제자들의 교육과 예수그리스도의 교육의 연계를 위해서는 다음의 책을 참고하라.
   M. Hengel, *Nachfolge und Charisma Ein exegetisch-religionsgeschichtliche Studie zu, Mt, 8:21f Und Jesus Ruf in die Nachfolge* (Berlin, 1968)

나 질적인 성숙은 하지 못하는 기형적 색채를 강하게 띄고 있는 실정이다.

이러한 경향성에 대하여 기독교 교육의 실질적인 담당자이고 전반적인 교육프로그램과 프로젝트를 검토하며, 나아가 관장해가는 한국교회의 부목사들의 교육사역에 대한 관심의 고양과 전문적인 교육기능에 대한 재평가가 시급히 요청되고 있는 실정이다.

전통적으로 교회가 주일학교와 주일학교 운동(Sunday School Movement)을 강조해옴과 동시에 문답식 교육과 교회에서의 교육사역을 전통적으로 강조해 왔음에도 불구하고 아이러니컬하게도 교육의 기능은 교회생활, 사역, 예배, 그리고 말씀의 선포 등에 종속되어 왔다. 그러나 이 종속은 단순히 행정적 수준의 제한에 따른 표면적인 현상이 아니라 보다 깊은 내면적 기초(內面的 基礎)가 되고 상황에 따른 영적 변화이다. 그리고 이 현상은 교육적 사역(educational ministry)의 힘을 약화시키며 신앙을 형성하는 자료와의 관계속에서 교육적 사역을 방해한다.[8]

필자는 상술한 스탠리 글렌(J.S. Glen) 목사의 말에 공감한다. 이러한 그의 지적은 오늘 한국교회내의 근본적인 문제를 지적했다고 사료된다. 예수 그리스도께서 마 28:20에서 "내가 너희에게 분부한 모든 것을 가르쳐(διδάσκοντες) 지키게 하라"는 분사구의 의미에 관해서는 의심의 여지가 없는 기독교 교회교육의 당위성이 천명되어 있는 것이다. 그러면 과연 이러한 당위성으로서 요청되는 기독교 교육의 목적은 무엇인가?

재론의 여지없이 기독교 교육은 하나님의 뜻과 완전하게 조화를 이루는 삶으로 인간을 인도하는 것으로서[9] 다음과 같은 목표를 지니고 있다

---

8) J. Stanley Glen, *The Recovery of the Teaching Ministry*(Philadelphia; The Westminster Press, 1960), p.9.

9) J.D. Murch, *Christian Education and Local Church*(N.Y.; Standard Publishing Co, 1943), p.128.

고 할 수 있다.

첫째, 하나님에 의해서 하나님의 형상(Imago Dei)으로 창조된 존재로서 가장 높은 잠재력을 지닌 자인줄 깨닫도록 도와주고 성숙한 성도가 되도록 도와준다.

둘째, 모든 사람은 하나님의 사랑을 받고 있다는 사실을 깨닫게 하여 사회적 관계(社會的 關係)에서 개인들을 돕기 위한 것이다.

세째, 하나님께서 창조하신 자연계에 대한 좋은 이해와 지식을 얻게 하여 하나님과 사람을 봉사하는데 그것을 사용하도록 돕는 것이다.

네째, 더 많은 성경지식을 얻도록 인도하여 그것을 순종하도록 가르치고 기독교 안에 있는 다른 요소들을 잘 이용하도록 돕는 것이다.

다섯째, 교회를 국내외의 선교활동에 유용한 역할을 알 수 있게 하며 또 이행(履行)하기 위한 능력을 주는 것이다.[10]

이러한 정의는 좀 부족한 면이 있다. 왜냐하면 기독교 교육의 가장 기본적인 교육목적은 인간들을 죄악에서 구속하는 구원의 문제에 촛점을 맞추어야 하기 때문이며, 기독교 교육자로서의 부목사에게 있어서 진정한 기독교 교육자의 전형($\tau\upsilon\pi o\varsigma$)은 바로 예수 그리스도이시기 때문이다. 이러한 측면에서 프랭크 개벨래인(F.E. Gaebelein)은 사람들을 예수 그리스도를 나의 주, 나의 하나님으로 인격적으로 인정하도록 제일 먼저 인도해야 하고 나아가 이미 그리스도를 믿고 하나님의 인정을 받은 자들을 양육할 책임을 동시에 지녀야 한다고 했다.[11] 이러한 포괄적인 목표를 설정한 부목사들은 이러한 포괄적인 목표를 주관적으로 하나님께 영광을 돌리고, 객관적으로도 하나님께 영광을 돌리며, 공동적으로 하나님께 영광을 돌리게 하는[12] 전 포괄전(全包括的)인 목표에 종속

---

10) J.E. Hakes, (ed), *An Introduction to Evangelical Christian Education* (Chicago; Moody Press, 1978), p.59.

11) F.E. Gaebelein, *Christian Education in a Democracy*(N.Y.; Oxford University Press, 1951), p.30.

12) Mark Fakkema, *Christian Philosophy and It's Educational Implication* (Chicago; Christian School Service, Inc, 1967), p.157.

시켜야 한다.

이러한 입장은 진정 하나님의 주권(主權)과 영광을 중심으로 하는 칼빈주의적 개혁주의 신학(calvinistic reformed Theology)의 기독교 교육의 목적이 된다. 왜냐하면 칼빈주의적 교육에 있어서 하나님 중심주의(God-Centricism)은 바로 A요 Ω이기 때문이다.[13] 그러므로 기독교 교육의 목표는 하나님의 계획과 섭리에 복종케 함으로 그에게 영광을 돌리는 인간을 만드는데 있는 것이다.

이러한 칼빈주의적 교육목적을 가장 잘 반영해주고 있는 학자는 뻔(H.W. Byrne)이다. 그는 기독교 교육은 그리스도 예수에 대한 교육이며 그리스도의 성품과 그 행위를 배우게 하는 것이며 예수 그리스도가 바로 교육목적이 된다[14]고 주장하는 가장 핵심적이고도 가장 이상적인 목표를 설정하고 있다. 이러한 관계성 하에서 그의 주장대로 예수 그리스도 자신을 기독교 교육의 기본적인 목적으로 한다면 예수님의 성장모습을 통하여 좀더 구체적인 목적을 설정할 수가 있을 것이다. 이것은 눅 2 : 52에 분명하게 나타나 있다. "예수는 그 지혜와 그 키가 자라가며 하나님과 사람에게 사랑스러워 가시더라." 이 말씀 속에는 다음과 같은 4가지 목표가 함축되어 있음을 알 수가 있다.

첫째, 신체적인 목표(physical aims) : "그키가 자라며" ($προεκοπτεν$ $ἐν$ $τῇ$ $ἡλικίᾳ$)[15]

둘째, 정신적인 목표(mental aims) : "지혜가 자라며" ($προεκοπτεν$ $ἐν$ $τῇ$ $σοφίᾳ$)

---

13) 정성구 ; 칼빈주의의 사상과 삶 I (서울 ; 한국성서협회, 1978), p. 212.
14) H.W. Byrne, *A Christian Approach to Education* (Grand Rapids, Michigan; Zondervan Publishing House, 1967), p. 105.
15) "키가 자란다"는 말은 신체적인 신장(height)의 성장과 도덕적 수준의 성숙(stature)까지 포함한다.
   Frederick L. Godet, *A Commentary on the Gospel of St. Luke* (Grand Rapids, Michigan; Zondervan Publishing House, 1969), Luke 2 : 52.

세째, 영적인 목표(spiritual aims) : "하나님의 사랑"($\chi\alpha\rho\iota\tau\grave{\iota}\ \pi\alpha\rho\grave{\alpha}\ \theta\epsilon\hat{\omega}$)

네째, 사회적인 목표(social aims) : "사람에게 사랑스러워 가시더라" ($\chi\acute{\alpha}\rho\iota\tau\iota\ \pi\alpha\rho\grave{\alpha}\ \grave{\alpha}\nu\theta\rho\acute{\omega}\pi o\iota\varsigma$)

인간은 하나님의 형상대로 창조되었으므로 하나님 안에서 발견될 수 있는 완전을 향하여 협력하는 것이고 다음으로 인간은 사회적 동물이므로 하나님과 사람들과 함께 참된 교제($\kappa o\iota\nu o\nu\acute{\iota}\alpha$)를 할 수 있도록 해야 한다.[16] 이를 완전하게 할 수 있는 조직은 바로 교회($\grave{\epsilon}\kappa\kappa\lambda\eta\sigma\iota\alpha$)와 천국 ($\beta\alpha\sigma\iota\lambda\epsilon\acute{\iota}\alpha\ \tau o\hat{v}\ \theta\epsilon o\hat{v}$)이다. 교회는 보이는 조직(visible organization)이고 천국도 보이지 않는 조직(invisible organization)이다. 이 두 가지 측면의 목적은 다음과 같은 프로그램을 통하여 형성되는 것이다.

1. 탐색(investigation)—사람을 찾음(눅 19 : 10)
2. 복음의 전파(evangelization)—사람을 구원함(행 16 : 32)
3. 확인(identification)—주 안에서 뿌리박게 함(골 2 : 6—7)
4. 지식(information)—성장케 함(벧후 3 : 18)
5. 성화(sanctification)—성령을 받음(행 1 : 8)
6. 헌신(consecration)—산 제사로 드림(롬 12 : 1—2)
7. 감독(supervision)—증진해야 한다(딤후 2 : 15)
8. 완전(perfection)—성숙케 한다(벧후 3 : 18)[17]

진정 가장 바람직한 기독교 교육의 목표와 목적은 하나님께서 정치 (定置)시켜 주신 전생활영역(全生活領域)에서 그 분에게 영광을 돌리며 인간 사회를 위하여 하나님께서 선물로 주신 자신의 탈랜트를 사용할 수 있고 또한 자발적으로 사용하고자 하며 말씀에 입각하여 하나님을

---

16) H.W. Byrne, op. cit., p.111.
17) Ibid., pp.111~112.
  H.W. Byrne, *Christian Education for the Local Church* (Grand Rapids, Michigan; Zondervan Publishing House, 1973), Chapt 4~5 참조.

섬기는 독립된 인격체로 인간을 형성하는 것이다.

제 2 절 부목사의 기독교 교육업무

부목사는 교회 전체 프로그램의 부감독관으로서 이 분야에 관한 그의 업무는 대단히 다양한 것이 한국교회의 실정이다. 그는 복음의 선포자요 교회의 행정가이며 동시에 양떼들의 목자와 교사가 되어야 한다.

엡 4 : 11—12에는 진정한 목회자는 한 사람의 목자인 동시에 한 사람의 교사로서의 역할을 동시에 감당해야 한다. 부목사는 이와 같이 반드시 교사($διδασκάλους$)와 ($καί$) 목사($ποιμένας$)가 되어야 한다.[18]

오늘날에 들어와서 기독교 교육 분야 특히 주일학교는 목회자의 목회선교(pastoral mission)에서 대단히 중요한 분야로 제시되고 있다. 많은 목회자들은 자신의 업무의 범위가 너무나 광범위하고 다양해서 자신이 이 모든 업무를 수행할 수 없음을 깨닫고 이 분야를 전문화함으로써 자신의 사역의 영역을 확대할 수 있다는 것을 인식하고 있음은 바람직한 일이다.

부목사는 행정가로서의 역할을 대단히 많이 감당해야 하기 때문에 능률적이고 잘 훈련받은 지도자들을 교육훈련을 통해 많이 양성해 낸다면 이 분야에서 커다란 수확을 거둘 것이다.[19] 한국교회의 실정으로 볼 때

---

18) 본문에 $διδασκάλους$ $καί$ $ποιμένας$라는 말은 개별적인 직분자를 의미하는 것이 아니고 공통된 그룹으로서 다루어지며 가르치는 목자(teaching shepherd)라는 의미를 지닌다.
   Marcus Barth, *The Anchor Bible*; *Ephesians*, 2. Vols(Garden City, N.Y.; Doubleday, 1974)

19) 이러한 측면에서 부목사는 교회안의 소그룹(small group) 리더들을 많이 만들어 훈련시켜야 한다. 이러한 면에 관해서는 다음의 책들을 참고하면 좋을 것이다.
   E. Griffin, *Getting Together*(Ill; Downers Grove; IVP. 1982)
   Leadership (465 Gundersen, Drive, Carol Stream, Ill; Christianity Today Publisher) 계간잡지

교회학교 교육에 관한 전반적 사역은 부목사가 담임목사를 대신하여 감당해야 한다.

일반적으로 부목사는 신학대학원 M. Div.(신학석사) 과정을 수료한 후 목사가 되는데 외국의 경우에는 기독교 교육자로서의 자격으로서 최소한 대학원과정을 요구하고 있다. 그러나 우리나라의 실정으로 보면 대학원 과정의 커리큘럼에서도 매우 빈약한 기독교 교육의 실제적 연구가 이루어지기 때문에 전문적이고 기능적인 교육자로서의 부목사상은 기대하기가 어려운 실정이다. 때문에 부목사는 기독교 교육에 대한 지속적인 연구를 통해서 빈약한 지식을 섭렵해야 한다.

기독교 교육에 관한 부목사의 사역을 분석해 보면 부목사가 개인적으로 특별히 관심을 두어야 할 책임분야는 주로 다음과 같은 것들이 있으며 부목사는 이러한 분야에 대한 전문가가 되어야 한다.[20]

첫째, 일반적인 리더쉽 개발분야

둘째, 기독교 교육행정분야

세째, 균형된 교육 프로그램형성분야

네째, 크리스챤 리더쉽 교육 및 개발분야(포괄적인 리더쉽)

다섯째, 교육감독분야

여섯째, 평신도 교육분야

일곱째, 소그룹리더 양육훈련[21]분야

Andrew Le Peau, *Paths of Leadership* (Ill, Downer's Grove; I.V.P. 1983)

IVP., *Small Group Leader's Handbook* (Ill; Downers Grove; I.V.P. 1982)

David Williamson, *Group Power*(Englewood-Cliffs, N.J.; Prentice-Hall, 1982)

20) H.W. Byrne, *Christian Education for the Local Church* (Grand Rapids, Michigan; Zondervan Publishing House, 1973), p.72.

21) 소그룹리더 양육훈련에 대한 실제적인 도움을 받으려면 다음의 책들을 보라.

David Augsburger, *Caring Enough to Confront*(California; Gospel Light, 1973)

여덟째, 기독교 교육철학정립분야 등이다.

네빈 하너(Nevin C. Harner)는 교육지도자들을 둔 목회자가 기독교 교육을 위해서 해야 할 업무를 다음과 같이 구분해서 설명해 주고 있다.

첫째, 목회자는 모든 성도들에게 기독교 교육의 특권과 사명을 설명해야 한다.

둘째, 목회자는 모든 성도들에게 기독교 교육 프로그램을 볼 수 있도록 하고 전체를 하나의 단위로 조직화 해야 한다.

세째, 목회자는 교회 내의 주요 교육 기관(주일학교)을 활성화해야만 한다.

네째, 목회자는 교육지도자를 모집하고 훈련시키며, 이들에게 감동을 줄 수 있어야 한다.

다섯째, 목회자는 필요시 기독교 교육프로그램의 전략적 지점(strategic spot)에서는 직접 참여해야 한다.[22]

분명히 기독교 교육의 지도자요 감독자는 담임 목회자를 보좌하는 부목사이다. 필자는 한국교회의 실정과 기독교 교육의 시급한 요청에 따라 교육목사의 양성이 대교회뿐 아니라 중·소교회에까지 파급되어야 한다는 필연성을 절감하고 있다. 그러나 아직은 이러한 교육목사에 의한 기독교 교육 전담기능(專擔機能)을 충분히 발휘하고 있지 못하기 때문에 부목사가 이러한 교육목사의 기능을 담당해야 한다고 생각한다.

Earnest C. Borman. N. Borman, *Effective Small Group Communication* (Minneapolis, Minnesota; Burgess, 1980)

James Nyquist, Jack, Kuhatschek, *Leading Bible Discussions* (Downers Grove, Ill; I.V.P. 1985)

22) Nevin C. Harner, *"The Educational Ministry of the Church"* in Philip H. Lotz, (ed), *Orientation in Religious Education* (N.Y.; Abingdon Press, 1950), Chapt. 30 참조.

제 3 절 부목사의 특별한 사역

1. 일반적인 리더쉽 개발분야

한국교회에서 부목사는 "탈랜트"로 통하기도 한다. 이것은 그가 할 일이 대단히 많음을 시사해주고 있다. 분명히 부목사는 기독교 교육 분야에 있어서 탈랜트가 되어야 한다.

부목사는 먼저 기독교 교육 정신(Christian Educational Spirit)을 개발해야 하며 기독교 교육의 의미와 그것의 가정과 교회내에서의 중요성을 잘 가르쳐야 할 것이다. 이러한 분야에 대한 전교인들의 관심을 유발시키기 위해서는 부목사는 교회내의 게시판, 신문, 그리고 광고 등을 통해서 전반적인 기독교 교육 프로그램을 소개하고 그 성과 등을 성도들에게 전파함으로써 달성할 수 있다. 이러한 사항들은 사실상 부목사의 탁월한 리더쉽에 의해 나타날 수 있다. 이러한 것은 교사들이나 평신도 지도자, 교육전도사들에게 보다 명확하고 구체적인 동기유발(motivation)을 제공하는 것이며 그러한 부목사의 '본'을 따라 봉사하게 된다.

부목사는 또한 성도들에게 그리스도인의 봉사를 강조해야 하며 주일 낮예배, 저녁예배, 삼일예배 그 이외의 가용(可用)한 시간을 통하여 이 사명에 대한 전반적인 내용을 담임목사의 협조하에 교육시켜야 한다. 나아가 그는 최대한의 기회를 이용하여 부모들에게 기독교 교육의 필요성을 인식시켜야 한다. 왜냐하면 요즈음 우리나라에서도 유태식 교육법에 대한 인식이 새롭게 조명되고 있는데 바로 유태식 교육법에 있어서 가장 중요한 교육의 장소가 가정이기 때문이다.[23] 나아가 부목사는 기

---
23) William Barclay, *Educational Ideals in the Ancient World* (London: SCM. Press, 1959), pp.14~17 참조.
　　J. Conrad *Die junge Generation im Alten Testament* (Stuttgart, 1970), S. 40~45 참조.
　　R. Riesner, op. cit., p.97 참조.

독교 교육 프로그램의 전반적인 수행을 위하여 담임목사의 협조하에 재정 및 기타 방면에서의 적절한 지원의 필요성을 부단히 강조해야 한다. 그의 교육은 공식적이고 비공식적인 채널을 통하여 이들의 양육과 훈련을 주기적으로 실시해야 한다.[24]

2. 교육행정분야

행정은 관리나 운용을 말하며 담임목사와 부목사가 프로그램의 책임을 맡아야 한다. 그는 특히 전반적이며 장기적인 계획을 수립하고 그 운영에 대한 책임을 전적으로 지고 집행하도록 해야한다. 그런데 부목사가 특히 세심한 신경을 써야하는 것은 이 행정분야에 있어서 주일학교 부장들과의 유기적인 연계성이다. 왜냐하면 행정은 부장의 일차적인 책임이기 때문이다. 따라서 부목사는 부장과의 관계형성에 있어서 위에 (above) 있어서는 안되고 같이(with) 협력해야 한다.

부목사는 특별히 교사들과 학생들이 교회의 예배교육, 전도, 그리고 친교에 대하여 분명히 이해하고 있으며 고도의 수준을 유지하고 있는지의 여부를 확인할 책임이 있으며 전체적인 주일학교가 이러한 것을 고수하고 있는지 여부에 관심을 가져야 한다. 또한 교육사업 분야에 있어서 중첩 또는 소홀함이 없는가 살펴야 하고 유치부, 유년부, 초등부, 중등부, 고등부, 청년부, 장년부로 구성되는 7개 분과의 사업을 인식하고 이들이 전체적인 프로그램에서 통일성을 유지할 수 있도록 해야 한다.

---

[24] 부목사는 이러한 양육과 훈련을 위하여 다음과 같은 책을 참고로 하면 유익할 것이다.
M. Kunz, *Patterns for Living with God* (Downers Grove, Ill; IVP. 1961)
M. Kunz, C. Schell, *Neighborhood Bible Study Guides*(Wheaton, Ill; Tyndale Press, 1969)
O. Wald, *The Joy of Discovery* (Minneapolis, Minn; Augsburg, 1975)

폴 비드(Paul H. Vieth)는 그의 책 교회학교(The Church School)에서 각부 주일학교 간의 유기적 협조사항을 다음과 같이 제시해 주고 있다.

1. 주일학교(교회학교) 학사 일정
2. 학생―연령, 등록절차, 출석 기준일, 교칙
3. 시설의 사용
4. 주일학교 조직, 근무기간
5. 지도자와 교사의 임무[25] 등이다.

교회학교의 적절한 행정을 위해서는 협력(team work)이 요구되며 이를 위해서는 담임목사, 부목사, 교육위원장과 교육위원, 부장, 교육전도사가 하나의 팀을 이루어야 할 것이다.

3. 프로그램 형성분야

기독교 교육 목표를 달성하기 위해서는 균형있고 조화있는 기독교 교육 프로그램이 요구된다. 부목사는 담임목사와 함께 교회학교의 프로그램이 이와 같이 잘 형성되어 있는지 행정가로서의 특별한 관심과 주의를 기울여야 한다. 이러한 측면에서 부목사는 조화있고 균형있는 프로그램의 개발을 선도해야 한다. 그러나 프로그램 개발에 있어서 부목사는 "기형적인 프로그램"을 피하고 모든 조직을 발전시켜야 하며 이를 위해서는 총회나 교단적 프로그램을 비판적으로 분석해서 개교회의 실정에 맞도록 보완해야 할 것이다.

부목사는 틀에 박힌 프로그램은 의식주의(ritualism)와 영적 빈곤(spiritual poverty)의 상태를 유발하게 하는 한편 무계획(無計劃)은 "성령을 고정시키는" 결과를 초래할 위험성이 있다는 것을 항상 명심해야 할 것이다. 성령은 매일 매일의 삶을 인도하실 뿐 아니라 일년의 과정

---

25) Paul H. Vieth, *The Church School* (Philadelphia; Christian Education Press, 1957), p. 67.

도 인도하시며, 계획된 일에도 융통성을 부여하도록 도우신다. 이러한 관점에서 부목사는 담임목사와 함께 교육위원회, 부장, 교육전도사들이 지혜롭게, 세심하게 그리고 기도가운데 일년을 위한 교육프로그램을 작성할 수 있도록 상호협력해야 할 것이다. [26]

프로그램을 형성할 때는 작년의 프로그램, 교단 및 교단의 행사, 그리고 개교회 프로그램을 검토한 후에 이것을 종합해서 하나의 매스터 프로그램을 작성해야 한다. 임기응변식의 교육은 결코 유익하지 못하기 때문에 장기적이면서도 일관성있는 교육계획이 수립되어야 할 것이다.

4. 리더쉽 개발 및 교육분야

이 분야는 아마도 부목사에게 가장 중대한 기회를 제공하게 될 것이다. 리더의 개발은 하나님 나라의 확장을 위한 보다 풍성한 열매를 맺게 할 것이다. 그래서 부목사는 담임목사와 함께 이러한 리더의 개발에 총력을 기울여야 한다. 많은 수의 병사를 모집하는 것보다는 소수의 정예화된 장교를 육성하는 것이 승전의 비결이듯이 교회의 성장에 있어서 리더의 발굴·양성은 대단히 중요한 일이다.

리더의 개발에 있어서 가장 중대한 사항은 모든 지도자와 교사들이 기독교적인 체험과 개혁주의적 신학을 소유하고 있는지 그 여부를 살펴야 한다. 왜냐하면 "만일 소경이 소경을 인도하면 둘 다 구덩이에 빠지기"(마 15 : 14) 때문이다. 그래서 부목사와 담임목사는 장차 훌륭한 리더가 될 수 있는 교사와 리더를 발굴하는데 지속적인 관심을 두어야 한다. 리더의 선택과 개발을 위한 기술은 부목사가 지닌 가장 큰 자산 중의 하나로서 이러한 기술은 교회학교 교사 뿐만 아니라 장로, 집사, 평신도 지도자 등을 선택하고 훈련하는데 적용되어야 한다.

---

26) 이러한 문제에 대한 적절한 지침서는 우리나라에는 전무한 실정이나 특별한 참고할 사항에 대해서는 다음의 책을 보면 유일할 것이다.
　　Waldon Crossland, *How to Build Up Your Church School* (Nashville; Abingdon Press, 1948)

리더쉽 개발 및 훈련에서 최대의 수확을 얻을 수 있는 최선의 방법은 공식적인 리더쉽 교육 프로그램(formal leadership training program) 이라는 것을 명심해야 한다.

리더쉽 교육 프로그램을 형성하는 데에는 다음과 같은 목표들을 설정해 놓아야 한다.

1. 우리는 무엇을 위해서 리더가 필요하며 그는 어디에서 봉사할 것이며 왜 필요한가를 살펴야 한다.
2. 올바른 리더를 찾기 위해서
3. 리더를 모집하고 봉사에 대한 거룩한 소명을 강조하기 위해서
4. 지속적인 성장 프로그램을 통해서 리더를 내적·외적으로 우선 훈련하기 위해서
5. 계속적인 리더의 충원(充員)을 위해서[27]

부목사는 담임목사와 함께 이러한 목표를 설정한 후에 리더를 선발하고 곧이어 훈련과 교육을 실시해야 한다. 여기에 있어서 포괄적인 리더쉽 교육 절차와 훈련 계획을 세밀히 검토하고 선택하지 않으면 프로그램은 수포로 돌아가고 만다. 새로운 리더를 위한 즉각적인 훈련계획이 수립되어 있어야 하며 새로이 지원한 자들에게 어떠한 도움이 없는 상태에서 바로 임무를 부여해서는 안된다는 사실을 명심해야 할 것이다.

5. 감독(supervising)

감독기능은 원래 부목사나 교육목사의 일차적인 임무나 담임목사나 교육전도사들도 이 사역을 공동으로 나누어 맡아야 한다. 행정이 조직, 운용, 그리고 관리에 역점을 두는 기능이라면 감독은 개선(改善)에 역점을 두고 있는 기능이다. 부목사는 전체적인 프로그램에 대한 감독자로서 질적인 향상과 개선에 계속적인 관심을 두고 있어야 한다. 그런데 이러한 감독에 있어서는 몇가지 다른 것에 비해서 선행되어야 할 요소

---

27) H.W. Byrne, op. cit., pp.78~88.

가 있는 바 부목사는 학생이 프로그램보다 더욱 중요하다는 사실을 기억하고 프로그램 전체 중 전략적인 분야로서 가장 역점을 두어야 할 분야는 유치부, 유년부, 초등부, 그리고 청·대학부이다. 그러나 종종 무시되기 쉬운 장년교육에도 관심을 두어야 한다.

부목사는 개교회 교회교육 프로그램에 있어서 핵심적 위치를 차지하고 있음을 간과해서는 안된다. 부목사가 전진하면 프로그램 역시 전진한다는 투철한 책임감과 의식을 지니고 있어야 할 것이다.

참고 자료

부목사가 담임목사의 협조하에 교회 교육을 적절하고 포괄성 있으며 결실있는 방향으로 이끌기 위해 필요한 내용

1) 예배시 그의 임무

① 기독교 교육의 중요성 강조
② 교육 프로그램에 대한 홍보 및 광고
③ 리더를 발굴하기 위한 설교
④ 성경의 올바른 이용과 해석을 위한 교육
⑤ 그리스도인의 성경적인 가정생활
⑥ 기도와 헌신적 삶의 중요성 강조
⑦ 교리학습(敎理學習)
⑧ 성경적 원리를 일상생활에 적용시키는 일
⑨ 예배에 대한 교육
⑩ 충분한 재정적 지원의 독려

2) 어린이 사업

① 어린이들과 친밀한 관계유지(이들을 위한 목회자가 되라)

② 하계, 동계 교회학교의 준비상태 확인
③ 교육시설, 구비현황파악
④ 교사와 학부형에 대한 도움제공
⑤ 생활에 있어서 본이 되어야 함
⑥ 어린이들을 위한 훌륭한 교재 및 시청각 자료들의 구비상태 점검
⑦ 예배에 대한 훈련

3) 청년사업

① 청년들의 상담자가 되어야 함
② 이들의 학교 및 사회생활에 관심환기(關心喚起)
③ 어려울 때 이들의 친구가 됨
④ 이들이 교회의 프로그램과 소그룹활동에 동참하도록 독려
⑤ 이들의 모임에 동참하라.　　⑥ 성경이해에 도움을 주라.
⑦ 기독교적인 봉사를 하도록 지도하라.
⑧ 교회사업을 소개하라.　　⑨ 리더쉽 훈련을 시키라.
⑩ 수련회에 참가하여 특별한 분야에 대한 교육을 시키라. (기독교 세계관, 사회윤리, 개인윤리, 사회참여, 선교적 소명, 제자화훈련)

4) 장년사업

① 리더쉽 교육 실시
② 기독교적 봉사에 대한 교육실시
③ 기독교인의 사회윤리를 가르치라.
④ 성경공부와 성경해석을 위한 안내자가 되라.
⑤ 선교적 비젼을 고취시키라.
⑥ 기독교 가정 교육 프로그램 준비
⑦ 기독교 경건서적에 대한 안내
⑧ 올바른 교회관(敎會觀) 정립

8. 교육관리 135

기독교 교육 프로그램의 기능적 조직체계

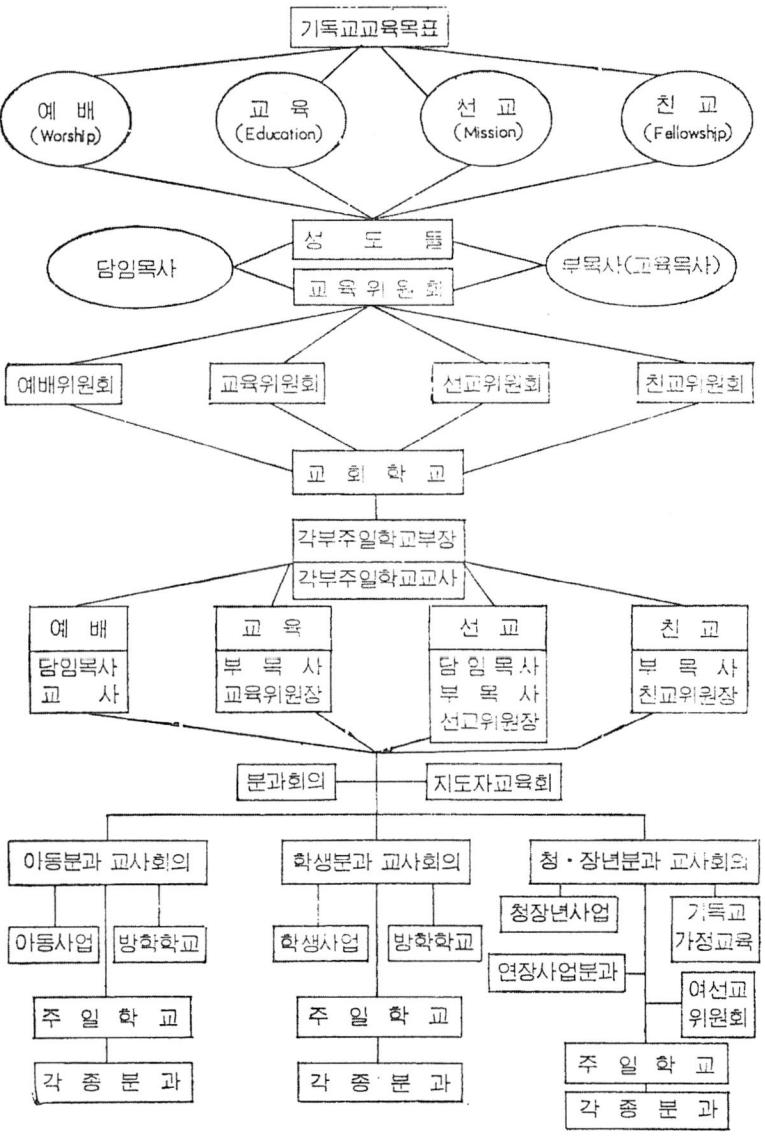

참고문헌 및 계속연구문헌

1. James D. Smart, *The Teaching of the Church*(Philadelphia; The Westminster Press, 1954)
2. G.E. Lessing, *Die Erziehung des Menschengeschlechts und andere schriften*, mit einem Nachwort von H. Thielicke (Reclam, Stuttgart, 1977)
3. C.H. Sung, *Sündenvergebung Jesu bei den Synoptikern und ihre Voraussertzungen im Alten Testament und Frühen Judentum* (Tübingen, 1984)
4. R. Riesner, *Jesus als Lehrer* (Tübingen, 1984)
5. M. Hengel, *Nachfolge und Charisma, Ein exegetisch-religionsgeschichtliche Studie, Zu Mt 8 : 21f, und Jesus ruf in die Nachfolge* (Berlin, 1968)
6. J. Stanley Glen, *The Recovery of the Teaching Ministry* (Philadelphia; The Westminster Press, 1960)
7. J.D. Murch, *Christian Education and Local Church* (N.Y.; Standard Publishing Co, 1943)
8. J.E. Hakes(ed), *An Introduction to Evangelical Christian Education* (Chicago; Moody Press, 1978)
9. F.E. Gaebelein, *Christian Education in a Democracy* (N.Y.; Oxford University Press, 1951)
10. Mark Fakkema, *Christian Philosophy and It's Educational Implication* (Chicago; Christian School Service Inc. 1967)
11. H.W. Byrne, *A Christian Approach to Education* (Grand

Rapids, Michigan; Zondervan Publishing House, 1967)
12. Frederick L. Godet, *A Commentary on the Gospel of St. Luke*(Grand Rapids, Michigan; Zondervan Publishing House, 1969)
13. H.W. Byrne, *Christian Education for the Local Church* (Grand Rapids, Michigan; Zondervan Publishing House, 1973)
14. Marcus Barth, *The Anchor Bible; Ephesians* 2. Vols. (Garden City, N.Y.; Doubleday, 1974)
15. E. Griffin, *Getting Together* (Downers Grove, Ill; IVP. 1982)
16. *Leadership* (465, Gundersen, Drive, Carol Stream, Ill; Christianity Today Publisher)
17. Andrew Le Peau, *Paths of Leadership* (Downers Grove, Ill; IVP. 1983)
18. I.V.P. *Small Group Leader's Handbook*(Downers Grove, Ill; IVP. 1982)
19. David Williamson, *Group Power*(Englewood-Cliffs, N.J.; Prentice-Hall, 1982)
20. David Augsburger, *Caring Enough to Confront* (California; Gospel Light, 1973)
21. E.C. Borman, N. Borman, *Effective Small Group Communication* (Minneapolis, Minn; Burgess, 1980)
22. James Nyquist, Jack, Kuhatschek, *Leading Bible Discussions* (Downers Grove, Ill; I.V.P. 1985)
23. Nerin C. Harner, *The Educational Ministry of the Church* in Philip H. Lotz(ed), *Orientation in Religious Education* (N.Y.; Abingdon Press, 1950)
24. William Barclay, *Educational Ideals in the Ancient World*

(London; SCM. Press, 1959)
25. J. Conrad, *Die Junge Generation im Alten Testament* (Stuttgart, 1970)
26. M. Kunz, *Patterns for Living With God* (Downers Grove, Ill; IVP. 1961)
27. _____, *Neighborhood Bible Study Guides* (Wheaton, Ill; Tyndale Press, 1969)
28. O. Wald, *The Joy of Discovery* (Minneapolis, Minn; Augsburg, 1975)
29. Paul H. Vieth, *The Church School* (Philadelphia; Christian Education Press, 1959)
30. Weldon Crossland, *How to Build Up Your Church School* (Nashville; Abingdon Press, 1948)
31. 정성구, 칼빈주의의 사상과 삶 I (서울 ; 한국성서협회, 1978)

제 9 장
상담관리(相談管理)

제 1 절 상담기능(相談機能)의 요청

한국교회는 지난 1세기동안 자타가 공인하는 괄목할 만한 성장을 기록했다. 그러나 성장(growth)은 했으나 성숙(maturity)하지 못하는 기현상을 노정하고 있다. 최근에 들어와서는 이러한 경향을 파악한 통찰력 있는 목회자들에 의해서 성도들의 성숙을 위한 교육훈련계획을 세우고 체계적으로 실시하고 있다.

성도들이 제대로 질적으로 성장하지 못하는 이유를 필자는 다음과 같이 몇가지로 제시하려고 한다.

첫째, 하나님의 말씀에 대한 체계적이고도 정확한 지시이 부족할 때[1]

둘째, 정서적, 심리적 문제를 동시에 안고 있을 때,

세째, 잘못된 세계관(weltanschauung)을 지닐 때,[2]

네째, 내세관이 불확실할 때

등이라고 본다.

필자가 전술한 4가지 이유들 중에서 첫번째 문제점에 대해서는 비교

---

1) 이러한 문제에 대해서는 다음과 같은 책들을 참고하라.
1. John R.W. Stott, 성경연구입문, 최낙재역(서울 ; 한국성서유니온, 1975)
2. James F. Nyquist, 성경공부의 모든 것, 정옥배 역(서울 ; 한국기독학생회, 1983)
3. Irving L. Jensen, 독자적인 성경공부(서울 ; 생명의 말씀사, 1974)
4. Edwin Hartill, 성경해석학의 원리, 필자역(서울 ; 성광문화사, 1986)
5. Ada Lum, Ruth Siemens, *Creative Bible Studies: A manual for training Bible Study leaders*(Jyoti Pocketbooks, 1973)

적잘 인식하고 얼마전부터 하나님의 말씀에 대한 체계적인 이해의 중요성을 인식하고 강해설교와 성경공부에 많은 관심을 보이고 있다. 그래서 많은 목회자들이 이러한 추세에 부응하여 부흥회 스타일의 설교에서 하나님 말씀 중심의 강해설교로 전향하고 있는데 이것은 대단히 바람직한 추세가 아닐 수 없다.[3]

이러한 말씀에 의한 양육이 가장 기초적이고 본질적이며 중요한 전제가 되는 것이기는 하지만 그것이나 목회자가 올바른 진리를 선포하고 옳은 교리를 믿는 것만으로는[4] 그리스도인들의 생활이 정상화되고 질적으로 성장하는 것이 아니라는 사실이 최근에 들어서 많은 목회자들이 절감하고 있는 실정이다. 성경적으로 정확한 명제적 진리(propositional truth)를 선포한다고 하며 성도들이 안고 있는 불안(anxiety), 외로움(loneliness), 분노(anger), 우울증(melancholia) 그리고 열등감(inferiority complex)등의 문제가 자연히 해소되는 것이 아니기 때문이다.

---

2) 올바른 세계관을 정립시키기 위해서는 다음의 책들을 참고하라.
　Nancy, Barcus, *Developing a Christian Mind*, (Downers Grove: I.V.P. 1977)
　John Galdwin, *God's people in God's World*(Downers Grove; I.V.P. 1979)
　C.S. Lewis, *Mere Christianity*(N.Y.; Macmillan Co, 1952)
　Jame Sire, *The Universe Next Door*, (Downers Grove; I.V.P. 1976)
　Robert Webber, *The Secular Saint*; *A Case for Evangelical Social Responsibility*(Grand Rapids, Michigan; Zondervan Publishing House, 1979), 이승구 역(서울 ; 엠마오, 1983)
3) 올바른 교리를 정립시키기 위해서는 다음의 책들을 참조하라.
　T.C. Hammond, *In Understanding ¡Be Men: A Handbook of Christian Doctrine*(Downers Grove; I.V.P. 1968)
　Bruce Milne, *Know The Truth*; *A Handbook of Christian Belief* (Downers Grove; I.V.P. 1982)
4) Louis Berkhof, *Manual of Christian Doctrine*, 신복윤 역(서울 ; 성광문화사, 1974)

이러한 관점에서 명제적 진리를 강조하는 명제신학(propositional theology)[5]과 더불어 기독교의 기본교리를 기초적 진리로 삼고 자신의 삶과 미래의 운명을 하나님과 주변 사람 그리고 자기 자신에게 최대한으로 헌신하고 의탁하는 관계신학(interpersonal theology)의 절충, 정립시도가 요구된다.

왜냐하면 성경에 대한 해박한 지식을 지니고 있는 그리스도인들이 비도덕이고 비윤리적인 행동을 서슴치 않고 자행하는 것과 여러가지 우울증, 열등감 등의 정서적 장애를 지니고 있다는 문제점이 바로 이러한 관계신학과 명제신학에 대한 접목의 필연성을 요청하는 것이다. 여기에 관계신학에서 다루어야 할 중심적 영역인 상담(counseling)의 중요성이 존재하는 것이다.

제 2 절 크리스챤 카운슬링의 일반적 원리

분명히 부목사는 예수님께서 탁월한 상담자(wonderful counseler)이셨듯이 전문적인 상담자가 되어야 한다.

상담이란 미국 트리니티 신학대학(Trinity Theological College and Seminary)의 심리학(Psychology) 교수인 게리 콜린스(Gary Collins)가 규정한 바와 같이 "상담자(helper)와 내담자(helpee)를 충고, 격려, 보조해 줌으로써 모든 문제에 보다 더 효과적으로 대처하도록 도와주는 두 사람 또는 둘 이상(group) 사이의 관계"[6]이다. 여기에서 상담자는

---

[5] 일반적으로 명제신학(propositional theology, transactional theology)은 인간에 대한 하나님의 위대한 역사를 강조하는 신학으로, 성육신(incarnation), 구속(redemption), 칭의(justification), 성화(sanctification), 영화(glorification) 등의 기독교 교리를 기본으로 하고 있으며 그리스도의 인격과 사역을 다루는 기독론(christology), 교회론(ecclesiology), 종말론(eschatology)과 같은 기독교의 기본진리에 촛점을 맞추고 있다. 명제신학은 성경공부를 중핵으로 해서 이루어지며 크리스챤들은 믿음, 사랑, 순종 그리고 감사로 반응하도록 되어 있다.

[6] J.J. Pietrofesa, G.E. Leonard, W. Van Hoose, *The Authentic Coun-*

부목사이며 내담자는 성도들이라는 관계를 항상 염두에 두고 상담에 대한 전반적인 문제들에 대하여 연구하고 경험을 쌓도록 부단히 노력해야 할 것이다.

크리스챤 카운슬링의 일반적 원리에 대해서 부목사는 명확하게 인식하고 있어야 하는데 그것은 다음과 같다.

① 어떠한 상담관계에서든지 상담자의 인격과 가치관(價値觀), 태도 그리고 무엇보다 신앙이 일차적인 중요성을 지닌다.

여러가지 연구 조사 결과에 의하면, 효과적인 상담자(effective counselor)들이 성공하는 이유는 그들의 이론적인 배경이나 상담기술(technique)이라기 보다는 감정이입(empathy), 온화함(warmth), 그리고 순수함(genuineness) 때문이라는 것이 규명되었다.[7]

모든 크리스챤 카운슬러의 모델이 되시는 예수님께서는 감정이입(感情移入)과 온정, 그리고 순수함을 함께 보여주고 계신다. 그 분은 죄는 정죄하셨으나 죄인의 입장은 공감(감정이입)하셨다. 상담자로서의 부목사도 예수님과 동일한 태도를 지녀야 한다. 그러나 더욱 중요한 사실은 자신이 신실한 그리스도인으로서 하나님의 대리자 임을 명심해야 한다.[8]

부목사는 감정이입이 지나치면 안된다는 것을 명심해야 한다. 왜냐하면 너무나 많은 감정이입이 이루어지면 그는 객관성(客觀性)을 상실할 것이며, 너무 지나친 온정을 베풀면 내담자가 위축될 가능성이 있고 순

---

　　　nselor(Chicago; Rand Mcnally College Publishing Co, 1978), pp.6~7 참조.
　　　Gary Collins, 훌륭한 상담자, 정동섭 역(서울 ; 생명의 말씀사, 1983), 제1장 참조.
7) Gary Collins, 효과적인 상담, 정동섭 역(서울 ; 두란노서원, 1984), 제1장 참조.
8) Clyde M. Narramore, *Counseling Youth* (Grand Rapids, Michigan; Zondervan Publishing House, 1974), p.10. (생명의 말씀사 번역 1986)
　　　Carl Rogers, *Client-Centerd therapy*(Boston; Houghton Miffline Co, 1951), 제1장 참조.

수성이 지나치면 내담자의 진정한 필요가 무엇인지를 모르는 사이에 망각할 수가 있다. 그러므로 부목사는 성도들을 상담하는 동기(motive)를 자주 검토해야 한다.

② 효과적인 상담을 위해서는 내담자의 태도와 동기 그리고 도움받고 싶은 욕구가 또한 중요하다.

내담자가 도움을 원하지 않고, 문제가 있다는 것을 인식하지 못하고, 변화되고 싶은 의욕이 없고, 상담자와 상담과정에 대하여 신뢰하는 마음이 없을 때 성공적인 상담은 거의 불가능하다. 상담은 다른 사람이 변화되어 성장하도록 도와주는 과정이다. 그러나 상담자와 내담자가 문제해결을 놓고 협조할 때 이러한 성장이 가능한 것이다.

예수님께서는 그의 병고치는 사역 가운데 이 원리의 중요성을 강조하셨다. 그 분은 혈루병으로 고생하던 여인의 믿음을 칭송하시면서 그의 병을 고쳐 주셨고(막 5:34), 두 명의 소경을 그들의 믿음을 보시고 고쳐 주셨으며(마 9:27) 주님의 능력을 믿은 아버지의 믿음을 보시고 간질병으로 고생하는 소년을 고쳐주셨다. (마 9:23--26)

이와 대조적으로 예수님께서 그의 고향에 가셨을 때는 사람들이 그의 치유능력을 믿지 않았기 때문에 주님의 도움을 받은 사람이 많지 않았음을 알 수 있다(마 13:58).

내담자는 최상의 결과를 기대하면서 상담자의 도움을 받으려는 강력한 의지를 표명해야 한다는 의미이며 이것은 상담과정에 있어서 대단히 중요한 기초적 원리가 되는 것이다.

③ 상담자가 내담자와 어떠한 관계를 형성하는 것이 대단히 중대한 의미를 지닌다.

성공적인 상담에는 상담자와 내담자 사이의 친화적 관계(親和的 關係) 혹은 라포르(rapport)가 필수적인 요소이다. 그래서 많은 상담학자들은 상담을 일컬어 두 사람 또는 두 사람 이상 사이에 존재하는 "돕는 관계" (helping relationship)라고 하는 것이다.[9]

예를 들어, 예수님께서 만나는 사람들과 어떠한 관계를 형성하셨는지 생각해 보면 곧 알 수 있다. 우리 주님은 모든 사람과 동일한 관계를 맺지 않으셨다. 니고데모와는 지성적(知性的)인 관계를, 외식하는 바리새인들과는 직접 대결하는 관계를, 마르다와 마리아와는 좀 더 친근한 관계를 그리고 어린아이들과는 따뜻한 사랑의 관계를 맺으셨다. 예수님께서는 인격과 필요 그리고 이해력에 있어서 각자가 지니고 있는 차이점을 인정하셨다. 그리고 주님께서는 그 차이에 따라 사람들을 대하셨다.

상담자가 모든 사람을 동일한 방법으로 대하려 한다면 내담자와 좋은 친화관계를 맺을 수 없을 것이다. 상담은 돕는 과정이다. 그러나 돕는 행위는 관계를 수반한다. 그 관계가 옳게 형성되면 형성될수록 상담은 더욱 효과적일 수가 있다.[10]

④ 상담은 내담자의 인격 즉 그의 감정과 사고(思考)와 행동에 촛점을 맞추어야 한다.

일반적인 상담을 살펴보면 감정이나 사고, 또는 행동 중 어느 한 분야에 역점을 두고 있는 학자가 많은데 비해 이 세 가지를 다 함께 강조하는 상담학자들은 별로 없다. 예를 들어보면 앨버트 엘리스(Albert Ellis)의 방법은 거의 대부분을 내담자의 사고만을 다루고 있으며 칼 로져스(Carl Rogers)는 내담자의 감정을 강조하고 지성세계(知性世界)에서 발생하는 문제에 대해서는 분석을 거의 시도하지 않는다. 그리고 이

---

9) L.R. Wolberg, *The Technique of Psychotherapy* Ⅲ, Edition (N.Y.; Grune Stratton Publishing Co, 1977), p.3.
　　D. Arbuckle, *Counseling and Psychotherapy; An existential humanistic view*(Boston; Allyn & Bacon, 1975), 제1장 참조.
10) D. Johnson, *Marriage Counseling; Theory and Practice*(Englewood Cliffs, N.J.; Prentice-Hall, 1961), pp.7~18.

외 대다수의 상담적 접근방법들은 행동(behavior)의 변화를 강조하면서 내담자의 감정과 사고는 별로 중요하지 않다고 생각하고 있다.[11]

그러나 성경을 살펴보면 감정과 사고, 그리고 행동이 똑같이 중요하게 다루어 지고 있음을 볼 수 있다. 예를 들어 보면 사도바울은 빌립보서 마지막 부분에 가서 성도들의 일상 생활에 대해 많은 실제적인 충고를 해주고 있다.

첫째로, 감정을 다루면서 바울도 성도들에게 기뻐하고, 오래 참으며, 염려하지 말고, 하나님의 평안으로 안정하라고 훈계하고 있다(빌 4:4 —7)[12].

그 다음에 생각이 강조되고 있다.

"무엇에든지 참되며, 고상하고 옳으며 순결하고 사랑스러우며……칭찬할만한 것을 생각하라($\lambda o\gamma i\zeta\epsilon\sigma\theta\epsilon$)[13] (빌 4:8)고 훈계하고 있으며 마지막으로 행동($\pi\rho\acute{a}\sigma\sigma\epsilon\tau\epsilon$)[14]이 강조되고 있다.

감정과 사고 그리고 행동은 상담과정에서 동일하게 중요한 것으로서 취급되어야 할 부분들이다. 이와같이 전인(全人)적 접근을 하는 것이 그

---

11) 이러한 각각의 접근방법들에 대해서는 아래의 책을 참고하라.
　　Gerald Corey, *Theory And Practice of Counseling and Psychotherapy* 한기태 역(서울 ; 성광문화사, 1985)
12) Fritz Rinecker, *Linguistic Key to the Greek New Testament* (Grand Rapids, Michigan; Zondervan Publishing House, 1980), pp. 560~561 참조.
13) $\lambda o\gamma i\zeta\epsilon\sigma\theta\epsilon$(pre. mid. imp). $\lambda o\gamma i\zeta o\mu a\iota$의 의미는 "그들에게 너의 능력을 사용하라"는 의미를 지니는 것으로서 현재형시제는 지속적이고 습관적인 행동을 요청하고 있다.
　　Charles J. Ellicott, *St. Paul's Epistle to the Philippians* (London; Longman, Green Longman, Roberts and Green, 1865) 참조.
　　Marvin R. Vincent, *A Critical and Exegetical Commentary on the Epistle to the Philippians*(Edinburgh; T. & T. Clark, 1955) 참조.
14) $\pi\rho a\sigma\sigma\omega$, 동사형은 지속적이고 반복적인 행동에 대한 관념을 포함하고 있으며 현재형 시제는 지속적인 행동을 요구하고 있다.
　　R.C. Trench, *Synonyms of the New Testament*(Grand Rapids, Michigan; Eerdmans Co, 1953), p.361 참조.

리스챤 카운슬링의 대표적인 특징이기도 하다.

⑤ 효과적인 상담을 위해서는 다양한 상담기술이 필요하다.

효과적이고 성공적인 상담사역을 감당하기란 어려운 일이다. 때문에 이러한 상담을 효과적으로 성공적으로 수행하기 위해서는 다양한 상담기술이 요구된다. 최근에는 상담에의 관심도가 점차 높아지고 있으며 많은 서적들과 임상사례집, 그리고 상담관계세미나(특히 Gary Collins에 의해 주도되는)가 자주 출간되고 열리고 있기 때문에 목회자들은 이러한 분야에 지대한 관심을 가지고 부단한 연구와 경험을 축적해 가야 할 것이다. 이 분야에 대한 지식과 경험의 축적은 현대의 다원화된 목회현장에서 대단한 기능을 발휘하게 한다.

제 3 절 크리스챤 카운슬러의 자격

1. 크리스챤 카운슬러는 제일 먼저 영적인 자격을 갖추어야 한다.

첫째, 그는 부활하신 예수 그리스도가 하나님의 아들이 되심을 믿음으로 말미암아(요 3:15—17, 롬 10:9) 개인적으로 중생하는 경험(요 3:3)을 한 그리스도인이어야 한다.

둘째, 그는 하나님을 경외하며, 진실되고, 언제나 자신의 시간을 할애할 용의를 가지고 있으며 어려운 사례(case)에 직면할 때에는 다른 사람의 도움을 구할 줄 아는 유능한 사람이어야 한다. (출 18:21—22)

세째, 그는 또한 하나님의 말씀에 친숙한 학생이어야 한다. 아울러 탁월한 상담자가 되시는(사 9:6) 예수 그리스도를 따르며(follow) 그의 대리자(agent)가 되어야 한다. (벧전 2:21). [15]

---

15) 이주연, 현대목회학(서울 ; 성광문화사, 1986), p. 206.

2. 크리스챤 카운슬러는 인격적인 자격을 갖추어야 한다.

종종 크리스챤 카운슬러의 많은 부류의 사람들은 자신의 위치를 지나치게 내세워 내담자에 대해 정죄하는 경향이 농후한 데 이것은 결코 바람직한 일이 아니다.[16] 따라서 상담자는 자기 자신을 잘 돌아보아 자신이 지닌 인격적인 특성을 확실하게 알고 있어야 한다. 그는 자신의 성벽(性癖)이나 편견을 그대로 인식하고 수긍해야 하며 경우에 따라서는 내담자에게 자신의 성벽이나 편견을 말해주는 것이 바람직할 수도 있다.[17]

이러한 상담자가 자신의 인격을 돌아보는 일로서는 다음과 같은 준비가 가능할 것이다. 먼저 하나님의 말씀에 대한 깊은 통찰력을 얻으려고 노력해야 하며 성령님께 자신의 상담과 평가를 인도해 달라고 간구해야 한다.[18] 나아가 스스로 자기 자신을 돌아보아 자신의 문제에 대하여 경험이 풍부한 담임목사나 동역자, 그리고 상담전문가와 의논해야 한다.

3. 크리스챤 카운슬러는 건전한 심리적 특성을 지녀야 한다.

상담심리학자들은 상담자들이 지녀야 할 심리적인 특성들을 다음과 같이 제시하고 있다. 즉 진실성, 온정, 인내, 융통성, 자신감, 낙관주의적 태도, 접근용이성, 정신적 민감성, 상식적, 공평함, 정서적 안정, 단정한 외모, 단정한 몸짓, 해박한 지식, 충격을 표현하지 않는 능력 등이다.[19]

물론 상술한 이러한 것들이 상담자의 바람직한 특성임에는 분명하나

---

16) Rolo May, *The Art of Counseling* (N.Y. Neshville; Abingdon Press, 1939), pp. 3~5.
17) C.M. Lowell, *Value-Orientations; An Ethical Dilemma* (American Psychologist, 14, 1959), pp. 687~693.
18) 이주영, op. cit., pp. 208~209.
19) Gary, Collins, *Effective Counseling*, 정동섭 역(서울 ; 두란노 서원, 1984), pp. 24~25.

성공적인 상담을 수행하는데 이 모든 것이 반드시 필요한 것은 아니다.

제 4 절   효과적인 상담수행에 있어서 요구되는 상담기술

효과적이고도 성공적인 상담을 수행하려면 상담자는 다음과 같은 상담기술을 개발해야만 할 것이다.

1. 관계형성에 세심한 신경을 쓰면서 시작해야 한다.

내담자는 보편적으로 두려움과 망설임, 초조함, 긴장, 그리고 여러가지 그릇된 관념을 지니고 상담에 임하게 되는 경우가 많다. 그러므로 상담자는 내담자에게 한 두마디 부담없는 말을 건넴으로서 이러한 경직되고 어색한 분위기를 환기시키는 작업을 해야 하며 내담자가 말을 할 수 있도록 자연스러운 분위기를 연출하여 유도해나가야 한다.

2. 주의깊게 경청해야 한다.

경청한다는 것은 내담자에게 주의를 집중하고 그의 눈을 마주보고 편안한 자세를 취하고 격려의 말을 하며("이해가 갑니다", "무슨 말씀인지 알겠읍니다" 등등) 탐색적인 반응을 하고("계속하십시오" "그리고 나서 어떻게 됐읍니까?" 등등), 이해한다는 것을 상대방에게 확인시켜 주기 위해 중간 중간 내담자가 한 말을 반복하는 것 등을 의미한다. 상담자가 계속 말을 하는 입장만 취하면 내담자의 문제나 필요에 대한 적절한 반응을 할 수 없게 된다. 상담자가 들을 줄을 알 때 내담자는 자신의 감정을 표현할 기회를 갖게 되며 자신의 문제를 모두 털어놓게 되는 것이다.[20] 말하기는 더디고 듣기에 정성을 기울이는 습관은 대단히

---

20) Norman Wakesfield는 다음과 같이 경청(Listening)에 대하여 서술하고 있다.
   1. 경청다는 것은 당신을 보다 현명하게 만들어 준다.

필요한 습관임을 명심해야 한다.

3. 주의깊게 관찰하라.

훌륭한 상담자는 내담자의 언행(言行)을 조심스럽게 관찰함으로써 많은 것을 배울 수 있게 된다. 예를 들어보면 음정이나 성량(聲量)에 변화가 있는가, 같은 주제를 연속적으로 되풀이하여 언급하고 있는가, 눈물을 글썽거리는가, 자세를 바꾸는가, 호흡이 변하고 있는가 등은 모두 내담자가 중요한 감정문제를 지니고 있다는 단서가 될 수 있다. 상담자가 내담자를 이와같이 세심하게 관찰하는 것은 내담자의 의식에 깔려있는 문제의 원인을 파악하는 데 그 목적이 있음을 알아야 할 것이다. 내담자의 주변에서 일어나고 있는 상황들을 자세히 파악하지 못한다면 올바른 치유는 대단히 어렵다. 따라서 상담에 임하기에 앞서 내담자에 대한 몇가지 중대한 데이타를 가지고 있어야 한다고 본다.

4. 지혜롭게 질문하라.

상담의 초보자들은 너무 많은 질문을 하는 오류를 자주 범한다. 그러나 질문을 절약하는 것이 좋으며 질문하기 전에 먼저 생각해 보는 것이

---

2. 경청한다는 것은 당신으로 하여금 보다 원만한 대인관계(對人關係)를 갖게 해 준다.
3. 경청한다는 것은 당신의 개인적 사역의 영향력을 증대시켜준다.
4. 경청은 상대방으로 하여금 그들의 감정을 건설적인 방법으로 표현하도록 도와준다.
5. 경청하는 사람은 상대방으로 하여금 해결되어야 할 생각이나 문제 또는 결정을 털어놓도록 도와 준다.
6. 경청함으로 인하여 감정이입(empathy)이 일어나며 자신의 사랑을 표현할 수 있다.
7. 경청하는 것은 현명한 조언(助言)을 하는 것의 기초가 된다.
8. 경청하는 것도 "상대방을 알게되기를 원합니다"라는 표현의 암시적 태도가 된다.

Norman Wakesfield, *Listening: A Christian's Guide to Loving Relationship*(Waco, Texas; Word Books, 1981) 제1장 요약참조

좋다. 캐리 콜린스(Gary Collins) 박사는 질문에 대한 지침을 다음과 같이 제시해주고 있다.

① "네, 아니요"의 답변을 요구하는 질문을 피하고 내담자가 생각나는대로 답변할 수 있는 개방적인 질문을 하라.
② 둘 중 하나를 요구하는 양자 택일식의 질문을 피하라.
③ 심문하는 식의 직설적인 질문보다 간접적인 질문을 하라.
④ 질문을 연속적으로 하지 말라.
⑤ 이유는 묻는 질문을 되도록 아껴서 하라.[21]

5. 반응하는 법을 배우라.

상담자들이 흔히 사용하는 반응에는 심사적, 이해적, 지원적, 해석적, 평가적, 행동적 반응들이 있다고 보고 있다.[22] 심사적 반응은 더 많은 정보가 필요할 때나 상담자가 더 많은 대화를 자주하고 싶을 때 사용하며, 이해적 반응은 자신의 이해와 공감(empathy)을 전달할 때 사용하며, 지원적 반응은 내담자를 안정시키고 격려하기 위해 사용하며, 해석적 반응은 내담자에게 현재 무엇이 진행되고 있는지를 가르치거나 보여주고 싶을 때 사용하며, 평가적 반응은 어떤 행동이나 사상이 옳고, 그름, 지혜로움, 어리석음 등에 대하여 생각하는 바를 보여주고 싶을 때 사용하고 행동적 반응은 내담자를 격려하고 자극하여 어떤 행동을 유도할 때 각각 사용할 수 있다.[23]

상술한 구어적 반응(句語的 反應) 이외에도 머리를 끄덕이거나 인정하는 표정이나 미소를 보여주거나 침묵하는 시간을 갖는 것도 더 많은 대화를 자극할 수 있고 상담자가 어떻게 반응하고 있는지를 내담자에게 전달해 주는 것이다.

---

21) Gary Collins, op. cit., pp. 48~56 참조.
22) I.V.P. 복음과 지성(84년 합본호)—정동섭. 복음주의적 입장에서 본 상담—pp. 6~7 참조.
23) Ibid., pp. 5~6.

6. 영적인 자원(spiritual materials)을 활용하라

크리스챤 카운슬러는 성경의 낭독과 기도등 영적인 자원을 너무 과다하게 사용하거나 또는 너무 사용하지 않는 잘못을 범하기가 쉽다. 성경이나, 기도를 사용하는 것에 대한 일정한 규칙은 없으나, 상담을 시작하기 전과 끝날 때 기도를 하며 상담도중 기도하도록 성령의 인도를 받을 수도 있다. 유명한 상담가인 폴투르니에(Paul Tournier) 박사는 내담자와 조용한 영교(spiritual communication)의 시간을 가짐으로써 서로가 침묵 속에 하나님의 임재(臨在)와 영향력을 인식하는 것이 가장 바람직하다고 조언하고 있다.

7. 긍정적으로 상담을 마무리하라

상담은 원만하게 마무리하는 것이 바람직하며 가능하면 내담자가 격려와 희망의 감정을 가지고 떠나도록 하는 것이 좋다. 시간을 약속하고 상담하는 경우에는 넌즈시 시간을 예고해 주고 남은 시각동안에 상담중 주고 받은 내용을 요약하거나 다음에 할 일을 거론하는 것도 유익하다. 격려의 말과 간절한 기도를 함께 드린 후에 헤어지는 것이 바람직하나 상담자는 언제나 내담자의 문제의 성격에 따라 융통성있게 대처해야만 한다.

부목사가 상담을 통해 성도들을 돕는 것은 대단히 어려운 도전이며 많은 것을 요구하는 과업이기도 하다. 이것은 분명히 성도들의 생활을 변화시켜 그리스도의 장성한 분량에 이르도록 하는 하나님의 도구가 된다는 도전(challenge)에 자기 자신을 헌신하는 것이다.

이러한 그의 책임은 중차대하며 때에 따라 좌절감을 맛보기도 할 것이다. 그러나 이것은 부목사뿐 아니라 모든 목회자의 기능적 사명(functional ministry)이며 모든 목회자들이 이 땅에서 누릴 수 있는 가장 위대한 특권의 하나임을 명심하여 부단히 이 사역에 대한 연구와 훈련을 해나가야 할 것이다.

〈참고자료〉: 상담에 필요한 성구들

1. 간음과 음행 : 출 20 : 14, 잠 6 : 27—33, 마 5 : 28, 고전 6 : 13, 갈 5 : 19, 엡 5 : 3, 살전 4 : 3, 고전 5 : 7.
2. 걱정과 염려, 조심 : 빌 4 : 6—7, 빌 4 : 19, 벧전 5 : 7, 고후 6 : 10, 계 21 : 4.
3. 구원의 확신 : 요 5 : 24, 요 6 : 37, 요 10 : 28, 요일 5 : 13.
4. 사별 : 신 31 : 8, 시 27 : 10, 고후 6 : 10, 요 13 : 36, 요 14 : 6.
5. 위로 : 시 23 : 4, 마 5 : 4, 마 11 : 28, 고후 1 : 3—4.
6. 의뢰 : 잠 3 : 26, 잠 14 : 26, 갈 6 : 9, 빌 4 : 13, 벧전 2 : 9, 시 37 : 5, 잠 3 : 5—6.
7. 위험으로부터 보호하심 : 시 32 : 7, 시 34 : 7, 시 34 : 17, 시 91 : 1, 시 19 : 11, 롬 14 : 8.
8. 죽음 : 시 116 : 15, 애 3 : 32—33, 빌 1 : 21, 사 57 : 1—2.
9. 곤경을 통한 훈련 : 롬 8 : 28, 히 12 : 7, 계 3 : 19, 약 1 : 12.
10. 실망과 낙담 : 시 55 : 22, 고후 4 : 8—9, 수 1 : 9, 시 27 : 14, 요 16 : 33.
11. 믿음 : 롬 10 : 17, 엡 2 : 8—9, 히 11 : 1, 히 11 : 6, 약 1 : 5—6.
12. 두려움 : 시 27 : 1, 롬 8 : 31, 딤후 1 : 7, 사 41 : 10, 롬 8 : 28.
13. 죄사함 : 시 32 : 5, 시 51, 잠 28 : 13, 사 1 : 18, 사 55 : 7, 요일 1 : 7.
14. 용서 : 마 6 : 12, 마 6 : 14, 엡 4 : 32, 골 3 : 13.
15. 우정 : 잠 18 : 24, 요 13 : 25, 갈 6 : 1, 갈 6 : 10.
16. 영적인 성장 : 골 3 : 16, 딤후 2 : 15, 벧전 2 : 2, 히 13 : 18.
17. 인도 : 시 32 : 8, 사 30 : 21, 눅 1 : 79, 시 23 : 1.

18. 필요한 도움 : 시 34 : 7, 시 37 : 5, 시 54 : 22, 히 4 : 16, 벧전 5 : 7, 시 23, 사 41 : 10, 히 13 : 5.
19. 하나님의 사랑 : 요 3 : 16, 롬 5 : 8, 롬 8 : 38—39, 요일 3 : 1.
20. 순종 : 삼상 15 : 22, 시 119 : 2, 마 6 : 24, 요 14 : 21.
21. 마음의 평안 : 사 26 : 3, 요 14 : 27, 롬 5 : 1, 골 3 : 15.
22. 핍박과 고난 : 마 5 : 10, 딤후 3 : 12, 히 11 : 25, 롬 8 : 18, 빌 1 : 29, 딤후 2 : 12, 벧전 4 : 12—13.
23. 찬양과 감사 : 삼상 12 : 24, 시 34 : 1, 시 139 : 14.
24. 채워주심 : 시 37 : 3—4, 시 84 : 11, 마 6 : 33, 빌 4 : 19.
25. 청결 : 마 5 : 8, 시 24 : 3—4, 딤전 5 : 22, 골 3 : 5—6.
26. 그리스도의 재림 : 행 61 : 11, 살전 4 : 16—17, 요일 3 : 2.
27. 병 : 시 119 : 71, 약 5 : 15—16, 시 41 : 1—3.
28. 죄 : 롬 3 : 23, 롬 6 : 23, 갈 6 : 7—8, 요일 1 : 7—9.
29. 능력 : 신 33 : 25, 시 27 : 14, 시 28 : 7, 사 40 : 29, 30, 고후 12 : 9.
30. 시험 : 고전 10 : 12—13, 히 2 : 18, 약 1 : 14.
31. 승리 : 롬 8 : 37, 고전 15 : 57, 살후 3 : 3, 딤후 2 : 17.

　　出처 ; Clyde M. Narramore, *Counseling Youth* (Grand Rapids, Michigan; Zondervan Publishing House, 1966)

참고문헌 및 계속연구문헌

1. Ada Lum, Ruth Siemens, *Creative Bible Studies; A manual for training Bible Study Leaders*(Jyoti Pocket Books, 1973)
2. Nancy Barcus, *Developing a Christian Mind*(Downers Grove, Ill; I.V.P. 1977)

3. John Galdwin, *God's Peope in God's World* (Downers Grave, Ill; I.V.P. 1979)
4. C.S. Lewis, *Mere Christianity*(N.Y.; Macmillan Co, 1952)
5. James Sire, *The Universe Next Door*(Downers Grove, Ill; I.V.P. 1976)
6. Robert Webber, *The Secular Saint; A case for Evangelical Social Responsibility*(Grand Rapids, Michigan; Zondervan Publishing House, 1979)
7. T.C. Hammond, *In Understanding Be Men; A Handbook of Christian Doctrine*(Downers Grove, Ill; I.V.P. 1968)
8. Bruce Milne, *Know The Truth; AHandbook of Christian Belief*(Downers Grove, Ill; I.V.P. 1982)
9. J.J. Pietrofesa, G.E. Leonard, W. Van Hoose, *The Authentic Counselor*(Chicago; Rand Mcnally College Publishing Co, 1978)
10. Clyde M. Narramore, *Counseling Youth* (Grand Rapids, Michigan; Zondervan Publishing House, 1974)
11. Carl Rogers, *Client-Centered Therapy*(Boston; Houghton Miffline Co, 1951)
12. L.R. Wolberg, *The Technique of Psychor-Therapy*(N.Y.; Grune Stratton Publishing Co, 1977)
13. D. Arbuckle, *Counseling and Psychotherapy; An existential humanistic view* (Boston; Allyn & Bacon, 1975)
14. D. Johnson, *Marriage Counseling; Theory and Practice*(Englewood Cliffs, N.J.; Prentice-Hall, 1961)
15. Fritz Rinecker, *Linguistic Key to the Greek New Testament* (Grand Rapids, Michigan; Zondervan Publishing House, 1980)
16. C.J. Ellicott, *St. Paul, Epistle to the Philippians*(London;

Longman, Green Longman, 1865)
17. M.R. Vinsent, *A Critical and Exegetical Commentary on the Epistle to the Philippians* (Edinburgh; T. & T. Clark, 1955)
18. R.C. Trench, *Synonyms of the New Testament* (Grand Rapids Michigan; Eerdmans Co, 1953)
19. Rolo May, *The Art of Counseling* (Neshville, N.Y.; Abingdon Press, 1939)
20. C.M. Lowell, *Value-Orientations*; *An Ethical Dilemma* (American Psychologist, 14, 1959)
21. Norman Wakesfield, *Listening*; *A Christian's Guide to Loving Relationship* (Waco, Texas; Word Books, 1981)
22. Edwin Hartill, 「성경해석학의 원리」, 이주영 역(서울 ; 성광문화사, 1986)
23. John R.W. Stott, 「성경연구입문」, 최낙재 역(서울 ; 한국성서유니온, 1975)
24. James. F. Nyquist, 「성경공부의 오른 것」, 정옥배 역(서울 ; 한국기독학생회, 1983)
25. I.L. Jensen, 「독자적인 성경공부」(서울 ; 생명의 말씀사, 1974)
26. Louis Berkhof, 「신학개론」, 신복윤 역(서울 ; 성광문화사, 1974)
27. Gary Collins, 「훌륭한 상담자」, 정동섭 역(서울 ; 생명의 말씀사, 1983)
28. _____, 「효과적인 상담」, 정동섭 역(서울 ; 두란노 서원, 1984)
29. Gerald Corey, *Theory And Practice of Counseling and Psychotherapy*, 한기태 역(서울 ; 성광문화사, 1985)
30. 이주영, 「현대목회학」(서울 ; 성광문화사, 1986)
31. I.V.P. 「복음과 지성」(1984년합본호, 1984, 1~7), 정동섭, 복음주의적 입장에서 본 상담

제 10 장
심방관리(尋訪管理)

제 1 절 심방(visitation)의 중요성

영혼을 돌본다는 것(seelsorge)은 목회의 중심이 되며 부목사의 직무의 기초적인 기능이 된다. 따라서 하나님의 교회($\dot{\epsilon}\kappa\kappa\lambda\eta\sigma\iota\alpha$ $\tau o\hat{v}$ $\theta\epsilon o\hat{v}$)에서의 영혼의 돌봄은 고대 이스라엘 시대로부터 지금에 이르기까지 위대한 히브리—기독교적 전통(hebrew-christian tradition)에서 존재해 왔다.[1] 목자의 심정으로서 영혼을 돌아본다는 것은 위대한 목양사역(牧羊使役)에 근거를 두고 있다. 그는 양(羊)들을 알며 양들을 위해 그의 생명을 버릴만큼 양들을 사랑하는 목자의 상징은 목회자의 유일한 상징이 아닐 수 없다. 이러한 대전제(大前提)하에서 영혼을 돌아보는 심방사역은 그 기능적인 측면에서 대단히 중요한 부목사의 사역의 일부이다.

성도들이 "사랑 안에서 자라며" "예수 그리스도 안에서 자랄 때에(엡 4 : 15—16) 그 결과로서 양떼들은 성장하고 성숙해가는 것이다. 또한 어려움에 처한 양떼들에 대해 봉사하는 것은 목회자의 심방에서나 상담에서나, 어느 사역에서든 간에 가장 기본적이고 특별한 기능이 아닐 수

---

1) Richard Niebuhr, Baniel D. Williams(eds), *The Ministry in Historical Perspective*(N.Y.; Harper & Brothers, 1956)
  John T. Mcneil, *A History of the Cure of Souls*(N.Y.; Harper & Brothers, 1951)
  Charles Kemp, *Physician of the Soul*(N.Y.; Macmillan Co, 1947)

없다.

이러한 사역에 있어서 부목사는 예수 그리스도의 십자가에 생활의 긴장(tension)들을 관련시키고 하나님의 은혜의 선물을 통하여 가능한 원동력을 얻도록 양떼들을 인도해야 한다.[2]

목회사역의 장(場)의 다양성에 대해서는 재론의 여지가 없다. 이러한 다양한 목회사역의 장에는 출생, 결혼, 직업, 예배, 이별, 죽음 등을 부단히 경험하는 생활의 모든 위기를 포함하고 있다.[3] 그러나 이러한 다양한 상황하에서 포괄적으로 생활의 기쁨과 만족의 수준에서 시작해서 생활의 위기 경험에까지 다양한 사례들과 상황들을 처리해 나가야 하는 것이 현대의 목회자, 특히 부목사의 중점적 사역이다. 예수 그리스도의 목회는 가정과 연회와 혼인 잔치와 다른 아주 평범한 교제적인 일에 참석하셨으며 사도바울은 "즐거워하는 자들로 함께 즐거워하고 우는 자들로 함께 울라"(롬 12:15)는 기본적인 심방사역의 기능을 강조해 주고 있다.

이러한 목회적 돌봄(pastoral care)의 방법으로서 가장 중요한 것이 바로 목회적 방문(pastoral visit) 혹은 심방(visitation)으로서 부목사는 담임목사와 목회적 심방을 조직적으로 계획하고 철저하게 수행해야 할 것이며[4] 나아가 "네 양떼의 형편을 부지런히 살피며 네 소떼에 마음을 두라"(잠 27:23)하신 하나님의 요청을 항상 기억해야 한다.

심방(약 1:27)-($\dot{\epsilon}\pi\iota\sigma\kappa\dot{\epsilon}\pi\tau\epsilon\sigma\theta\alpha\iota$)[5]은 부목사의 개인적인 만남(encoun-

---

2) Wayne Oates, *Anxiety in Christian Experience*(Philadelphia; The Westminster Press, 1952), 제5장 참조.
3) Elton Trueblood, *The Common Ventures of Life*(N.Y.; Harper & Brothers, 1949)
   Wayne Oath, *The Christian Pastor*(Philadelphia; The Westminster Press, 1951), 제1장 참조.
4) Eugene D. Dolloff, *The Romance of Doorbells*(Philadelphia; Judson Press, 1951) 참조.
5) 심방이라는 의미를 지니고 있는 $\epsilon\pi\iota\sigma\kappa\dot{\epsilon}\pi\tau\epsilon\sigma\theta\alpha\iota$의 본래적 의미는 "살피

ter)의 중요한 방법 가운데 하나가 되며 이러한 심방을 통해서 가정, 병실, 사무실, 그리고 기타의 삶의 다양한 국면으로 들어갈 수 있게 되는 것이다.

제 2 절 심방의 일반적 목적

만일 부목사가 심방을 계획하고 있다면 그는 선지자 에스겔의 말처럼 "그들이 앉은 곳에 앉아야"(sit where they sit)한다. 이 말은 성도들의 삶의 현장과 자리(Sitz im Lebens)에 동참해야 함을 의미한다. 하워드 서그덴(H. Sugden)과 워렌 위얼스비(Warren W. Wiersbe) 목사는 심방의 중요성을 다음과 같이 기술하고 있다.

"목사는 단순히 책상에 앉아 있거나 강단에 서 있는 것으로서 영혼을 구원하거나 양떼를 돌볼 수 없다." 그러한 전제하에서 이들은 먼저 성도들의 심방으로부터 시작해서 지역사회 전체로까지 파급시켜야 함을 강조하고 있다.[6] 모든 심방의 제일되는 목적은 영적인 면에 설정해야 하고 나아가 그들의 생활영역에 까지도 영향을 주어야 한다.

부목사는 자신의 사역의 상당한 시간을 이러한 심방사역에 할애하기 때문에 체계적인 타임 스케쥴을 잡아서, 그리고 구역을 세밀하게 분류해서 실시해야 하며 단지 방문만을 위해서 심방을 해서는 안되며 언제나 구체적인 목표를 항상 세워 놓아야 한다. 예를 들면 가족들을 더 친숙하게 알기 위하여, 어떠한 기쁨과 슬픔을 함께 나누기 위하여, 영적인

다"(to look upon) "방문하다"(to visit), "위하여 도움을 제공하다"(to provide help for)의 의미를 지니고 있으나 이 단어는 종종 환자들에 대한 방문의 의미로 사용되고 있다.

  Joseph B. Mayor, *The Epistles of St. James*(Grand Rapids, Michigan; Zondervan Publishing House, 1954)

  James H. Ropes, *A Critical and Exegetical Commentary on the Epistles of St. James*, I.C.C. (Edinburgh; T. & T. Clark, 1916)

6) Howard F. Sugden, Warren W. Wiersbe, *Confident Pastoral Leadership*(Chicago; Moody Press, 1979), p.90.

축복을 베풀기 위하여, 혹은 중대한 문제를 의논하기 위하여 등인데 심방은 결코 긴 시간을 요구하지 않기 때문에 부목사는 각 가정에서 대접하는 커피나 다과 등을 사양하는 법을 배워야 할 것이다. 한국 교회에서는 어느 곳에 가서나 잘먹는 목사가 성도들의 사랑을 받는다고 하는데 이러한 것은 심방의 목적에 대한 교육을 시키기에 달렸다고 본다. 따라서 부목사는 심방의 목적에 대해서, 나아가 가장 효율적인 심방을 수행하기 위한 기능적, 시간적 배려를 세밀히 검토해야 할 것이다.

부목사는 심방에 대한 기록유지를 위하여 심방 카드나 자료화일[7]을 반드시 분류, 구비하고 있어야 한다.

부목사는 가능한 한 심방하는 가정을 지리적으로 분류하고[8] 미리 고지(告知)시켜야 한다. 많은 심방을 할 때에 어떤 경우에는 심방이 소용없는 것처럼 보일 때에도 결코 낙심하지 말아야 한다. 성도들이 부목사의 심방을 인정하든지 하지 않든지 간에 부목사는 하나님을 섬기면서 그분의 말씀에 순종하고 있는 것이다.

자신이 살고 있는 공동체에서 하나님의 사랑의 씨앗을 심는 목사는 언젠가 반드시 값진 결실을 거두게 될 것이다. (시 126 : 6) "피곤하지 아니하면 때가 이르매 거두리라"(갈 6 : 9).[9]

심방할 때 부목사는 분명한 목적을 지니고 있어야 하며 그 심방은 축복이 되어야 한다. 그러나 시간을 낭비하지 말며 그 가정의 분위기에

---

7) 심방에 대한 자료화일은 병원에서 의사들이 보유하는 진단카드와 같다. 일반적인 문제로부터 상담에 관한 자료까지 세밀히 분류해서 화일링해 놓아야 한다.

8) Howard Sugden, W.W, Wiersbe, op. cit., p. 71.

9) 때($καιρος$)는 계절, 시간 혹은 "추수의 때"(at the time of harvest)를 의미하며 직접적으로는 "영적인 수확을 위한 지정된 시간"(an appointed time for the spiritual reaping)을 지칭하고 있다.
  Donald Guthrie, *Galations*; *The New Century Bible*(London; Oliphants Co, 1969)
  Fritz Rinecker, *Linguistic Key to the Greek New Testament*(Grand Rapids, Michigan; Zondervan Publishing House, 1980), p. 519.

대해 영적으로 민감해야 한다. 아울러 당신이 바쁜 경우일지라도 서두르고 있다는 인상을 주지 말아야 한다. 왜냐하면 당신은 앞으로 있을 심방을 위한 기초를 다지고 있기 때문이다.

목자가 양떼를 치듯 목사가 그 교인들 틈에서 사랑과 격려의 삶을 사는 모습, 그것은 신약성경에 계시된 하나님께서 부르신 종($\delta o \bar{u} \lambda o s$)의 모습이 아닐 수 없다. (딤전후)

성도들은 당신을 필요로 한다. 그들은 당신의 사랑, 기도, 그리고 격려, 이해, 동정, 나아가 상담을 필요로 한다는 사실을 잊어서는 안될 것이다.

제 3 절 심방의 특징

부목사는 모든 목회자들이 그러하듯이 위로의 사역자 직분(使役者職分)을 지닌다. 심방하는 목사는 "우는 자들과 함께 울라"는 교훈을 항상 생각하고 있어야 한다. 외로운 사람, 슬픈 사람, 마음에 상처입은 사람, 실패한 사람들 그리고 사별의 고통을 당해 슬퍼하는 사람들에게 영원한 소망을 제공하는 당신의 사역을 대신할 사람은 아무도 없다. 이러한 심방의 특징을 요약하면 다음과 같다.

첫째, 심방은 경건해야만 한다.

부목사는 심방을 가서 결코 정치·경제적 정세를 논해서는 안된다. 오직 성도들의 영적인 문제를 위해 주님에 관해 이야기 해야 한다.

둘째, 심방은 딱딱하고 형식적인 분위기로 흘러서는 안된다. [10] 기쁨으로 충만하고 영적인 분위기가 고양된 상태에서 화기애애한 상태로 진행되어야 하며, 마치 부모와 자식이, 또한 한 혈육의 만남과 같이 친밀하고 사랑이 넘치는 분위기이어야 한다.

---

10) W.A. Criswell, *Criswell's Guide Book for Pastor*(Nashville; Tenn.; Broadman Press, 1980) 제15장 참조.

세째, 심방시에는 어느 한 사람도 무시해서는 안된다.

심방시에는 그 가정의 모든 사람, 어린이들, 동거인들 그밖의 모든 사람을 대상으로 삼아야 한다. 특히 교인들에 대한 심방은 어느 한 계층에 치우쳐서는 안된다. 다시 말해서 목사의 윤리 중 하나인 성도들을 편애하지 말라는 의미이다.

네째, 심방은 특별한 경우를 제외하고는 짧은 시간에 끝내야 한다.

목회적 심방은 특별히 상담을 요청한 경우를 제외하고는[11] 빨리 끝내는 것이 바람직하다. 특히 병원 심방의 경우에는 그러해야 한다.

다섯째, 심방시 비밀은 절대로 지켜야 한다.

부목사는 성도들이 자신에게 개인적으로 털어 놓은 일은 무엇이든지 자신만이 간직하고 있어야 한다. 만일 이러한 비밀스러운 고백을 퍼뜨리게 된다면 다시는 마음을 열고 대화할 수는 없게될 것이며 목사로서의 신뢰감을 상실하게 될 것이다.

여섯째, 심방의 가장 큰 목적은 먼저 성도들을 그리스도 앞으로 인도해내는 것이어야 한다. 먼저 성령의 도우심으로 그들의 영적 성장을 도모하고 다른 것들은 부차적인 것이 되어야 한다.

일곱째, 심방은 언제나 기도로 시작하고 기도로서 종결시켜야 한다.[12]

부목사가 성도들을 심방하고 그들과 친숙해질 때 실로 대단히 많은 유익이 있다. 이 심방은 부목사의 생활을 단순한 직업주의(professionalism)로 전락하지 않도록 지켜준다.

부목사는 우리 주님으로부터 주님의 어린 양들을 돌보라($βόσκε$, $ποίμαινε$)[13]는 명령을 받았다(마 18 : 2—6, 11). 여기에서 "어린자들"($παιδίον$)은 걷지 못하는, 예수님께서 팔에 안으신 보편적으로 3살 이하의 아주 어린 아이를 의미하지만[14] 그리스도 안에서 새로 결신한 새

---

11) *J.H. Jowett, The Preacher; His Life and Work*(Grand Rapids Michigan; Baker Book House, 1968), p. 185.
12) W.A. Criswell, op. cit., 제15장 참조.

신자들을 의미하기도 한다. 우리네 인간은 하나님 앞에서 모두 어린아이와 같다. 이들에 대한 신앙적인 훈련과 지도는 부목사의 귀중한 책무가 아닐 수 없다.

제 4 절 심방의 유익

성도들은 명제신학(propositional theology)적 입장에서의 교육만을 가지고서는 성장시키기 어렵기 때문에 관계신학(interpersonal theology)적 입장에서의 교육 즉 상담이나 심방을 통해서 절충 보완해야 한다는 필요성이 대두되고 있다. 그러므로 성공적인 목회는 설교만으로는 이루어지기 어렵고 이러한 기능적인 갭을 메우기 위해서는 심방이 대단히 중요한 기능을 수행한다. 이러한 현상은 현실적인 요청이기 때문이다. 이제 심방을 통해서 얻을 수 있는 유익을 살펴보면 대략 다음과 같다.

1. 심방은 성도들의 사정을 잘 알게한다.

부목사는 심방을 통해서 집단적인 신앙생활로는 성도들의 실제적인 생활, 가족의 형편, 경제적인 실정, 자녀의 교육문제, 정신적, 영적인 문제점들에 대해서 잘 알 수가 있다. 따라서 부목사는 이러한 중요성을 절감하고 심방에 조직적이어야 하며 매일 매일 일정한 양만큼 이 일을 정규적으로 수행해야 할 것이다.[15] 가장 이상적인 목회자상을 보여주신 예수님은 목자는 양을 알고 양은 목자를 안다고 하셨다. (요 10 : 14)

많은 자료들을 가지고 있으므로 인해서 성도들을 보다 더 정확하게

---

13) βόσκε와 ποιμαινε는 모두다 명령형으로서 우리 한글 성경에는 치라, 먹이라고 번역되고 있으나 포괄적으로 돌보라(talk care of) 혹은 성장시키라는 의미를 지니고 있다. Fritz Rinecker, op. cit., p.262.
14) Walter Bauer, *A Greek-English Lexicon of the New Testament*, trans. by. William F. Arndt, F.W. Gingrich (Chicago; University of Chicago Press, 1957) 참조.
15) William G. Shedd, *Hamiletics and Pastoral Theology* (N.Y.; Charles Scribner's Sons, 1895), p.3.

파악, 진단할 수 있다는 사실에는 이견이 없다.[16)]

2. 심방은 보다 풍부한 설교자료를 얻게해 준다.

현대설교학의 이론 중에서 가장 중요한 원칙이 있다면 르우엘 하우(Reuel Howe) 박사가 지적한 바와 같이 청중들의 삶의 자리(Sitz im Lebens) 즉 성도들의 생활의 "준거의 틀"(frame of reference)에 촛점을 맞추어서 최대한의 커뮤니케이션 효과를 보는데 있다고 지적한 바와 같이 설교의 최대의 효과는 듣는 청중(성도)들이 설교 말씀과 자신들의 삶과의 관련성을 찾는데서 비롯된다. 이것이 바로 쌍방커뮤니케이션(two-way communication)의 기본적 모델이다.[17)]

부목사는 성경의 인물들과 오늘의 성도들의 생활을 연결하여 설교한다면 실제적이고도 생생한 선교가 될 것이다.

3. 심방을 통해서 보다 분명한 기도의 제목을 정할 수 있다.

부목사가 심방을 하지 않고서는 성도들의 형편이나 시험당하는 것을 모르기 때문에 보다 구체적이고 분명한 기도를 할 수 없게된다.

그러나 심방을 통하여 세밀하고 충분한 자료를 얻게 된다면 이러한 추상적이고 포괄적인 기도제목을 정하게 되는 오류를 범하지 않게 한다. 특별한 경우 공식예배 가운데에서 철야기도회 등에서 보다 구체적으로 어느 성도의 분명한 문제를 놓고 기도한다면 당사자들은 대단히 큰 힘을 얻게 될 것이다.

---

16) Charles Kemp, *Physician of the Soul*(N.Y.; Macmillan Co, 1947)을 참조하라.
17) 이러한 "two-way communication"의 문제에 대해서는 필자의 졸저. 현대설교학(서울 ; 성광문화사, 1984), 설교의 전달 I, II를 참고하라.

4. 심방을 통해서 불신가족이나 예배에 참석하지 못한 성도들과 접촉을 할 수 있다.

"목사의 가정심방이 교회의 성도들을 만들어 낸다"는 말이 있다.[18] 부목사는 불신가족들이나 예배에 참석하지 못한 성도들을 심방을 통하여 접촉해야 한다. 전파하는 자가 없으면 어찌 듣겠는가?(롬 10 : 13—15, 참조) 이러한 기회는 전도에 상응한 좋은 기회가 됨을 명심하고 부지런히 형편을 살펴가면서 접촉해야만 한다.

5. 심방은 성도들의 불평을 막아준다.

심방한다는 것은 성도들의 문제를 수렴하는 것이다. 자신들에게 관심을 가지고 있다는 표현을 바로 심방이라는 사역을 통해서 수행할 수가 있기 때문이다. 부목사는 진정 성도들의 영적, 정신적, 사회적 문제점에 대한 수렴채널이 되어야 한다. 이러한 상황하에서는 결코 불평이 발생하지 않는다. 에리히 프롬(Erich Fromm)의 말과 같이 사랑은 관심(concern)이며 책임(responsibility)이기 때문이다.

6. 심방은 교회성장의 원동력이 된다.

부목사는 심방의 본(example)을 보여 줌으로 인해서 가르치기 이전에 관심을 모아야 한다. (visiting is better caught than taught)

결코 강요(compulsion)가 아니라 전염(contagion)에 의하여 이러한 관심은 제고된다.[19] 하나님 나라의 확장의 초석이 되는 교역자의 심방은 큰 파급효과를 일으켜서 모든 성도들도 이러한 사명을 깨닫고 이러한 사역에 대하여 최선의 노력을 하게 된다. 특별히 구역장이나 성도들 간에도 서로 돌아보는 아름다운 덕성이 조성됨으로 교회의 회집은 자연

---

18) William B. Riley, *Pastoral Problems*(N.Y.; Fleming & Revell Co, 1936) 제12장 참조.
19) Howard Sugden, Warren W. Wiersbe, op. cit., p.94.

히 증가하게 된다.

제 5 절 심방시 고려할 사항들

사도들은 교회에서 모든 성도들을 가르쳤고 나아가 모든 사람들이 필요할 때에는 개인적으로도 가르쳤다. 왜냐하면 예수 그리스도께서 목자들에게 이 직분 즉 일반적으로 강단에서만 공적(open pulpit)으로 성도들을 가르치도록 임명한 것이 아니라 모든 양떼들을 관리할 책임까지도 맡겨주셨기 때문이었다.[20] 이러한 주님의 명령에 의하여 사도들이 수행한 것과 같이 부목사는 이 사역을 충실하게 감당해야 한다. 따라서 부목사는 다음과 같은 사항들을 고려해야 할 것이다. 이러한 사항을 적절히 숙지해서 시행한다면 큰 효력을 발생시킬 수 있으나 그렇지 못하면 덕이 되지 못한다.

1. 심방의 준비

부목사가 성도의 가정을 심방할 때는 먼저 기도로서 신령한 준비를 해야 한다. 기도 없는 심방은 효과를 발휘할 수 없다. 시간과 인원, 심방할 가정의 형편이나 심방하는 동기, 목적 등을 고려하면서 정신적인 준비를 갖추어야 한다. 목사는 항상 하나님과 양무리 그리고 자신의 양심 앞에서 거리끼지 않도록 만족할만한 충분한 준비가 있어야 한다.

2. 심방의 시간

심방의 시간에 있어서는 긴급을 요하는 심방 이외에는 심방할 가정의 식사시간, 취침시간 등을 피하여 수행해야 하며 피심방자의 상황을 충분히 감안해야 한다. 비공식적인 심방은 5~10분 정도가 좋고 공식적인

---

20) John Calvin, *Commentary on the Acts of the Apostles.* Vol. Ⅱ, (Grand Rapids, Michigan; Eerdmans Co, 1971), p.244.

심방은 10~20분 정도로 계획하면 좋을 것이다.[21] 특히 병원심방의 경우에는 세심한 배려가 필요하다.[22]

3. 심방의 인원

특별한 경우를 제외하고는 심방은 단독으로 하지말아야 한다. 반드시 두사람 이상을 원칙으로 해서 실시해야 하며 가급적으로 많은 인원의 심방을 삼가하고 인원은 언제나 부목사의 지명하에 동원되어야 한다. 봉사와 헌신의 사역이라고 해도 반드시 질서와 조직이 있음을 명심해야 한다.

4. 심방에서의 예배

부목사의 심방예배는 신앙고백, 찬송, 성경봉독, 설교, 기도의 순으로 간단한 예배를 드리면 좋다. 경우에 따라서는 기도와 설교만으로 진행할 수 있고 기도만 드리고 나올 경우도 있다. 성경의 인용과 설교의 내용은 미리 준비하여 방문한 후 바로 예배를 드리도록 해야 한다.

5. 심방에서의 대화

심방중에 가장 주의해야 할 것은 대화이다. 잡담으로 인하여 심방한 본래의 목적이 소멸되지 않도록 주의해야 한다. 웨스트민스터 신학교의

---

21) 이주영, 현대목회학(서울 ; 성광문화사, 1986), p.183.
22) 병원심방시 고려해야할 사항들은 다음과 같은 것들이 있다.
   1. 병원의 규칙을 준수하며 환자에게 편리한 시간에 심방하라.
   2. 즐거운 낯으로 방문하며, 격려를 주기 위해 병실문을 열라.
   3. 목회자의 역할만을 담당하고, 돌팔이 의사가 되지말고 상담자가 되어 그리스도 안에서 평안을 얻도록 도와주라.
   4. 간단하게 방문하라. 당신이 머물기를 원하는 경우를 제외하고는 오래 머물지 말라.
   5. 병실에 있는 다른 환자들에게도 관심을 가지라.
   6. 병원을 방문하는 동안 축복이 되는 최상의 방법을 동행한 성도들이나 여전도사에게 훈련시켜라. Howard Sugden, Warren W. Wiersbe, op. cit., pp.92~93.

실천신학 교수로 있었던 아담스(Jay E. Adams) 교수는 잡담(gossip)에 대해서는 못마땅한 표정을 지어 대화가 잡담으로 전락되는 것을 삼가해야 하고 부도덕한 추문(malicious scandal)에 대해서는 귀를 막아버려야 한다[23]고 충고하고 있다.

6. 심방에서의 태도

심방시에는 교회에서와 같이 공식적이고 엄숙하며 긴장된 태도를 취하지 말고 가족들과 화기 애애한 분위기를 조성한 가운데 가급적으로 친밀함과 사랑, 온유, 겸손한 태도로 그들을 대하라. 그러나 신중하게 예의를 지켜가면서 심방한 가정에 기쁨과 소망을 주어야 한다.

7. 심방의 예고

부목사는 예고없이 심방하여 성도들을 당황하게 만드는 일이 없어야 한다. 특별한 경우를 제외하고는 바로 예고를 하고 심방하는 것이 원칙이다. 예고했을찌라도 구역권찰을 통하여 재차 확인함으로써 마음의 준비를 할 수 있도록 해야 한다. 가능하면 월중심방계획서를 작성하여 교회에 배부하는 것은 바람직하다. 그래야 심방에 대한 편견이나 오해의 소지를 없앨 수 있다.

8. 심방과 기록철(file)

부목사는 반드시 심방 기록부를 화일링해서 소지하고 있어야 한다. 이 기록부는 의사들의 임상진료카드의 역할을 하는 것과 같은 중요한 것이다. 이 기록철은 성도들의 훈련에 대단히 중요한 자료가 되며 교회의 귀중한 참고자료가 될 것이다. 여전도사나 전도사가 심방했을 경우

---

23) Jay E. Adams, *Shepherding God's Flock* (Grand Rapids, Michigan; Baker Book House, 1983), pp. 86~87.
　　Theodore Cuyler, *How to be a Pastor*(N.Y.; The Baker and Taylor Co, 1890), p. 31 참조.

에도 반드시 그 결과를 보고 받고 자신이 소지한 기록철에 형편과 사정, 이후의 추이상황 등을 기록해 두어야 한다. 이러한 간접적인 자료들은 후에 자신이 심방할 때 참고할 수 있는 보조자료가 되기 때문이다.

9. 심방할 수 없는 성도들

부목사는 출타중이거나 군복무등 기타 여러가지 조건들로 인하여 심방을 할 수 없는 사람들에게는 종종 편지를 띄어야 한다. 여러가지 환경상의 이유로 인해 심방을 받지 못하는 사람은 항상 있기 마련이다. 부목사의 편지는 교회와 교회에서 실시되는 일련의 행사들에 관심을 보이게 되며 지속적인 연결을 맺게 하는데 상당한 효과를 가져온다. 따라서 모든 목사는 목회서신 작성법을 개발하기 위한 훈련이 필요하다.[24] 특히 주보 뒷면에 게재된 담임목사의 설교는 이러한 사람들에게 훌륭한 선생이 된다.

10. 심방과 사후처리

부목사는 반드시 심방 후에는 그 결과를 매일 매일 검토하고 잘못된 것이 있을 때에는 즉시 시정해 가야한다. 아울러 자신과 동행했던 여전도사나 전도사에게도 솔직한 비판과 진지한 충고를 수용하여 자신의 심방사역에 참고하는 것이 바람직하다.

상술한 사항들을 현명히 고려하여 심방사역을 보다 충실히 감당해야 할 것이며 오늘을 살아가는 성도들에게 있어서 진정 그들이 필요로 하는 것은 목자로서의 인격적인 보살핌이라는 사실[25]을 잊지 말고 목자의 심정을 가지고 예수님과 바울의 목회적 본을 따라 성령의 도우심을 받아 수행하는 신실한 심방이 되도록 해야 할 것이다.

---
24) 이주영, op. cit., p. 185.
25) David Wiersbe, Warren W. Wiersbe, *Making Sense of the Ministry* (Chicago; Moody Press, 1983), pp. 132~133.

참고문헌 및 계속연구문헌

1. Richard Niebuhr, Daniel D. Williamson(eds), *The Ministry in Historical Perspectives* (N.Y.; Harper & Row, 1956)
2. John T. McNeil, *A History of the Cure of Souls*(N.Y.; Harper & Brothers, 1951)
3. Charles Kemp, *Physician of the Soul*(N.Y.; Macmillan Co, 1947)
4. Wayne Oates, *Anxiety in Christian Experience*(Philadelphia; The Westminster Press, 1952)
5. Elton Trueblood, *The Common Ventures of Life*(N.Y.; Harper & Brothers Co, 1949)
6. Wayne Oates, *The Christian Pastor*(Philadelphia; The Westminster Press, 1951)
7. Eugene D. Dolloff, *The Romance of Doorbells* (Philadelphia; Judson Press, 1951)
8. Joseph B. Mayor, *The Epistles of St. James*(Grand Rapids, Michigan; Zondervan Publishing House, 1954)
9. James H. Ropes, *A Critical and Exegetical Commentary on the Epistles of St. James, I.C.C.* (Edinburgh; T. & T. Clark, 1916)
10. Howard Sugden, Warren W. Wiersbe, *Confident Pastoral Leadership*(Chicago; Moody Press, 1979)
11. Donald Guthrie, *Galatians; The New Century Bible*(Lodon; Oliphants Co, 1969)
12. Fritz Rinecker, *Linguistic Key to the Greek New Testament*

(Grand Rapids, Michigan; Zondervan Publishing House, 1980)
13. W.A. Criswell, *Criswell's GuideBook for Pastor*(Nashville; Tenn; Broadman Press, 1980)
14. Walter Bauer, *A Greek-English Lexicon of The New Testament* trans. by. William F. Arndt, F.W. Gingrich, (Chicago; University of Chicago Press, 1959)
15. William G. Shedd, *Homiletics and Pastoral Theology*(N.Y.; Charles Scribner's Sons, 1895)
16. William B. Riley, *Pastoral Problems*(N.Y.; Fleming & Revell Co, 1936)
17. John Calvin, *Commentary on the Acts of the Apostles* Vol. II (Grand Rapids, Michigan; WM.B. Eerdmans Co, 1971)
18. Jay E. Adams, *Shepherding God's Flock*(Grand Rapids, Michigan; Baker Book House, 1983)
19. Theodore Cuyler, *How to be a Pastor*(N.Y.; The Baker and Taylor Co, 1890)
20. David Wiersbe, Warren W. Wiersbe, *Making Sense of the Ministry*(Chicago; Moody Press, 1983)
21. 이주영, 현대목회학(서울 ; 성광문화사, 1986)
22. _____, 현대설교학(서울 ; 성광문화사, 1984)

제11장
부목사의 기능적 사역(技能的 使役)

제 1 절 예배(worship)*

교회(ecclesia)는 예배(Gottesdienst)에 의하여 탄생되었고, 교회의 생명은 교회의 살아계신 주님과의 영적인 교제에 의하여 유지된다.

주님께서 부활하신 직후 제자들은 주의 첫날에 예수 그리스도를 예배하기 시작했다. 그들은 성령(spiritus sanctus)의 임재를 항상 느낄 수 있었기 때문에 예배드리지 않을 수 없었다. 그래서 예배를 드리는 교회는 실제로 부활의 공동체였다.[1]

예배는 생명에 대한 교회의 문이며 교회의 생명이다.[2] 왜냐하면 하나님께서는 교회의 생명이시며 예배는 그리스도 안에 있는 생명이 그 행위에 의해서 그의 교회에 유용하게 될 수 있는 행위이다. 그리고 교회의 예배에 영감을 주고 지도하는 것은 성령이 하시는 일이다.[3] 오늘의 목회자들은 성령께서는 그가 원하시는 곳으로 움직이시며, 또한 성

---
* 예배에 대한 전반적인 논의를 살펴보려면 필자의 저서 현대목회학(서울; 성광문화사, 1986), pp. 129~152를 참조하라.
1) 교회(ecclesia)를 교회되게 했던 존재론적 사건(ontological event)은 예수 그리스도의 부활사건이었다. 초대교회는 예수 그리스도의 사건을 전하는 행위에서 그것이 생명적인 고백이 될 수 있도록 했던 것이다.
   James S. Stewart, *A Faith to Proclaim*(N.Y.; Charles Scribner's Son's, 1953), 서문 참조.
2) Samuel H. Miller, *The Life of the Church*(N.Y.; Harper & Brothers, 1953), pp. 18~20.
3) W.T. Couner, *Christian Doctrine*(Nashville; Broadman Press, 1937), p. 116.

령은 헌신한 사람들의 마음 속에서 움직이시기를 원하신다는 사실을 기억해야만 할 것이다.

　진정 교회의 제일의 기능은 하나님께 대한 예배이며 우리가 예배할 때만 하나님을 위해서 효과적으로 일할 수 있는 것이다.[4]

　하나님께 신령과 진정으로($\pi\nu\epsilon\upsilon\mu\alpha\tau o\varsigma$ $\kappa\alpha\grave{\iota}$ $\dot{\alpha}\lambda\eta\theta\epsilon\acute{\iota}\alpha$) 예배하는 성도들은 예배하기 위해서 들어 가고 봉사하기 위해서 떠난다(ite missa est!). 그리고 예배의 연장과 같은 경건한 생활을 하게하며 말씀에 대한 증거, 봉사를 위한 동기와 능력을 공급하는 것이다. 예배가 소멸하면 교회의 다른 모든 기능들도 소멸하게 됨을 인식하고 오늘날 예배를 하나의 단순한 공동체적인 모임으로 전락시키려하는 일부 아웃싸이드 쳐치 무브먼트의 바람직하지 못한 경향성을 주의 깊게 경계하고 보다 명확한 예배학(Liturgiology, Liturgiewissenschaft)을 정립시켜야 할 것이다.

　진정 그리스도인의 전체 생활은 하나님께 대한 예배이기 때문이다. 오늘날 너무나도 많은 교회에서 성도들이 예배하지 않음을 보고 있다. 그들은 그저 목사의 설교를 들을 뿐이며, 성가대의 찬양을 들으며, 목사와 장로와 집사의 기도를 듣고 있다. 듣고 볼 뿐이지 참여하지 않는다는 말이다.[5] 이러한 경향성은 성도들을 성숙하게 하지 못하는 부정적인 요소로서 목회자는 보고 듣는 것이 아닌 참여하는 예배학을 속히 정립시켜야 한다. 이러한 점은 교육적 기능을 많이 발휘해야 하는 부목사가 전반적인 교육관리에 있어서 이 부분에 대한 중요성을 인식하고 예배에 대한 교육을 중점적으로 계발하여 일반적으로 매너리즘에 빠지

---

4) J.S. Whale, *Christian Doctrine*(Cambridge; Cambridge University Press, 1952), p.143.

5) 이러한 문제점을 제기하고 이러한 논제에 대한 충분한 논의를 위해서는 다음의 자료를 참고하라.
　Franklin M. Segler, *An Evaluation of Modern Worship in the Free Churches*, The Review and Expositor, Oct. 1953.
　Franklin M. Segler, *A Theology of Church and Ministry*(Nashville, Tenn; Broadman Press, 1960)

기 쉬운 예배에 대한 의식을 새롭게 고무시켜야 하며 가장 중요한 것은 자기 자신도 예배의 참여자임을 잊지 말아야 할 것이다.

1. 예배의 본질과 요건

예배는 신실한 성도가 하나님의 영화로우신 존엄성(dignity)을 인식하고 살아계시는 하나님 앞에 자신을 굽어 엎드리는 것($προσκυνέω$, $λατρεία$)[6]으로서 이때에 인간은 하나님께 경외와 찬양과 감사와 존귀를 드릴 수 있다.[7]

물론 예배와 신학은 아주 밀접하게 연결되어 있기 때문에 신학적 배경에 따라서 다소간 달라질 수 있으나 종교의 본질(esse)이 예배라는 사실은 이미 종교학자들과 종교사회학자들도 인식하고 있다.

이제 이러한 기독교 예배가 지니고 있는 본질적인 특성과 요건에 대하여 살펴보자.

첫째, 예배의 본질은 "하나님과 더불어"(with God)의 예배이다.[8]

하나님께서 함께 하신다는 여기에 예배의 신비성이 존재한다.[9] 그러므로 예배는 위엄과 경외심으로 충만해져야 하며 순서 하나하나가 예배에 합당한 신령한 순서가 되도록 해야 한다.[10]

---

[6] $λατρεία$ 는 섬기다(to serve), 삯급을 위해 일하다(to work for reward)라는 의미를 지니다. 신약성경에서는 종교적 의식(religious service)의 의미로 사용되고 있다.
Colin Brown(ed), *The New International Dictionary of New Testament Theology*(Grand Rapids, Michigan; Zondervan Publishing House, 1975), $λατρεία$ 참조.

[7] A.M. Fairbairn, *Studies in Religion and Theology; The Church-In Idea and History*(N.Y.; The Macmillan Co, 1910)
_____, *Philosophy of the Christian Religion*(N.Y.; The Macmillan Co, 1902), p.480.

[8] 정성구, 실천신학개론(서울 ; 총신대학 출판부, 1984), p.162.

[9] R.C. Miller, *Christian Nurture and the Church*, 박형규 역(서울 ; 대한기독교 교육협회, 1980), p.135.

[10] 김득룡, 현대목회학 신학(서울 ; 총신대학 출판부, 1984), p.135.

둘째, 예배의 본질은 "하나님으로부터"(of God)의 예배이다.

예배는 인간으로부터 연원한 형식이 아니며 하나님으로부터 이루어진 것이다. 하나님께서 자신을 계시하지 않으셨다면(Deus absconditus) 인간들의 예배행위는 무의미한 것이 되며, 하나님께서 나타나셔서 (Deus revelatus) 자기 백성들을 가르치지 않으셨다면 어떻게 크신 하나님을 예배해야할지 도무지 알지 못했을 것이다.

세째, 예배의 본질은 하나님께 대한(unto God) 예배이다.

분명히 예배는 하나님께 드리는 봉사($λατρεία$)이지 어떤 인간적인 유익을 기대하는 자신을 위한 봉사는 아니다.[11] 예배는 하나님을 기쁘시게 하는 것이며 사람을 기쁘게 하는 것이 아니며[12] 오직 하나님께만 최고의 가치를 돌리는 것을 의미한다(to ascribe Him supreme worth).[13]

이와 같이 예배의 존재 목적은 인간의 축복을 위해서 보다는 하나님의 영광(Gloria Dei)을 위함에 있으며 인간이 예배를 통해 축복받는 것은 궁극적인 목적이 아니라 하나님의 영광을 위한 수단일 뿐이다. 예배는 하나님께 드려져야 하며 이 일이 정확히 수행될 때만이 하나님께 드려진 예배가 된다.[14]

개혁자 존 칼빈(John Calvin)은 예배를 하나님과 인간 사이에 발생되는 대화의 현장으로 즉 하나님께서 역사하시고 인간이 응답하는 구속적 관계(redemptive relationship)의 재현과 지속이 가장 잘 표현되는 예전(Liturgie)으로 이해하고 있다. 따라서 이러한 예배는 다음과 같은 신학적 전제와 요건을 구비해야 한다.

첫째, 예배는 반드시 하나님의 말씀(Verbum Dei)에 근거한 예배가

---

11) Paul H. Vieth, *Worship in Christian Education*, 김소영 역(서울 ; 대한 예수교 장로회 총회교육부, 1978), p. 24.
12) 김득렬, 학습과 지도(서울 ; 대한 예수교 장로회 총회교육부, 1980), p. 79.
13) Raymond Abba, *Principles of Christian Worship*(N.Y.; The Oxford University Press, 1957), p. 1.
14) 정성구, op. cit., p. 165.

되어야 한다. 예배는 어떠한 개인에 의해 조작되거나 창작될 수 없는 것으로서 하나님의 말씀에 나타난 예배에 오늘 우리들의 예배의 뿌리를 두어야 한다.[15]

둘째, 예배의 중심은 언제나 예수 그리스도를 통한 구속사(redemptive history)에 그 초점을 맞추어야 한다. 이는 하나님을 예배의 대상으로 섬긴다는 단순한 창조의 역사 때문만은 아니다. 예수 그리스도를 통하여 새롭게 인식되어진 하나님을 섬기는 것이 바로 예배의 중심점이며, 나아가 예수 그리스도께서 성육신(incarnatio)하시고, 고난받으시고, 십자가에 죽으시고 3일만에 부활하시고, 승천하신 예수 그리스도 사건(christo-event) 그 자체가 예배의 신학적 주제가 되어야 하며[16] 재림($\pi\acute{\alpha}\rho o \upsilon\sigma\iota\alpha$)하실 예수 그리스도를 바라다 봄으로 정성을 다해야 한다.

셋째, 예배의 내용은 언제나 신학과 조화를 이루어야 한다.[17] 예배란 언제나 신학적인 차원에서 어긋남이 없어야 한다. 따라서 설교, 성례, 기도, 찬송의 내용 등도 신학적 차원에서 어긋남이 없어야 한다.

넷째, 예배는 생활과 밀접한 관계성을 지니고 있어야 한다.

예배는 예배자들의 생활의 연속으로 지속되어져야 한다. 오늘의 삶과 무관한 예배는 예배로서의 가치성을 상실하게 된다. 오늘날 많은 그리스도인들이 예배를 드릴 때는 경건하고 엄숙하게 예배를 드리나 그들의 삶의 현장에서 나타나는 행태(行態)를 보면 비도덕적이고 그리스도를 닮아가는(imitatio christi) 사람들로서 행동하지 못하고 있음은 지극히 서글픈 일이다. 이러한 현상은 이들이 분명한 예배에 대한 교육의 결여에서 연원되었다고 추정된다. 이러한 관점에서 부목사들은 어린아이들로부터 장년에 이르기까지 이러한 예배에 대한 교육을 철저히 시켜야 할

---

15) William D. Maxwell, *A History of Christian Worship*(Grand Rapids, Michigan; Baker Book House, 1936), pp. 4~5.
16) 정성구, op. cit., pp. 165~166.
17) 이것은 이미 A.M. Fairbairn, *Philosophy of the Christian Religion*, op. cit., p. 480 에서 지적한 바 있다.

막중한 책무가 있음을 명심해야 할 것이다.

2. 예배에 대한 교육

예배를 인도한다는 것은 목회자의 목회적 기능가운데서 가장 어려우면서도, 가장 중요하고 또한 가장 귀한 기능적 사역이다.

예배는 하나의 교육적인 경험으로서, 말로서가 아니라, 참여, 행위, 대화를 거쳐 경험의 차원으로 나아가[18] 예배를 드림으로 예배를 배울 수가 있으며 참여를 통하여 예배의 신비와 경이를 느끼게 된다.[19] 이러한 예배를 통하여 인간은 자연, 인생, 역사 속에 나타나는 하나님의 무한하시고 영원한 존귀하심을 인정하고 이러한 고백에 합당한 책임을 날마다 떠맡는 권위를 발견하게 된다.[20]

예배는 교회에서 할 수 있는 가장 중요한 교육적 기회이며[21] 그리스도인의 영적 성장의 중추로서[22] 영적 성장에 공헌하며 영적 변화와 그 영적 변화를 위한 원동력을 제공해 준다.[23] 따라서 예배는 개 교회의 교육 프로그램의 중심이 되어야 하며[24] 기독교 교육이 추구하는 학습(learning)의 클라이맥스가 되는 경험이다. 그러므로 부독사는 많은 교회가 상실한 기술[25]인 예배를 계획적인 기독교 교육(기독교 교육은 건

---

18) Lewis Sherill, *The Rise of Christian Education*(N.Y.; Macmillan Co, 1944), p. 22.
19) R.C. Miller, *Education for Christian Living*(Englewood Cliffs. N.J.; Prentice-Hall, Inc. 1956), p. 141.
20) Marvin J. Taylor, *An Introduction to Christian Education*, 송광택 역(서울 ; 대한예수교 장로회 총회교육부, 1982), p. 413.
21) R.C. Miller, *Christian Nurture and the Church*, op. cit., p. 136.
22) Ibid., p. 138.
23) Eleanor Hance, *Teaching Children to Worship and Pray*, in Childhood *Education in the Church*, eds. by. Roy B. Zuck, R.E. Clark, (Chicago; Moody Press, 1979), p. 278.
24) R.C. Miller, *Education for Christian Living*, op. cit., p. 142.
25) L.O. Richards, *A Theology of Christian Education* (Grand Rapids, Michigan; Zondervan Publishing House, 1976), p. 286.

포괄적(全包括的)이다)을 위한 기틀을 제공해 주는 것으로서의 예배를 재평가해야 한다.

이와 같이 예배의식은 기독교 교육의 핵심적인 부분으로서 어린이시절부터 올바른 신앙을 계승시키려면 그들이 성인과 함께 예배생활을 지켜 나아가야 한다는 의식을 심어줘야 한다. 따라서 어린시절부터 예배에 대한 인식과 이해를 넓혀준다는 것은 대단히 중요한 일이며 이스라엘의 교육은 이러한 철저한 예배에 대한 가정교육에서부터 시작되고 있다.[26]

따라서 부목사는 어린이·학생·청년·장년에 이르기까지 예배활동은 그들의 삶의 중심이 되어야 함을 부단히 가르치고 신령과 진정으로 드리는 예배의 근본적인 원리들을 주입시켜야 한다. 그 원리들을 살펴보면 대략 다음과 같은 것들이 있을 것이다.

첫째, 예배는 단지 순서의 진행이나 재미있는 일을 위한 프로그램 형식이 아니라 "하나님을 섬기는 일"($προσκυνέω$)이다.

둘째, 예배는 하나님께 대한 경외감(sense of awe)이 깃들어 있어야 한다. 예배가 진지하면서도 엄숙하고, 자연스러울 때 성도들의 마음 속에는 경외감이 짙어지는 것이다.

셋째, 예배는 모든 사람의 참여(participation)로서 이루어져야 한다. 예배는 본질적으로(in essentia) 공동행위, 즉 독립적인 개인의 행위가 아니라 교회 전체의 행위라는 점이다.[27] 예배는 사회자, 설교자, 기도자, 성가대, 특송자들만이 드리는 순서가 아니다. 특히 주일학교의 예배에서는 예배자 모두가 어떤 형태로든지 직접 참여하게 하는 것이 바람

---

26) 가정은 하나님의 기관으로서 가장 근본적이며 최초의 것으로서 하나님의 언약(covenant)을 바탕으로 이루어진 언약기관이며, 하나님의 뜻(Volente Dei)이 전달되는 통로인 동시에 자녀들의 삶에 결정적인 영향을 주는 곳으로서 기독교 신앙의 한 단위가 된다.
　　Roy B. Zuck, R.E. Clark, op. cit., p. 468 참조.
　　Jay E. Adams, *Christian Living in the Home*(Grand Rapids, Michigan; Baker Book House, 1976), pp. 44~45 참조.
27) 김동수, 예배학 개론(서울 ; 대한기독교 교육협회, 1967), p. 16.

직하다.

넷째, 예배는 하나님께 드려지는 것이기에 순서 하나 하나가 결코 소홀히 다루어져서는 안된다. 경건한 자세로 충분한 시간을 드려 준비해야 한다. 특히 이러한 태도는 청소년 예배 교육에 있어서는 필수적이며 이 생활이 모든 예배에 연결되도록 해야 하며 가정예배의 권장도 함께 있어야 하겠다.

다섯째, 예배는 고정적일 수 없다. 고정된 순서로 된 틀에 박힌 예배의식은 특히 어린이들이나 청소년들에게는 적절하지 못하다. 예배의 기본적인 요소가 충분히 투영된 형식을 갖추지 않은 예배의 시도도 필요하다.

오늘날 우리가 드리는 예배는 단순히 뜨거운 열심만 가지고 말씀을 외치고, 힘차게 찬송을 부르며, 통성기도를 행하는 것만으로 전부가 될 수 없다. 뜨거운 구원의 확신이 표현되고 하나님을 진정 기쁘시게 해드릴 수 있는 신앙의 표현이 담긴 예배의 구성과 이해가 있어야 하며 교회가 지켜온 성경적인 전통에 근거해 있어야 하고 예배의 내용과 순서를 통해서 예배자들이 예수 그리스도를 통해 하나님을 만날 수 있어야 한다. 그러나 이러한 예배의 내용과 순서들이 바로 인식되지 못하고 예배의 의미가 상실되고 형식적인 매너리즘에 빠질 때 하나님의 교회는 침체되어 간다는 점을 부목사들은 인식하고 이러한 현상에 편승하여 교회 밖에 존재하는 선교단체들의 집단적인 모임(meeting)을 예배와 동일시하려는 중·고등학생, 대학, 청년들의 예배경시현상을 올바로 교정시켜야 한다. 어떤 모임에서든지 예배가 오픈 게임이 결코 아니며 가장 중요하고 경건하게 진행되어야 할 종교적 의식임을 교육시켜나가야 할 것이다.[28]

---

28) 주일예배, 밤예배, 수요기도회 등에 대해서는 필자의 현대목회학(서울 ; 성광문화사, 1986), pp.136~152 를 참고하라.

제 2 절 설교(preaching)

하나님께서 말씀하실 때는 선지자를 통하여 말씀하셨고 하나님께서는 선지자의 말은 하나님 자신의 말씀임을 말씀하심으로써 그의 말씀을 드러내셨다. 이와 같이, 사람의 입에서 나온 말이 그것을 듣고자 하는 자들에게 전달됨으로써 진정한 하나님의 말씀이 될 수 있다.

이러한 입장에서 보면 "하나님의 입으로부터 나온 말씀(The word goeth out of the mouth of God)은 인간의 입을 통하여 나온 말(goeth out of the mouth of men)과 동일한 것이 될 수 있다. 왜냐하면 하나님께서는 하늘로부터 직접 말씀하시는 것이 아니라(God does not speak openly from heaven) 인간을 그 도구로써 사용하시기 때문이다."[29]

우리는 여기에서 선지자와 설교자를 동일한 기능을 담당하는 사람으로 부각시킨 칼빈(John Calvin)의 입장을 발견할 수 있다.[30]

1. 설교의 정의

설교에 대한 고선적인 정의는 고전 2 · 1—5에 나타나는 바 설교의 내용에 대해서 하나님의 비밀(τὸ μυστήριον τοῦ θεοῦ)[31] 즉 예수 그리스도

---

[29] "sic egreditur verbum ex ore Dei, ut simul ex ore hominum egrediatur. Nec enim loquitur palam e coele Deus, Sed hominibus tanquam organis utitur" John Calvin, *Commentary on Isaiah*, 55 : 11, (CR 37, 291)

[30] 그러나 선지자의 경우 특히 그의 메시지가 성경에 기록된 경우에 선지자는 설교자(preacher)의 의미보다는 하나님으로부터 계시를 전달받은 자로서의 위치가 부각되며 설교자의 대상은 옛 선지자들이 외쳐야 했던 당시 이스라엘이 아니요 오직 오늘 살아있는 존재들로서 구체적인 오늘의 청중들이라는 점에서 그 대상에는 차이가 있다.

[31] "τὸ μυστήριον τοῦ θεοῦ"이란 역사 안에서의 궁극적인 목적과 그의 구원 사역과 특별히 관련된 계시에 의한 것을 제외하고는 인간이 알 수 없는 하나님의 비밀(the mystery of God)을 의미한다. 결국 예수 그리스도를 의미하고 있다.

라고 말하고 있다. 그리고 4절에서 설교의 능력에 대해 그것은 설득력 있는 이성(ratio)에 호소하는 것이 아니라 성령의 증거하심(ἀπόσταξις)에 있다고 말하고 있다. 다시 말하자면 설교로 하여금 하나의 말에 그치지 않게 하고 효력있게 하는 것은 성령의 역사하심이며 이러한 의미에서 성령께서는 설교의 능력에 원천이 되신다고 본문은 말해주고 있다. 하나님께서 인간의 구원을 위해 인간과 만나시는 만남은 오직 한 곳, 즉 예수 그리스도에게서만 가능하다. 그리고 이 그리스도는 오직 하나님의 말씀 안에서 발견할 수 있다. 다시 말하자면 그리스도께서는 복음, 즉 그리스도에 대한 증언(testimony)을 통해서만 우리에게 오셔서 우리에게 나타나시고(gegenwärtig), 알려지신다(revelatio). 또한 이 하나님의 말씀은 성경 안에 주어졌고(ist ergangen in den schriften), 교회의 선포의 말씀 즉 설교에서, 특별히 말씀의 사역자가 그에게 위임된 회중을 향해 그리스도의 이름으로 선포하는 말(zuspruch)을 통해 항상 주어진다(ergeht ständig). 이처럼 교회의 선포, 즉 설교는 성경말씀이 없이는 생각할 수 없음과 동시에 성경말씀은 "오늘의 살아있는 선포" 즉 "입으로 외치는 외침"(das mündliche Geschrei)을 동반하여야 한다. 그러나 성경말씀과 "입으로 외치는 외침"은 둘 다 외부적 말씀(äußerliches wort)에 불과하다. 하나님께서는 그의 진리를 외부적 말씀을 통해 선포되게 하시며 듣게하실 뿐 아니라 "마음 속", 심령 속으로 말씀하신다. 그리하여 사람들로 하여금 외부적으로만 아니라 내적으로 받아들이고 믿게 하시는데 이것은 바로 성령께서 하시는 일이다. "성령께서는 말씀없이는 말하지 않으시며, 말씀을 통해, 말씀 안에서 말씀하신다 (Der Geist redet nicht ohne das wort; der Geist redet durch das wort in wortes). 설교는 청중들의 생명과 직결된 관계성을 지니고 있음

Merrill C. Tenney, *The Zondervan Pictorial Encyclopedia of the Bible*(Grand Rapias, Michigan; Zondervan Publishing House, 1975), Vols. Ⅳ, p.327.

을 결코 잊어서는 안된다.

설교는 상술한 바와같이 반드시 말씀에 근거해야 하며 이 말씀은 특정한 대상 즉 특정한 청중을 향해 선포되는 오늘의 살아있는 말씀의 선포라고 할 수 있을 것이다.

분명히 설교는 예배의 중심이 된다. 만일 이 설교의 강단의 부패한다면 설교의 내용인 그리스도의 기반이 상실되고 또한 아무 것도 설교의 자리를 대신할 수 없다.[32] 이러한 설교의 명백한 성경적이고도 신학적인 원리와 방법을 바울과 칼빈을 통하여 조망해 보자.

2. 바울의 설교원리와 방법

사도바울은 자신에게 주어진 자료들을 조직적으로 연구분석하는 데에 있어서 천재적인 소질을 지니고 있었다.[33] 이러한 자질은 상황과 청중에의 적응문제에 탁월한 역량을 발휘하게 했다. 오늘의 설교자들은 이러한 바울의 설교원리와 방법을 배워야할 필요가 있다고 생각되는데 바울의 설교원리와 방법은 사도행전 후반부에 잘 나타나 있다.[34] 많은 학자들 간에는 사도행전 후반부에 나타나는 바울의 설교에 대하여 연설이냐, 설교냐 하는 점을 놓고서 논란이 많으나 다분히 설교의 형태와 특성을 지니고 있다고 본다.

---

32) Charles Jefferson, *The Minister as Prophet*(N.Y.; T.Y. Crowell and Co., 1905), p.13.

33) Gerhardus Vos, *The Pauline Eschatology*(Grand Rapids, Michgan; WM.B. Eerdmans Co, 1966), p.60.

34) 1. 비시디아 안디옥에서의 바울의 설교(행 13:16—41)
    2. 루스드라에서의 바울의 설교(행 14:14—18)
    3. 아덴에서의 바울의 설교(행 17:16—34)
    4. 밀레도에서의 바울의 설교(행 20:17—38)
    5. 예루살렘에서의 바울의 설교(행 22:1—21)
    6. 공회 앞에서의 바울의 설교(행 23:1—11)
    7. 벨릭스 총독 앞에서의 바울의 설교(행 24:10—21)
    8. 아그립바왕 앞에서의 바울의 설교(행 26:1—23)
    9. 로마에서의 바울의 설교(행 28:17—20)

바울의 신학이 예수 그리스도의 수난과 부활을 강조한 것처럼[35] 바울의 설교에서는 예수 그리스도의 수난과 부활이 부단히 강조되고 있다. 바울의 신학은 하나님의 구속역사와 성도들의 의무를 목회적인 필요(pastoral needs)에 응하여 설명함으로 나타난다. 바울의 설교 역시 청중(audience)의 필요에 따라 행하여졌다. 설교자로서의 바울은 생동적으로 복음을 전달하고 결단을 요청하는 능력을 소유하고 있었다. 그는 헬라인 앞에서는 유대인의 성경을 언급하지 않았고 그 지역의 예배형식에서부터 시작하고 헬라시인의 말을 인용했으며(행 17:28) 그 청중이 유대인 일 때는 자연스럽게 구약성경을 인용하고 유대의 역사를 설명했으며(행 13:16~41) 이 청중이 이방인이었을 때는 유대의 법이나 역사도 언급하지 않았다. 그의 설교방법을 요약하면 다음과 같다.

첫째, 바울은 자신이 처하여 있는 상황과 처지를 잘 분석하여 설교에 이용했다. 청중의 학식, 직업, 가정상황 등을 분석하여 설교의 방향을 설정했다. 그는 청중을 정죄하지 않고 청중의 상태를 이용하여 복음진리를 전하는데 활용했다.

둘째, 바울은 게르할더스 보스(G. Vos)의 지적처럼 분석해낸 사실과 자료들을 근거로 접촉점(contact point)을 찾아 복음을 증거했다.

세째, 바울은 진리를 선포할 때 담대하게 나섰다. 청중들에게는 예의를 지키지만 진리는 결코 양보하거나 타협하지 않았다. 롤랜드 앨런(Roland Allen)은 바울의 설교의 특징을 다음과 같이 서술하고 있다.[36] "바울은 부분적인 진술로 복음의 문을 열어 놓으려는 시도는 없다. 진

---

35) 이러한 바울의 신학에 대해서는 다음의 책들을 참고하라.
    Herman Ridderbos, *Paul and Jesus*(Philadelphia; Presbyterian & Reformed Publishing Co, 1958) Seyoon Kim, *Origin of Paul's Gospel*(Grand Rapids, Michigan; WM.B. Eerdmans Co, 1981)
    Herman Ridderbos, *Paul -Outline of his Theology-*(Grand Rapids, Michigan; WM.B. Eerdmans Co, 1978)
36) Roland Allen, *Missionary Methods; St. Paul's or Ours?* (London; World Dominion Press, 1960), pp.63~64 참조.

정한 문제를 감추거나 그 문제 속에 내포되어 있는 것을 감추지 않고 상처를 입힐까 봐 두려워하는 모습이 없고, 타협을 제시하지 않고 진정으로 어려운 일을 쉽게 보이려는 시도가 없었다." 그는 담대하게 복음을 전했다.

넷째, 바울의 설교는 예수 그리스도의 수난과 부활을 중심에 두었다. 그는 이것을 중심에 두고 약간 덜 중요한 것은 그 맥락 속에서 알맞게 사용하고 있다.

다섯째, 바울의 설교는 청중의 반응을 유도한다. 예수 그리스도는 살아계시고 장차 심판하실 것이기 때문에 예수를 믿어야 한다고 호소한다. 그는 회개의 필요성과 회개에 합당한 생활이 수반되어야 한다고 말하고 있다. 이러한 방법으로 바울은 청중들을 계속되는 구원 역사의 흐름 속에 투입시키는 것이다.

3. 칼빈의 설교원리와 방법

하나님의 말씀은 소명을 받은 목회자를 통하여 전파되고 있다. 이들의 사명은 교회에서 예배드릴 때 성경을 강해하며 옛 선지자들을 통해 하나님께서 하셨던 일을 사람의 말을 통해 하나님께서 하시고자 할 확신 안에서 전파되어져야 한다. 따라서 인간이 행한 말씀의 증거는 "하나님의 말씀하신 바(God speaking)와 다를 바가 없다. "하나님의 말씀은 선지자의 말과 구별되지 않는다"[37] 왜냐하면 하나님께서는 그의 사역자들의 음성(voca)을 통해 말씀이 전파되기를 원하시기 때문이다.[38] 그러므로 설교자는 중보자되신 예수 그리스도께서 복음이 전파된 곳에 오시리라는 대망을 들려주어야 하며 인간으로 하여금 목사의 목소리를 통하여 주님의 음성을 듣도록 해야 한다.[39] 목사들에 의한 설교는 인간

---

37) "Neque enim hic sermo Dei a prophetae verbis discernitur" John Calvin, *Commentary on Haggai*, 1 : 12(CR. 44, 94)
38) John Calvin, *Commentary of Isaiah* 50 : 10(CR. 37, 224)
39) Donald K. Mckim(ed), *Readings in Calvin's Theology*(Grand Rapids,

이 직접 볼 수 없는 하나님만의 베일에 싸인 채 인간에게 다가오는 은총의 형태(the gracious form)이다. 이와 같이 칼빈은 설교를 존재하시는 하나님의 징표로서(as a token of the presence of God) 혹은 항상 우리곁에 계시는 하나님의 징표로서 언급하고 있다.

로널드 월레이스(Ronald LS. Wallace)는 칼빈의 설교는 무엇보다도, 성도들의 마음속에 심고자 하는 그리스도의 통치수단(christ estabilishes His rule in the hearts of His People)이었다고 피력하면서[40] 그는 말씀선포 즉 설교를 통하여 교회가 신성화되고(sanctified), 개혁되고(reformed)한데 뭉쳐야 한다(together in unity)고 말하고 있다. 칼빈은 늘 복음 전파에 대하여 열렬하였으며[41] 복음은 하나님의 은총으로써 우리 중에 베푸시는, 비교될 수 없는 보물이라고 독자들에게 권고하고 있다. 즉 말씀은 인간의 영혼을 구제할 수 있는 최상의 것이기 때문이다.[42] 복음은 단지 들려주기 위해 전파되는 것이 아니라 영생을 위한 씨앗(a seed of inmortal life)으로서 인간들을 거듭나게 하려 함이며(벧전 1：23) 인간을 향한 하나님 아버지의 사랑(amor Dei)이 부단히 증거되게 하기 위하여 전파되는 것이다. 그리하여 인간으로 하여금 마음의 안식을 얻고 구원(salus)을 확신함으로써 진정한 기쁨을 누리게 하려함이라고(요 15：11) 칼빈은 우리에게 상기시키고 있다.[43]

또한 칼빈은 설교에 대한 논제에서 설교자의 말은 무한한 능력과 자유를 지닌 성령을 통해서만(only through a sovereign and free act of

---

    Michigan; Baker Book House, 1984), p. 232.
40) Ibid, p. 234.
41) John Calvin은 강단에서 하나님의 말씀 전체(scriptura tota)를 전하는 것을 설교자의 임무로 늘 생각했다. 그는 주일아침에는 신약을 오후에는 시편을 평일에는 구약을 설교했으나 어떠한 엄격한 규칙에 얽매이지 않았다.
    George Johnson, *Calvinism and Preaching* The Evangelical Quarterly, Vols, Ⅳ. 1932, pp. 245~247 참조.
42) Donald K. Mckim, op. cit., pp. 237~238.
43) John Calvin, *Commentary on John* 15：11(CR. 47, 345)

the Holy Spirit), 그 자체로써의 능력 있는 하나님의 말씀이 될 수 있다는 사실이다. "구원은 외부적 음성에 영합하거나 혹은 하나님으로부터의 구원의 소명을 이탈하여 다른 방향으로 흘러버릴 수 있는, 말로써는 불가능하다"[44] 다시 말해서 "모든 설교는 성령의 권능으로서만 능력을 부여받을 수 있을 뿐이며 외적인 말(external word) 그 자체로서는 어떠한 효력도 청중에게 미칠 수 없는 것이다. 이와같이 성령은 하나님의 말씀을 유효하게 하는 역할을 하고 있다(residet lgitur penes ipsum spiritum omnis agendi virtus). 그리고 성령의 모든 능력은 하나님만이 주관(referred to God alone)하시는 것이다. 목회자들의 능력이 말씀중에 있다고 할지라도 항상 주님이시고 구원의 주이신 분은 그리스도이시다.[45] 설교가 제아무리 우아하고, 재능있고, 열정적이라고 할지라도 하나님께서 그의 목회자들을 자신으로부터 분리시키시면 그들은 아무것도 아니라[46]고 칼빈은 천명하고 있다.

또한 칼빈은 인간 내부에서 나오는 말들이 성령 감동을 준다고 할지라도 그곳에는 생명력도, 권능도 존재하지 않는다고 말하고 인간의 입에서는, 즉 단순한 소리(mere sound) 중에서는 어떠한 능력도 나올 수 없으며 이는 오로지 성령이 임재하실 때에만 가능하다고 술회하고 있다. 분명히 훌륭한 설교는 메시지의 전달 이상의 것이다. 그것은 먼저 설교자 자신의 전달이다. 그러므로 설교자로서의 부목사는 먼저 설교를 준비하기 전에 인간적인 준비를 해야 한다. 그의 영력과 지력(知力)의 준비가 중요한 만큼 그의 태도, 그의 감정, 그리고 그의 위탁의 준비가

---

44) "Non in hunc finem, servandi vis sermonri adscribitur, quasi aut salus in externo vocis sonitu inclusa foret, ant servandi munus Deo ablatum, alio transferretur" John Calvin, *Commentary on James*, 1 : 21(CR. 55, 394)

45) "Tota ministrorum potestas in verbo est inclusa, ut semper nihilominus maneat Christus Solus Dominus et Magister"
 John Calvin, *Commentary on* II *Corinthians* 10 : 8(CR. 50, 118)

46) John Calvin, *Instutes of the Christian Religion*, 4, 1, 6.

대단히 중요하다.

한 사람의 증거에 생기와 능력을 제공하는 것은 성령이시라는 사실을 명심해야만 한다. 모든 설교는 그 설교가 전달될 때에 청중들이 성령께서 설교자의 증거 속에서 강력하게 역사하고 계심을 의식할 수 있도록 은밀한 곳에서 기도로 준비해야 할 것이다. [47]

제 3 절 기타사역[48]

목회자에게 있어서는 예배와 설교 이외에 특별한 기능을 수행해야 하는 특별한 목회적 기능들이 교회 안에 있다. 그것은 세례(baptism)와 성찬(sacramento), 장례식(the funeral), 그리고 결혼 예식(wedding ceremony)등이다.

이러한 목회적 기능들을 부주의하고 소홀하게 이행하고 하나의 단순한 의식으로 간주하는 것은 그 의식들의 성경적인 기원과 의미를 곡해하는 오류를 범하는 것이다.

세례와 성찬은 교회의 목회적 기능의 일부로서 예수 그리스도의 명령에 의하여 주어진 의식이었다. 실제적으로 세례와 성찬은 복음을 증거하는 의식이다. 즉 십자가에 나타난 복음의 구속적인 능력, 그리고 살아계신 예수 그리스도의 영속적인 임재(臨在)안에 나타난 복음의 지속적인 은혜에 대해서 증거하고 있다.

찬양, 기도, 성경봉독 등이 예배의 방법인 것과 동일하게 세례와 성찬도 예배의 방법인 것이다. 상징적 의미로서의 세례와 주의 성찬은 우리 주 예수 그리스도를 향하여 인간의 마음을 돌림에 의해서 예배하도록 그리스도인에게 기회를 제공하는 것이다.

---

47) 목사의 설교에 대한 보다 충분한 논의를 위해서는 필자의 현대설교학 (서울 ; 성광문화사, 1985)을 참고하길 바란다.
48) 목사의 기타사역들에 대한 보다 구체적인 논의를 위해서는 필자의 저서 현대목회학(서울 ; 성광문화사, 1986), pp. 236~258 참고.

이러한 의식들의 집행은 그 의식의 신성한 의미와 조화되어야만 한다. 세례는 존경과 위엄을 가지고 집행되어야만 한다. 목회자와 보조하는 집례자들의 모든 동작이 경건하고 신중하게 행해야 하며 어떠한 동작도 예배의 정신에 배치되거나 흐트러지게 해서는 안 될 것이다.[49] 목회자와 집례자들의 영적인 준비는 물론 육신적인 적절한 준비는 예식을 경건하게 하도록 도와줄 것이다.

성찬은 사실상 예배의 중심에 대단히 가깝다는 사실에 대해서는 많은 학자들이 일반적으로 동의하고 있다. 그러나 부주의한 조치로 인해서 성찬예식의 집례에 종종 예배의 정신을 상실하기도 한다. 충분한 계획과 적절한 조치는 주님의 성찬을 결코 잊을 수 없도록 하는 훌륭한 경험이 되도록 만들 수 있는 것이다. 전체 예배가 주님의 만찬을 중심으로 하여 계획될 때 그 예배는 교회의 예배에서 가장 의미있는 예배시간이 될 것이다. 주의깊게 선별된 성구와 성가, 그리고 기도 등은 십자가와 그리스도인들의 삶에 중심을 둔 간단한 목회자의 묵상과 함께 풍성한 예배 경험을 위한 기회를 제공할 것이다.[50]

또한 결혼예식은 기독교 사회의 기초가 되는 것이다. 가정은 하나님의 목적에 따라서 창설된 최초의 조직이었다. 그리스도교가 가정에서부터 시작되었기 때문에 결혼은 기독교 사회의 체제 내에서 이루어져야 하는 것이며 가정은 하나님 나라($\beta\alpha\sigma\iota\lambda\epsilon\iota\alpha\ \tau o \hat{v}\ \theta\epsilon o \hat{v}$)의 작은 모델이 되어야 하고 이것은 하나님 나라의 확장을 위한 초석이 되어야 한다.

분명히 결혼 예식도 하나의 예배의식이다. 그리스도인들이 목회자 앞에서 하는 서약은 하나님의 면전(Coram Deo)에서 행해지는 것이며 그리스도인의 축복은 두 사람의 결합 위에 기원되는 것이다.

결혼 예식은 아름답고 즐거워야할 뿐만 아니라 경건하고 축복받을만

---

49) 세례에 대한 보다 충분한 논의를 위해서는 Kenneth I. Brown, *And Be Baptized*(Philadelphia; Judson Press, 1952)을 참고하라.
50) Charles L. Wallis(ed), *The Table of the Lord*(N.Y.; Harper & Brothers, 1958), pp.14~17 참조.

해야 한다. 목사는 자신과 교회 앞에서 그들의 결혼 서약을 하는 이들에 대해서 그 결혼 예식이 보다 풍성한 영적인 경험이 될 수 있도록 이 예식을 집행할 책임을 지닌다. [51]

죽음의 면전에서 인간들은 어느 누구나 하나님의 임재를 필요로 한다. 이때에 목사는 자신도 언젠가 죽어야 할 인간임을 깨닫고 자기 자신의 자원(source)으로부터 목회를 행해서는 안된다. 사도바울이 고후 1 : 3—7에서 말한 바와 같이 그리스도의 위로를 기초로 하여 임종하는 사람을 위로해야 할 것이다. [52]

위로와 소망을 가져다 주는 사랑과 자비의 하나님에 대한 목사의 종교적 신념은 임종자의 힘을 돋구어 주는데 큰 힘이 된다.

영생에 대한 기독교의 부활의 교리는 죽음에 대한 승리를 그리스도인에게 확신시켜준다. 장례예식은 살아계신 주 예수 그리스도의 존재를 깨닫게 하는 대단히 중대한 기회가 되기 때문에 장례예식은 유족이 하나님의 은혜를 통하여 위안과 힘을 얻도록 도와줄 목적으로 세밀하게 계획되고 집행되어야만 한다. 진정 목회는 인간인 내가 하는 것이 아니라 하나님의 도구로 사용될 뿐이며 전적으로 성령의 도우심을 의지하지 않고는 바르게 수행해 나갈 수 없음을 항상 명심해야 할 것이다.

---

51) 기독교 결혼식에 대한 충분한 자료를 얻기 위해서는 다음의 책들을 참고하라.
    William H. Leach(ed), *The Cokesbury Marriage Manual*(N.Y.; Abingdon Press, 1959)
    J.R. Hobbs, *The Pastoral Manual*(Nashville; Sunday School Board of the Southern Baptist Convention, 1934)
52) Wayne E. Oates, *Pastoral Care and Counseling in Grief and Separation* (Philadelphia; Fortress Press, 1976), p.79.

참고문헌 및 계속연구문헌

1. James S. Stewart, *A Faith to Proclaim*(N.Y.; Charles Scribner's Sons, 1953)
2. Samuel H. Miller, *The Life of the Church*(N.Y.; Harper & Brothers, 1953)
3. W.T. Conner, *Christian Doctrine*(Nashville; Broadman Press, 1937)
4. J.S. Whale, *Christian Doctrine*(Cambridge; The Cambridge University Press, 1952)
5. Franklin M. Segler, *A Theology of Church and Ministry* (Nashville, Tenn; Broadman Press, 1960)
6. _____, *An Evaluation of Modern Worship in the Free Churches*-The Review and Expositor, Oct. 1953.
7. Colin Brown(ed), *The New International Dictionary of New Testament Theology*(Grand Rapids, Michigan; Zondervan Publishing House, 1975)
8. Robert G. Rayburn, *O Come, Let Us Worship*(Grand Rapids, Michigan; Baker Book House, 1980)
9. Raymond Abba, *Principles of Christian Worship*(N.Y.; Oxford University Press, 1957)
10. A.M. Fairbairn, *Studies in Religion and Theology; The Church-In Idea and History*(N.Y.; The Macmillan Co, 1910)
11. _____, *Philosophy of the Christian Religion*(N.Y.; The Macmillan Co, 1902)
12. William D. Maxwell, *A History of Christian Worship*(Grand Rapids, Michigan; Baker Book House, 1936)

13. Lewis Sherill, *The Rise of Christian Education*(N.Y.; The Macmillan Co, 1944)
14. R.C. Miller, *Education for Christian Living*(Englewood Cliffs, N.J.; Prentice-Hall, Inc. 1956)
15. Eleanor Hance, *Teaching Children to Worship and Pray* in *Childhood Education in the Church*, eds. by Roy B. Zuck, R. E. Clark(Chicago; Moody Press, 1979)
16. L.O. Richards, *A Theology of Christian Education*(Grand Rapids, Michigan; Zondervan Publishing House, 1976)
17. Jay E. Adams, *Christian Living in the Home*(Grand Rapids, Michigan; Baker Book House, 1976)
18. Merrill C. Tenney, *The Zondervan Pictorical Encyclopedia of the Bible*(Grand Rapids, Michigan; Zondervan Publishing House, 1975)
19. Charles Jefferson, *The Minister as prophet*(N.Y.; T.Y. Crowell and Co, 1905)
20. Gerhardus Vos, *The Pauline Eschatology*(Grand Ragids, Michigan; WM.B. Eerdmans Co, 1966)
21. Herman Ridderbos, *Paul and Jesus*(Philadelphia; Presbyterian & Reformed Publishing Co, 1958)
22. _____, *Paul-Outline of his Theology-*(Grand Rapids, Michigan; WM.B. Eerdmans Co, 1978)
23. Seyoon, Kim, *Origin of Paul's Gospel*(Grand Rapids, Michigan; WM.B. Eerdmans Co, 1981)
24. Roland Allen, *Missionary Methods; St. Paul's or Ours?*(London; World Dominion Press, 1960)
25. Donald K. Mckim(ed), *Readings in Calvins Theology*(Grand

Rapids, Michigan; Baker Book House, 1984)
26. George Johnson, *Calvinism and Preaching*, -The Evangelical Quarterly, Vols. Ⅳ, 1932-
27. John Calvin, *Institutes of the Christian Religion*, 4 : 1―6.
28. Kenneth I. Brown, *And Be Baptized*(Philadelphia; Judson Press, 1952)
29. Charles L. Wallis(ed), *The Table of the Lord* (N.Y.; Harper & Brothers, 1958)
30. William H. Leach(ed), *The Cokesbury Marriage Manual*(N. Y.; Abingdon Press, 1959)
31. J.R. Hobbs, *The Pastoral Manual*(Nashville; Sunday School Board of the Southern Baptist Convention, 1934)
32. Wayne E. Oates, *Pastoral Care and Counseling in Grief and Separation*(Philadelphia; Fortress Press, 1976)
33. R.C. Miller, *Christian Nurture and the Church*, 박형규 역(서울 ; 대한 기독교 교육협회, 1980)
34. 김득룡, 현대 목회학 신강(서울 ; 총신대학 출판부, 1984)
35. 정성구, 실천신학 개론(서울 ; 총신대학 출판부, 1984)
36. Paul H. Vieth, *Worship in Christian Education*, 김소영 역(서울 ; 대한예수교 장로회 총회교육부, 1978)
37. 김득렬, 학습과 지도(서울 ; 대한예수교 장로회 총회교육부, 1980)
38. Marvin J. Taylor, *An Introduction to Christian Education* 송광택 역(서울 ; 대한예수교 장로회 총회교육부, 1982)
39. 김동수, 예배학 개론(서울 ; 대한기독교 교육협회, 1967)
40. 이주영, 현대목회학(서울 ; 성광문화사, 1986)
41. _____, 현대설교학(서울 ; 성광문화사, 1984)
42. Homer A. Kent, 목회학, 이주영 역(서울 ; 성광문화사, 1984)

부록 : 심방사전

I. 축 하

1. 출 생

(1) 수태치 못한 자(찬송 363, 483)
여호와께 간구한 리브가(창 18 : 10, 25 : 21)
아들 얻기를 간구한 한나(삼상 1 : 11)
환난시에 오히려 평안함(눅 23 : 29)
잉태치 못한 자의 즐거움(갈 4 : 27)

(2) 임신부(찬송 410, 442)
사라가 잉태하여 이삭을 낳음(창 21 : 1~3)
종신토록 헌신하기로 서약함(삼상 1 : 28, 2 : 21)
엘리사벳이 세례 요한을 낳음(눅 1 : 13~16)
주의 사역자의 수고를 이해함(갈 4 : 19)

(3) 출산한 자(찬송 28, 394)
사람이 세상에 태어남을 즐거워함(요 16 : 21)
성령의 약속을 계승함(행 2 : 39)
영생을 계승함(고전 15 : 44)
사라가 해산 후 기뻐서 웃음(창 21 : 6)
엘가나가 사무엘을 낳고 제사드림(삼상 1 : 21)
엘리사벳이 기뻐하며 감사함(눅 1 : 57~58)
여호와의 도로 가르치라(신 31 : 12~13)
하나님을 위하여 자녀를 양육함(삼상 1 : 22~23)

첫아들은 주의 거룩한 자임(눅 2 : 23)

2. 생일

(1) 어린이 생일(찬송 299, 300, 301)
맹세를 갚으려고 해마다 제사함(삼상 1 : 21)
장래를 생각함(눅 1 : 66)
자식의 출생을 마음에 새김(눅 2 : 19)
큰 잔치를 베품(창 21 : 8)
손자를 품에 품고 양육함(룻 4 : 16)
건강하게 성장함을 기뻐함(눅 2 : 40)
만복을 누리는 자 되기를(창 12 : 2~3)
하나님만 절대 믿는 자 되기를(출 14 : 13~14)
하나님의 마음에 합한 자 되기를(행 13 : 22)
준수한 자식을 숨겨 기름(출 2 : 2~3)
제사장 앞에서 여호와를 섬김(삼상 2 : 10)

(2) 어른 생일(찬송 102, 434)
중생이 필요함(요삼 1 : 2, 요 3 : 3~7)
육신으로 낳으나 신령한 몸을 가짐(고전 15 : 44)
의인의 축복(갈 3 : 27, 사 43 : 1~7)

(3) 환갑(찬송 502, 361)
건강 장수의 축복(수 14 : 10~11, 사 46 : 3~4)
자녀는 여호와의 상급(시 127 : 3)
가정 화목의 축복(시 128 : 1~6)
백발은 영화의 면류관(잠 16 : 31)
재산(일용 양식)의 축복(잠 30 : 8~9, 시 23 : 1~6)

3. 교육(敎育)

(1) 입학(찬송 28, 350)
자녀 교육의 의무가 있음(신 6 : 4~9)
지식의 근본은 여호와 공경(잠 1 : 7~8)

예수님을 모범으로 삼음(눅 2:46~47)
어려서부터 배우고 믿을 것(딤후 3:14~15)

(2) 진학(찬송 302, 453)
주님의 모습처럼(눅 2:40, 52)
신앙의 진취같이 학업도 진취(롬 1:17)
심은 대로 거둠같이 많이 배울 것(고후 9:6)
더함의 증가 생활(벧후 1:5~7)

(3) 졸업(찬송 376, 456)
일의 마지막이 시작보다 나음(전 7:8)
모든 날 끝에는 정한바 복을 누림(단 12:13)
배우고 깊이 믿을 것(딤후 3:14)
시작한 일을 끝까지 굳게 잡을 것(히 3:14)

4. 혼 인

(1) 약혼(찬송 28, 410)
하나님의 뜻에 순응함(창 24:56~58)
부모님의 허락(창 24:1~4)
본인들의 의사 존중(창 24:62~63)
서약을 파약하지 말고 시행할 것(민 30:2)
맹세는 변할 수 없음(시 110:4)
결혼시까지 정결을 도모할 것(마 1:56)

(2) 결혼(찬송 286, 287)
여자를 남자의 배필로 정함(창 2:18)
하나님의 창조 원리(창 2:24~25)
거룩한 자손을 낳게 함(말 2:15)
하나님의 축복(창 1:27~28, 2:20~25)
혼인의 신성성(살전 4:3~6)
혼인의 귀중성(히 13:4)
아브라함과 같은 자손(창 15:4~5)

이삭과 같은 재산(창 26 : 12~14)
야곱과 같은 영적 축복(창 27 : 29)
요셉과 같은 이상(창 37 : 5~11)

5. 사 업

(1) 개업(찬송 28, 415, 455)
정성으로 자본 투자(마 13 : 45~46)
많은 이익을 위해 근면할 것(마 25 : 16~17)
주께서 허락하심(약 4 : 13~17, 신 28 : 12)

(2) 사업 확장(찬송 410)
나중이 처음보다 나아짐(욥 42 : 12)
부지런한 손은 부하게 됨(잠 10 : 4)
곡간을 헐고 더 크게 지음(눅 12 : 18, 욥 8 : 5~7)

(4) 취직(찬송 444)
일군으로 불러 줌을 감사할 것(마 20 : 6~7)
부지런하여 게으르지 말 것(롬 12 : 11)
맡은 일에 충성할 것(고전 4 : 2)

(4) 승진(찬송 93)
가정 총무에서 총리대신으로 승진됨(학 2 : 7, 창 39 : 4, 41 : 40)
왕의 시종소년에서 세째 치리자로 승진됨(단 1 : 5~6, 5 : 29)
적은 일에 충성하면 많은 것을 맡음(마 25 : 21)

Ⅱ. 애 도

1. 임종자

수가 높고 나이 많아 기운이 진함(창 25 : 8)
아들 이름을 지어놓고 죽음(창 35 : 17~18)
자녀들에게 축복하고 별세함(창 49 : 1~3)
다윗의 유언(왕상 2 : 1~3)

신앙의 자녀들에게 유언함(딤후 4 : 1~8)
믿음의 임종자 요셉(히 11 : 22)
육체의 남은 때를 하나님의 뜻대로 살고 열심과 사랑으로 최후를 장식할 것(요 13 : 36—14 : 6)

2. 조 상

(1) 노인(찬송 290, 293)
하나님의 초대(창 5 : 24)
세상 환난을 피함(사 57 : 1)
영혼의 안식(사 57 : 2)
잠자는 것임(행 7 : 60)
본향에 가는 것임(히 11 : 16)
육신의 수고가 끝남(계 14 : 13)
세상의 나그네 길의 험악함(창 47 : 9)
장수 후의 별세는 곡식 결실과 같음(욥 5 : 26)
세상 생활은 피로움 뿐(욥 14 : 1~2)
신속한 세월은 수고로울 뿐(시 90 : 10)
육신의 생애는 아침 안개와 같음(약 4 : 13~15)
육신의 생애는 들의 꽃과 같음(벧전 1 : 24)
하나님의 보호를 받고 삶(계 7 : 13~17)

(2) 어린이 죽음
부모의 신앙적 위로(삼하 12 : 15~23)
어릴 때의 죽음의 유익(전 6 : 3~6)
천국 백성의 자격자(마 18 : 3~6)
이 경험으로 남을 위로하게 됨(고후 1 : 3~4)

(3) 남편의 별세
신앙 생활에 치중케 함(눅 2 : 36~38)
소망을 하늘에 두게 함(히 6 : 19~20)
과부로 그냥 지내는 것이 더욱 복됨(고전 7 : 39~40)
택한 성도의 시련(벧전 5 : 9~10)

(4) 교역자 별세
하나님과 동행하다가 불려감(창 5:24)
사나 죽으나 주의 소유(롬 14:8)
그리스도와 같이 있게 됨(빌 1:23)
주를 위해 바친 몸으로 삶(딤후 4:6)

3. 추 모

(1) 자녀의 추도(찬송 295, 544)
부모도 따라감(삼하 12:23)
태에서 죽는 자가 도리어 나음(전 6:3~6)
죽음이 출생보다 나음(전 7:1)
슬픔이 웃음보다 아름다움(전 7:3)
지혜자의 마음은 초상집에 있음(전 7:4)

(2) 부모의 추모
지극한 효성의 슬픔(창 50:10)
자녀의 불신을 안타까와 함(눅 16:27~31)
영원한 소망은 임종시에 필요(요 14:1~3)
아버지 집에 가 계신 것을 기억(요 14:1~3)
부모님의 부탁을 기억(행 20:28)
부모님의 요구를 기억(행 20:31)
슬픔과 이별과 신앙의 위로(행 20:36~37)

(3) 교역자 추모
빈궁 속에 청렴한 생활(삼상 12:1~5)
그의 신앙을 본받고 계승할 것(고전 11:1~2)
남이 모르는 기쁨과 부요의 생활(고후 6:10)
교회를 위해 염려하던 생활(고후 11:28)
그의 영적 사역을 기억(갈 4:19)
유모같이 길러준 사랑을 기억(살전 2:7~8)
교인들의 신앙 충실이 큰 위로(살전 3:6~7)

(4) 불신 부모의 추도
불신 부모도 자녀의 멸망을 원치않음(눅 16 : 27~31)
우리가 주를 버리면 주도 우리를 버림(딤후 2 : 12)

(5) 불신 자녀가 신앙의 부모를 추모
눈물로 신앙 권고하던 것을 기억(행 20 : 31)

Ⅲ. 환　자

1. 병이 생기는 원인(찬송 338, 394, 528)
하나님의 징계로부터(신 28 : 56)
마귀에게로부터(욥 2 : 6~7)
죄로 말미암아(요 5 : 14)
하나님의 영광을 위하여(요 11 : 4)
불경건한 생활로부터(고전 11 : 30)
과로로 인하여(빌 2 : 25~30)

2. 각종 환자
각종 병을 고쳐 주시는 예수(마 4 : 23~25)
병을 짊어지신 예수(마 8 : 16~17)
병자에게 필요한 의사 예수(마 9 : 12)
병고치는 권능을 부여하심(마 10 : 1)
주의 종을 모시고 기도할 것(약 5 : 14)
부모의 죄로 앓는 아이(삼하 12 : 15~16)
심한 병으로 위중한 아들(왕상 17 : 17~24)
아합의 아들 요람의 병(왕하 8 : 29)
어머니의 믿음으로 나음(마 15 : 21~28)
아들의 간질병(마 17 : 14~21)
자녀들에게 축복을 간구(마 19 : 13~15)
야이로의 딸의 병(막 5 : 21~25, 35~43)
왕의 신하의 아들의 병(요 4 : 46~54)

해산고가 심한 라헬(창 35 : 16~18)
베드로의 장모의 열병(막 1 : 29~31)
혈루증으로 앓는 여인(막 5 : 25~34)
노경에 해산한 엘리사벳(눅 1 : 57)
병고침을 받은 여자들(눅 8 : 2~3)
죽었다가 다시 살아난 다비다(행 9 : 36~43)
연로하여 눈이 어두워진 엘리(삼상 4 : 15)
다윗도 늙고 연약해짐(왕상 1 : 1)
히스기야 왕이 죽을 병에서 회생함(왕하 20 : 1~8)
근심 없이 예수를 믿음(요 14 : 1~2)
난간에서 떨어져 병듦(왕하 1 : 2)
죽을 병에 걸린 엘리사(왕하 13 : 14)
죽을 병에 걸렸던 히스기야 왕(왕하 20 : 1~11)
심히 중한 발병(대하 16 : 11~14)
38년 된 병(요 5 : 1~9)
8년된 중풍병(행 9 : 32~35)
주의 손으로 만져 열병을 물리침(마 8 : 15)
베드로의 장모의 열병(막 1 : 29~31)
열병 고쳐 주기를 주께 구함(막 1 : 30)
열병을 꾸짖는 예수님(눅 4 : 39)
왕의 신하의 아들의 열병(요 4 : 46~54)
보블리오의 부친의 열병(행 28 : 7~10)
절뚝발이 아들(삼하 4 : 4)
두 발이 다 절뚝거리는 므비보셋(삼하 9 : 13)
저는 자가 사슴같이 뛰게 됨(사 35 : 6)
절뚝발이로도 영생을 얻음이 나음(마 18 : 8)
예수께 나와 고침받음(마 21 : 14)
앉은뱅이가 걷고 뜀(행 3 : 1~10)
루스드라의 앉은뱅이(행 14 : 8~10)
가다라(거라사)의 사귀병자(마 8 : 28~34)
귀신들려 눈멀고 벙어리 된 자(마 12 : 22)
더러운 귀신들린 자가 나음(막 1 : 23~28)

벙어리 귀신들린 아들(막 9 : 17∼18)
제자들에게 사귀를 쫓아내는 능력을 줌(눅 9 : 1∼2)
나아만의 문둥병을 고침(왕하 5 : 1∼27)
주께 절하며 나온 문둥병자(마 8 : 1∼4)
베다니의 문둥병자 시몬(마 26 : 6)
문둥병을 깨끗케 하시는 예수님(눅 7 : 22)
주께 고침받은 10인의 문둥병자(눅 17 : 11∼18)
여호와께서 소경의 눈을 여심(시 146 : 8)
메시야 때에는 소경의 눈이 밝아짐(사 35 : 5)
따라오며 소리치는 두 소경(마 9 : 27∼31)
여리고 길가의 두 소경(마 20 : 29∼34)
벳새다의 한 소경(막 8 : 22∼26)
소경 거지 바디매오(막 10 : 46∼52)
많은 소경을 보게 하신 예수님(눅 7 : 22)
벙어리의 혀가 노래함(사 35 : 6)
벙어리 개처럼 짖지 못하는 파숫군(사 56 : 10)
사귀를 쫓아내니 벙어리가 말함(마 9 : 32∼34)
사귀들리고 눈까지 먼 벙어리(마 12 : 22)
귀신들리고 귀먹은 벙어리(막 9 : 25)
벙어리도 말하게 하는 예수님(막 7 : 37)
귀먹은 자를 저주하지 말라(레 19 : 14)
은총이 임하면 귀머거리가 들음(사 29 : 18)
메시야 때에 귀머거리가 들음(사 35 : 5)
귀머거리를 듣게 하시는 예수님(마 11 : 5)
문둥병에 걸린 손(출 4 : 6)
손을 만지니 열병이 물러감(마 8 : 15)
죽은 소녀의 손을 잡아 일으킴(마 9 : 25)
한편 손 마른 자를 고치심(마 12 : 9∼13)
귀신들린 아이의 손을 잡아 일으킴(막 9 : 27)
독사에게 물려도 상치 않는 손(행 28 : 3∼6)
상처는 치료 받아야 함(대하 22 : 6)
여호와께서 상처를 싸매어 줌(사 30 : 26)

예수께서 상한 자를 고쳐 주심(마 15 : 30~31)
상처를 고쳐주는 사마리아인(눅 10 : 30~37)
죽게 되었던 상처가 나음(계 13 : 3)

Ⅳ. 여러 경우의 신자

1. 교회 출석을 등한히 하는 자(찬송 370, 463)

무거운 짐진 자들아 다 내게로 오라(마 11 : 28)
주일에 주님 부활하심을 뵈옴(요 20 : 19~23)
열심으로 주께 봉사하라(롬 12 : 11)
지금이 곧 은혜 받을 때(고후 6 : 1~2)
처음 은혜를 보존하라(히 3 : 14)
때를 따라 은혜받을 것(히 4 : 16)
모이기를 힘쓰라(히 10 : 25)

2. 예수 사랑하는 마음이 없는 자(찬송 102, 366)

예수 위해 목숨을 잃으면 찾음(마 16 : 25)
재물 때문에 예수를 멀리함(마 19 : 21~22)
예수를 더욱 사랑해야 할 책임(요 21 : 15~18)
예수 사랑하는 마음이 변치 말 것(엡 6 : 23~24)

3. 세상만 사랑하는 자(찬송 410, 554)

물질면만 치중한 롯의 신앙(창 13 : 10~13)
형식적 신자로 버림 받은 자(마 7 : 21~23)
가시덤불과 같은 마음밭(마 13 : 22)
롯의 아내를 생각하라(눅 17 : 32)
위에 것을 생각하라(골 3 : 1~2)
하나님의 사랑을 떠난 자(요일 2 : 15)

4. 범죄하고 낙심 중에 있는 자(찬송 326, 327)

육신의 소욕은 성령을 거스림(갈 5 : 17)
옛사람을 벗고 새사람을 입으라(엡 4 : 22~24)

하나님의 성령을 근심케 말라(엡 4 : 30)
마귀를 대적하고 하나님을 가까이 하라(약 4 : 7~8)

5. 믿음이 약한 자(찬송 214, 432)

우리의 연약함을 친히 담당하심(마 8 : 17)
육신은 연약함(마 26 : 41)
연약한 자를 위하여 그리스도께서 죽으심(롬 5 : 6)
성령이 우리의 연약함을 도우심(롬 8 : 26)
믿음 연약한 자에 대한 태도(롬 14 : 1~3)
사도들도 약할 때가 있음(고전 2 : 3)
강한 신앙으로 발전할 것(고전 15 : 43)
마음 약한 자를 안위할 것(살전 5 : 14)
주님도 우리의 연약을 체휼하심(히 4 : 15)

6. 열심이 없는 자(찬송 231, 183)

여호와를 위한 열심을 볼 것(왕하 10 : 16)
열심의 옷을 입을 것(사 59 : 17)
거룩한 이름을 위하여 열심을 낼 것(겔 39 : 25)
열심을 품고 주를 섬기라(롬 12 : 11)
참된 열심이 많은 사람을 격동시킴(고후 9 : 2)
하나님의 열심을 배울 것(고후 11 : 2)
좋은 일을 열심으로 사모할 것(갈 4 : 18)

7. 새로 믿는 자(찬송 410, 455)

의심하는 것도 무리가 아님(요 1 : 45~46)
저를 믿는 자는 영생을 얻음(요 3 : 15)
하나님의 권속이 됨(엡 2 : 19)
어린이 같이 유혹에 빠지지 말 것(엡 4 : 14)
옛사람을 벗고 새사람을 입을 것(엡 4 : 22~24)
예수의 모양을 좇을 것(골 3 : 9~10)
처음부터 끝까지 잘 믿을 것(히 3 : 14)
은혜의 보좌 앞에 담대히 나갈 것(히 4 : 16)

8. 연보해야 할 자(찬송 185, 432)

주의 쓰실 것은 무엇이나 바칠 것(마 21 : 3)
은혜 받은 자는 바치기를 기뻐함(눅 8 : 1)
많이 심으면 많이 거둠(고후 9 : 6)
마음에 원하여 기쁨으로 할 것(고후 9 : 7)
아름다운 향기로 하나님을 기쁘시게 함(빌 4 : 18)

9. 기도 생활 안 하는 자(찬송 363, 482)

기도는 여호와의 명령임(사 55 : 6, 렘 29 : 12, 33 : 1~3)
원험이 있는 자의 기도는 막힘(마 5 : 23~24)
혐의를 품고 하는 기도는 헛됨(막 11 : 25)
항상 기도할 것(눅 18 : 1)
교만한 자의 기도는 듣지 않으심(눅 11 : 12)
쉬지 말고 기도할 것(살전 5 : 17)
믿음이 없이 하는 기도는 헛수고(히 11 : 6)
의심하는 자의 기도는 헛됨(약 1 : 6~7)
정욕으로 쓰려고 기도하면 안됨(약 4 : 3)

10. 시험당하는 자(찬송 79, 502)

명예를 얻을 때 시험받기 쉬움(민 22 : 17)
평안할 때 받기 쉬움(삼하 11 : 2~6)
악한 벗과의 교제로 시험받음(잠 1 : 10)
빈곤, 부요할 때 시험받기 쉬움(잠 30 : 8~9)
영광을 얻을 때 시험받기 쉬움(마 4 : 8~9)
마귀의 유혹으로 시험받음(요 13 : 2)
피할 길을 예비해 주심(고전 10 : 13)
생명의 면류관을 얻음(약 1 : 12)
신앙 연단으로 인내를 얻음(약 1 : 13)
욕심의 미혹으로 시험당함(약 1 : 14)

11. 회개하는 자(찬송 93, 377)

회개하면 마음이 소성케 됨(사 57 : 15)

예수께서 회개하라고 선포하심(마 4 : 17)
죄인을 회개시키려고 주께서 오심(마 9 : 13)
회개하면 하나님이 기뻐하심(눅 15 : 7)
사죄 후 성령을 받음(행 2 : 38)
생명에 이르는 회개라 불리움(행 11 : 18)
회개하면 구원을 얻음(고후 7 : 10)
오늘이 회개의 기회임(히 4 : 7)
열심을 내어 회개하라(계 3 : 19)

12. 전 가족이 다 믿지 않는 가정(찬송 231, 487)

등불을 전 가족에게 비출 것(마 5 : 15)
겨자씨 한 알이 큰 나무가 됨(마 13 : 31~32)
누룩은 가루 전체를 부풀게 함(마 13 : 33)
하나님 뜻대로 하는 자가 참가족(막 3 : 31~35)
아내의 믿음으로 거룩하게 됨(고전 7 : 12~16)
하나님의 권속(엡 2 : 19)
집안 사람을 돌볼 책임이 있음(딤전 5 : 8)
정결한 신앙 행위로 감화를 주라(벧전 3 : 1~2)

13. 낙심했다가 재출석하는 자(찬송 193, 410)

기회를 찾아 가까이 나옴(사 55 : 6)
성령의 인도하심을 받을 것(요 16 : 13)
회개자에게 성령 주심(행 2 : 38)
유쾌하게 되는 날(행 3 : 19)
성령의 감화적 은총(행 11 : 17)
옛사람을 완전히 버릴 것(엡 4 : 22~24)
성령의 감화를 소멸치 말 것(살전 5 : 19)
회개의 시기는 지금 오늘(히 3 : 7~8)

14. 타락한 교인(찬송 91, 317)

육신의 사망 선고(창 3 : 19)
수고와 비애의 정죄를 받음(창 3 : 16~19)

낙원에서 쫓겨남(창 3 : 24)
뒤를 돌아다 본 롯의 처(창 19 : 26)
구원을 경시하는 죄(히 2 : 3)
예수를 두 번 못박는 죄(히 6 : 4~6)

15. 환난·시험을 당한 자(찬송 342, 363, 455)

구원을 얻게 하려는 것(고전 5 : 5)
너무 자고치 않게 하시려고 가시를 줌(고후 12 : 7)
주와 함께 십자가에 죽는 것(갈 2 : 20)
하나님의 성령을 근심되게 말 것(엡 4 : 30)
징계를 경시하지 말 것(히 12 : 5)
책망 받을 때 낙심하지 말 것(히 12 : 5)
시험을 참는 자가 복이 있음(약 1 : 2~4, 12)
믿음의 시련은 금보다 귀함(벧전 1 : 6~7)
불시험을 이상히 여기지 말 것(벧전 4 : 12)
믿음을 굳게 연단함(벧전 5 : 10)

16. 화평한 가정(찬송 305, 444)

천사를 영접한 아브라함의 가정(창 18 : 1~21)
우상을 버린 야곱의 가정(창 35 : 2)
신앙으로 일치가 된 여호수아의 가정(수 24 : 15)
기쁨이 넘치는 다윗의 가정(삼하 6 : 20~21)
자녀 신앙을 염려하는 욥의 가정(욥 1 : 5)
예수님을 사랑한 나사로의 가정(요 12 : 1~5)
경건한 생활을 한 고넬료의 가정(행 10 : 1~8)
구원의 기쁨을 누린 옥사장의 가정(행 16 : 31~34)
전도자를 대접한 브리스길라의 가정(행 18 : 1~4)
신앙을 계승한 디모데의 가정(딤후 1 : 5)

17. 부모를 모시고 사는 자(찬송 304)

셈·야벳이 존경으로 효도함(창 9 : 20~27)
아브라함 자손의 축복(창 17 : 1~8)

이삭의 자손 축복(창 26 : 3~5)
야곱의 자녀 축복(창 28 : 3~4)
요셉이 사랑과 순복으로 효도함(창 46 : 28~34)
룻이 사랑과 봉양으로 효부가 됨(룻 1 : 16~17)
효도하는 자손을 출생(잠 23 : 22~25)
효도자는 장수한다(엡 6 : 1~3)
효도자는 창성한다(엡 6 : 1~3)
고요하고 평안한 생활을 함(딤전 2 : 2)

18. 교회 불평자(찬송 213, 440)

교회에서 잠잠하라(고전 14 : 28, 34)
교회 핍박이 주를 핍박하는 것임(갈 1 : 13)
그리스도 안에 있는 교회들(갈 1 : 22)
교회의 머리는 그리스도(엡 5 : 23)
그리스도의 몸된 교회(골 1 : 24)

19. 교우간 불화자(찬송 267, 324, 361)

화평케 하는 자가 하나님의 아들(마 5 : 9)
예물 드림보다 앞서 형제 화목(마 5 : 29)
힘써 뭇사람과 더불어 화목하라(롬 12 : 18~21)
성도는 하나님의 권속(엡 2 : 19)
마귀로 틈타지 못하게 하라(엡 4 : 25~27)
혐의가 있거든 용서하라(골 3 : 12~17)
노하기를 더디하라(약 1 : 19)

20. 먼 거리에 있는 신자(찬송 102, 364)

삼일길을 가서 제사한 아브라함(창 22 : 1~19)
멀리 서지 마옵소서(시 10 : 1)
멀리서도 생각을 아시나이다(시 139 : 2)
먼 땅에서 오는 좋은 기별(잠 25 : 25)
동방 박사들의 경배(마 2 : 1~12)
멀리 서서 예수께 부르짖음(눅 17 : 11~13)

에디오피아 내시의 예배(행 8 : 27)
마게도냐인의 간청(행 16 : 6~10)

21. 신앙의 동요가 있는 자(찬송 365, 214)

의인의 요동을 허락지 아니하심(시 55 : 22)
마음이 요동치 아니함(렘 4 : 1)
불신자는 하나님의 진노를 받음(요 3 : 36)
뉘게로 가오리이까(요 6 : 68)
진리로 거룩하게 될 것(요 17 : 17)
너희를 요동케 하는 자가 누구냐(갈 5 : 10)
풍조에 밀려 요동치 않게 함(엡 4 : 14)
여러 환난 중에 동요치 않게 함(살전 3 : 3)
믿음의 터 위에 굳게 설 것(골 2 : 23)

22. 교회를 부인하는 자(찬송 208, 269)

반석 위에 세운 교회(마 16 : 18)
그리스도의 피로 산 교회(행 20 : 28)
교회를 핍박하는 것은 큰 죄(갈 1 : 13)
그리스도 안에 있는 교회들(갈 1 : 22)
그리스도의 몸(엡 1 : 22)
그리스도께서 보양하시는 교회(엡 5 : 29)
살아 계신 하나님의 교회(딤전 3 : 15)
선한 성도를 교회에서 내어쫓음(요삼 1 : 10)
성령이 교회들에게 하시는 말씀(계 2 : 7)

23. 이단 사설에 미혹된 자(찬송 265, 440)

다른 신을 섬기면 하나님의 진노를 삼(신 11 : 16~17)
마음이 미혹되면 안식에 못 들어감(시 95 : 10~11)
거짓 선지자들을 삼갈 것(마 7 : 15~23)
말세에는 거짓 선지자가 많음(마 24 : 11)
궤술과 배도가 예언됨(살후 2 : 3)
궤술과 간사한 유혹에 빠짐(엡 4 : 14)

말세에 기롱군이 생김(유 1 : 18~19)

24. 불신 주인 밑에 있는 자(찬송 355, 364)

신앙의 정결을 보일 것(창 39 : 9)
죄수로서 전옥을 감동시킴(창 39 : 21~23)
신앙으로 총리대신이 됨(창 41 : 37~45)
주인에게 전도할 것(왕하 5 : 2~3)
결사적 신앙으로 난국 극복(에 4 : 15~17)
신앙 결심은 감독자를 감동시킴(단 1 : 8~16)
신앙으로 결단을 내려야 함(행 16 : 16~21)
신실한 마음으로 복종할 것(엡 6 : 5~8)
하나님의 이름이 훼방받지 않도록(딤전 6 : 1)
신앙 행위로 감화를 줄 것(벧전 3 : 1)

25. 재물로 인하여 핑계하는 자(찬송 350, 351)

탐재는 신앙 성장의 방해(마 13 : 22)
영생은 재물보다 귀함(마 19 : 22)
탐재하다가 사도직을 빼앗김(마 26 : 14~15)
탐재하다가 영혼까지 상실함(눅 12 : 13~20)
영혼 구원보다도 돈벌이를 치중함(행 16 : 16~18)
탐심은 우상 숭배(엡 5 : 5)
탐재하다가 선지 직분 탈락(벧후 2 : 15, 유 1 : 11)

26. 무직을 염려하는 자(찬송 371, 432)

수고하고 땀 흘려야 먹음(창 3 : 17~18)
부지런한 자는 택함 받음(왕상 11 : 28)
손이 게으르면 가난하게 됨(잠 10 : 4)
부지런한 자의 마음은 풍족함(잠 13 : 4)
먼저 그 나라와 그 의를 구할 것(마 6 : 33)
품군으로 부름을 기다릴 것(마 20 : 6)
직업의 귀천을 가리지 말 것(막 6 : 3)
영생할 양식을 위하여 일하라(요 6 : 27)

제손으로 수고하며 선한 일을 힘쓰라(엡 4 : 28)
반드시 직업을 가지라(살후 3 : 8~10)

27. 불화한 가정(찬송 133, 305)

감정을 상하게 하지 말 것(욥 2 : 9)
분노는 쟁투를 일으킴(잠 15 : 18)
마음을 다스려야 화평해짐(잠 16 : 32)
분쟁하면 사막 생활보다 못함(잠 11 : 19)
마귀가 틈타지 못하게 할 것(엡 4 : 26~27)
말하기를 더디해야 함(약 1 : 19~20)
기도가 막힘(벧전 3 : 7)

28. 근심·염려하는 자(찬송 318, 360)

즐거움 끝에는 근심이 있음(잠 14 : 13)
마음의 근심은 심령을 상하게 함(잠 15 : 13)
심령의 근심은 뼈가 말라짐(잠 17 : 22)
내일 일을 위하여 염려하지 말라(마 6 : 34)
너희는 마음에 근심하지 말라(요 14 : 1)
너희가 염려 없기를 원하노라(고전 7 : 32)
너무 많은 근심에 잠길까 두려움(고후 2 : 7)
세상 근심은 사망을 이룸(고후 7 : 10)
하나님의 약속을 기억하라(히 13 : 5~6)
너희 염려를 주께 맡겨 버리라(벧전 5 : 7)

29. 세례받을 자(찬송 177, 506)

죄의 자복이 필요함(마 3 : 6)
성령의 역사를 상징(마 3 : 11)
예수님도 세례받으심(마 3 : 23)
교회 의식으로 제정됨(마 28 : 19~20)
삼위의 성호로 베품(마 28 : 19)
세례의 영적 은사는 중생(요 3 : 3~6)
신앙과 회개가 필요함(행 2 : 37~38)

물은 세례의 외적 표식(행 8 : 36)
예수와 합하여 세례 받음(롬 6 : 3)
세례도 하나이다(엡 4 : 5)

30. 직분을 맡을 자(찬송 370, 410)

내가 누구관대(출 3 : 11)
나는 내 아버지 집에서 제일 작은 자(삿 6 : 15)
가시나무가 왕이 되겠다고(삿 9 : 14~15)
어려서 부름받은 사무엘(삼상 3 : 1~15)
사울이 왕됨을 황송해 함(삼상 10 : 20~24)
중심을 보시고 택하시는 하나님(삼상 16 : 6~13)
이사야가 부름에 응함(사 6 : 8)
자기 부족을 느끼며 송구해 함(욘 1 : 1~17)
직분을 피하려다 책망받음(렘 1 : 6)
자기 부족을 깨닫는 자가 더 큰 책임을 맡음(눅 5 : 1~11)

V. 각종 직업

1. 관공리(찬송 93, 144)

딸의 병 고쳐 주기를 비는 관원(마 9 : 18)
십자가를 비웃는 관원들(마 27 : 41)
받는 요로써 족한 줄 알 것(눅 3 : 14)
잘 믿는 관원이 많음(요 12 : 42)
바울의 친구인 아시아의 관원(행 19 : 31)
관원의 지혜는 보잘 것 없음(고전 2 : 8)
백성의 종으로 여기라(빌 2 : 5~11)
주장하는 자세를 맡고 본이 되라(벧전 5 : 3)

2. 세관리(찬송 265, 270)

악한 세리라도 그 벗에게는 친절함(마 5 : 46)
예수 따라 사도가 된 세리 마태(마 9 : 9)
죄인과 동일시되는 세리(마 11 : 9)

버림받은 존재로 취급받던 세리(마 18 : 17)
세리도 하나님 나라에 들어감(마 21 : 31~32)
전도를 잘 받는 세리들(막 2 : 15)
통회 자복의 기도자 세리(눅 18 : 13)
예수를 영접한 세리장(눅 19 : 1~10)

3. 법관(찬송 202, 231)

법은 빛이라(잠 6 : 23)
예수는 신령한 재판관(요 8 : 1~11)
너의 법대로 재판하라(행 16 : 19~40)
전후 모순된 법관(요 18 : 31)
법보다 귀한 은혜(롬 6 : 14~15)
그리스도의 법을 성취하라(갈 6 : 2)
법은 선한 것인줄 아노라(딤전 1 : 8)

4. 정치가(찬송 376, 427)

애굽의 대정치가가 된 요셉(창 41 : 40~41)
바사의 대정치가가 된 모르드개(에 10 : 3)
바벨론의 대정치가가 된 다니엘(단 6 : 28)
존귀한 공회의원 아리마대 요셉(막 15 : 43)
선하고 의로운 공회의원 요셉(눅 23 : 50)
양심적인 정치가 니고데모(요 7 : 50~51)
모든 권세는 하나님께로 옴(롬 13 : 1~11)
맡은 자에게 구할 것은 충성(고전 4 : 2)

5. 경제인(찬송 210, 408)

부귀와 재물이 하나님께 있음(잠 8 : 18)
헛된 재물은 줄고 참된 것은 는다(잠 13 : 11)
빈부보다도 일용할 양식이 귀함(잠 30 : 8)
재물 있는 곳에 마음도 있음(마 6 : 21)
하나님과 재물을 겸해서 못 섬김(마 6 : 24)
재물을 선용할 것(눅 10 : 35)

있는 바를 족한 줄로 알 것(히 13 : 5)

6. 언론인(찬송 133, 366)

자기 말로 자기가 얽힘(잠 6 : 2)
때에 합당한 말은 좋음(잠 15 : 23)
입과 혀를 지키는 자는 영혼을 지킴(잠 23 : 23)
정직한 말은 속이 유쾌해짐(잠 23 : 16)
말보다 진실한 행실(요일 3 : 18)

7. 체육인(찬송 389)

육체가 늙어도 강건함(수 14 : 11)
빠른 경주자라고 선착하는 것이 아님(전 9 : 11)
달음박질하여도 곤비치 않음(사 40 : 31)
보행자와 함께 달려도 피곤함(렘 12 : 5)
상받는 자는 한 사람(고전 9 : 24)
푯대를 향해 달음질 함(빌 3 : 14)
법대로 싸울 것(딤후 2 : 5)
나의 달려 갈 길을 마침(딤후 4 : 7)
우리 앞에 있는 경주를 달릴 것(히 12 : 1)

8. 농부(찬송 89, 260)

노아가 농업을 시작함(창 9 : 20)
애굽에서 농사의 여러가지 일을 함(출 1 : 14)
슬픔의 날에 농작물이 없어짐(사 17 : 11)
추수할 것이 많은 농장(마 9 : 37~38)
씨뿌리는 농부(마 13 : 3)
하나님은 포도원 농부(요 15 : 1)
곡식을 자라게 하시는 이는 하나님(고전 3 : 6~8)
심은대로 추수함(갈 6 : 7)
수고한 농부가 먼저 곡식을 받음(딤후 2 : 6)
시절을 좇아 과실을 맺음(시 1 : 3)
나의 사랑하는 자가 능금나무 같음(아 2 : 3)

선한 열매를 맺을 것(마 3:10)
맺는 열매로 나무를 앎(마 7:16~20)
열매 없는 무화과나무(마 21:19~22)
원 줄기에 붙어 있어야 결실함(요 15:1~8)
참감람나무에 접붙임(롬 11:16~24)
너의 먹을 것은 밭의 채소라(창 3:18)
물대서 키우는 채소밭(신 11:10)
채소를 캐러 들에 나감(왕하 4:39)
사람에게 소용이 되는 채소(시 104:14)
채소를 먹으며 서로 사랑함(잠 15:17)
채식을 한 다니엘과 세 친구(단 1:16)
근채의 십일조는 드리나(마 23:23)
연약한 자는 채소를 먹음(롬 14:2)

9. 화초업(찬송 499)

꽃피어 열매 맺는 아론의 지팡이(민 17:8)
고벨화 한송이 같음(아 1:14)
사론의 수선화(아 2:1)
골짜기의 백합화(아 2:1~2)
꽃이 지면에 만발함(아 2:12)
꽃이 피어 향기를 발함(아 3:12)
고벨화와 나도초(아 4:13)
향기로운 꽃밭(아 6:2)
석류꽃이 피었는지 보라(아 7:12)
들의 백합화(마 6:28)

10. 목축업(찬송 442)

이스라엘의 반석인 목자(창 49:24)
여호와는 나의 목자(시 23:1)
양을 잘 먹이는 목자(사 40:11)
밤을 새우며 양치는 목자(눅 2:8)
목숨을 버리는 선한 목자(요 10:11)

큰 목자이신 예수님(히 13 : 20)
자기 몸만 기르는 나쁜 목자(유 1 : 12)

11. 상업(찬송 377)

매매하는 일에 서로 속이지 말라(레 25 : 13)
고리 대금하지 말라(레 25 : 35~36)
전당물을 강탈하지 말라(신 24 : 10~14)
귀한 것은 놓치지 말고 사라(마 13 : 45~46)
신자는 영적 장사군(마 25 : 13~30)
예수를 물건처럼 흥정하는 유다(마 26 : 14~16)
성전을 장사터로 삼지 말라(요 2 : 16)
장삿군의 예산계획(약 4 : 13~17)

12. 공업(찬송 208)

동철 기계 공업(창 4 : 22)
벽돌 제조업(창 11 : 3, 출 1 : 14)
옹기 제조업(창 19 : 28, 롬 9 : 21)
석 공업(왕상 5 : 15)
철 공업(사 44 : 12)
목 공업(사 44 : 13)
악기 제조업(암 6 : 5)
피혁 공업(행 9 : 43)
장막 제조업(행 18 : 3)
은장 공업(행 19 : 24)

13. 노동자(찬송 502)

인간은 땀 흘리는 노동자(창 3 : 19)
강제 노동당하는 이스라엘인(출 1 : 11~14)
부지런한 손은 부하게 됨(잠 10 : 4)
포도원에 부름받은 노동자들(마 20 : 1~16)
게으른 일군은 벌받음(마 24 : 42~51)
하나님도 주님도 일하심(요 6 : 17)

부지런하여 게으르지 말라(롬 12 : 11)
우리는 그리스도의 일군(고전 4 : 1~2)
일하기 싫은 자는 먹지도 말라(살후 3 : 10)

14. 의사(찬송 82)

수종하는 의사(창 50 : 2)
거기 어찌 의원이 있지 아니하냐(렘 8 : 22)
각종 병을 고쳐 주시는 예수님(마 4 : 23~24)
우리 병을 짊어지신 주님(마 8 : 17)
병자에게 필요한 의사(마 9 : 12)
여러 의사에게 괴로움을 받음(막 5 : 26)
사랑을 받는 의사 누가(골 4 : 14)

15. 은행원(찬송 354)

가난한 자에게 취리하지 말라(출 22 : 25)
돈 없는 자도 오라(사 55 : 1)
의인은 변을 위하여 취리하지 않음(겔 18 : 8)
돈 바꾸는 사람의 상(막 11 : 15)
내 은을 은행에 두라(눅 19 : 23)
경제의 평균을 도모함(고후 8 : 14~15)

16. 교육가(찬송 360)

권세 있게 가르치는 선생(마 7 : 29)
예수에게 와서 배울 것(마 11 : 29)
지혜와 권능의 교수(마 13 : 54)
하나뿐인 선생 그리스도(마 23 : 8)
하나님께로부터 오신 선생(요 3 : 2)
이스라엘의 선생(요 3 : 10)
사랑의 봉사자로서의 선생(요 13 : 13~14)
어린아이의 선생(롬 2 : 20)
이방인의 선생(딤전 2 : 7)

17. 선원(찬송 247)

방주에서의 노아(창 7 : 13～24)
배와 바닷길을 아는 종들(대하 8 : 18)
요나를 깨우는 선장(욘 1 : 6)
파도에 죽게 된 사공들(마 8 : 23～27)
풍파를 멈추시는 신기한 사공(마 14 : 31～33)
배 타고 한적한 곳으로 감(막 6 : 32)
배 타고 예수를 찾아 나섬(요 6 : 24)
사공의 뜻대로 움직이는 배(약 3 : 4)
각 선장과 선객들(계 18 : 17)

18. 어부(찬송 226)

악어는 낚기 어려움(욥 41 : 1)
많은 어부들(렘 16 : 16)
주의 발 아래 사는 바다의 어족(시 8 : 8)
탄식하며 우는 어부(사 19 : 8)
여호와께서 부르는 많은 어부(렘 16 : 16)
바다에 그물 던지는 어부(마 4 : 18)
사람 낚는 어부(마 4 : 19)
신기하신 어부 예수(눅 5 : 1～11)
그물을 씻는 어부들(눅 5 : 2)
많은 고기를 낚는 어부 예수(요 21 : 3～11)

Ⅵ. 연령에 따라

1. 노인(찬송 542)

밭에서 일하는 노인(삿 19 : 16)
왕을 모시는 노인들(왕상 12 : 6)
일어나서 서는 노인(욥 29 : 8)
자손은 노인의 면류관(잠 17 : 6)
노인의 아름다운 것은 백발(잠 20 : 29)

수한이 차지 못한 노인(사 65 : 20)
하늘의 장막이 있음(고후 5 : 1)
육체의 남은 때를 하나님 뜻대로(벧전 4 : 2~3)
남편을 다시 두지 못한 노파(룻 1 : 12)
손자를 잘 양육하는 조모(룻 4 : 16)
아들 없고 늙은 남편 모신 여인(왕하 4 : 14)
늙은 어미를 경히 여기지 말라(잠 23 : 32)
같이 늙어가는 노부부(눅 1 : 18)
예수를 환영한 노선지 안나(눅 2 : 36~38)
늙은 여인을 어미같이 권하며(딤전 5 : 2)
신앙을 유업으로 남겨준 로이스(딤후 1 : 5)
성결한 행실의 노파(딛 2 : 3)
젊은 부녀를 가르치는 노부녀(딛 2 : 4)

2. 장년(찬송 376)

장정들만 갈지어다(출 10 : 11)
칼에 쓰러지는 장정(사 3 : 25)
자기 일을 아는 장성한 자(요 9 : 21)
지혜에 장성한 자가 되라(고전 14 : 20)
단단한 식물을 먹는 장성한 자(히 5 : 14)

3. 부녀(찬송 518)

남편을 존경하는 부녀(에 1 : 20)
즐거워하는 부녀(느 12 : 43)
가루를 반죽하는 부녀(렘 7 : 18)
부녀들은 교회에서 잠잠할 것(고전 14 : 34)
복음 전파에 힘쓰는 부녀(빌 4 : 3)
아담한 옷을 입은 부녀(딤전 2 : 9)
조용하고 순종함으로 배울 부녀(딤전 2 : 11)
하나님을 바라는 거룩한 부녀(벧전 3 : 5)
택하심을 입은 부녀(요이 1 : 1)

4. 청년(찬송 391)

젊어서 조물주를 기억하라(전 12 : 1)
베 홑이불 두르고 도망친 청년(막 14 : 51)
청년아 일어나라(눅 7 : 14)
환상을 보는 젊은이(행 2 : 17)
옷을 맡았던 사울이라는 청년(행 23 : 17~18)
장로들에게 순복하는 젊은이(벧전 5 : 5)
악한 자를 이긴 청년(요일 2 : 13)

5. 처녀(찬송 162)

남자를 가까이하지 아니한 처녀(창 24 : 19)
정혼하지 아니한 처녀(출 22 : 16)
출가하지 아니한 처녀(레 21 : 3)
아름다운 처녀(에 2 : 2)
근심하는 처녀(에 1 : 4)
엎드려진 처녀(암 5 : 2)
예언하는 4자매(행 21 : 7~14)
처녀가 시집가도 범죄함은 아님(고전 7 : 28)
부녀와 처녀는 분간이 있음(고전 7 : 34)
정결한 처녀(고후 11 : 2)

6. 소년(찬송 299)

꿈이 많은 소년(창 37 : 1~11)
병기잡은 소년(삿 9 : 54)
큰 죄를 범한 소년(삼상 2 : 17)
하나님의 부름을 받은 소년(삼상 3 : 10~14)
준수한 소년 사울(삼상 9 : 2)
소년아 네 이름이 무엇이냐(삼상 17 : 5)
죄의 유혹을 받기 쉬운 소년(잠 7 : 22)
가난해도 지혜로운 소년(전 4 : 13)
업신 여김을 받지 말 것(딤전 4 : 12)
맑은 마음으로 주의 이름을 부를 것(딤후 2 : 22)

7. 소녀(찬송 82)

청혼받은 소녀(창 24:14, 28)
잘못 처세하다가 욕을 당한 소녀(창 34:1~4)
모세를 구출한 미리암 소녀(출 2:4~7)
사사 입다의 외딸(삿 11:34~40)
부지런히 일하는 모압 소녀(룻 2:1~7)
물 길러 나오는 소녀(삼상 9:11)
사귀병에서 고침받은 소녀(마 15:21~28)
베드로에게 질문하는 비자(마 26:69~71)
죽음에서 소생한 소녀(막 5:35~43)
베드로의 출옥을 보고한 소녀 로데(행 12:13~17)

8. 어린이

힘있게 찬송하는 어린이(시 8:2)
바른 행실의 어린이(잠 20:11)
방백이 된 어린이(사 3:4)
떡을 구하는 어린이(렘 4:4)
장터에서 동무를 부르는 어린이(마 11:16)
천국민의 표본이 되는 어린이(마 18:3~4)
죽지 않고 자고 있는 어린이(눅 8:52)
보리떡을 주께 드린 어린이(요 6:9)
그리스도 안에서의 어린이(고전 3:1)
악이 없는 어린이(고전 14:20)

9. 영아

준수한 아이(출 2:2)
품에 품고 기르는 젖먹이(룻 4:16)
경배를 받으시는 아기 예수(마 2:11)
젖먹이 입에서 나오는 찬미(마 21:16)
8일 만에 할례받는 아이(눅 1:59)
아기를 안고 하나님을 찬송(눅 2:28)

잘 자라나는 아기 예수(눅 2 : 40)
젖을 사모하는 갓난아이(벧전 2 : 2)

Ⅶ. 생활 형편따라

1. 집을 새로 지은 자(찬송 82, 88)

새집을 짓고 낙성식을 함(신 20 : 5)
새집을 건축할 때 유의할 일(신 22 : 8)
여호와께서 집을 세우면 견고함(시 127 : 1)
다듬은 돌로 건축한 집(암 5 : 11)
반석 위에 세운 집(마 7 : 24~25)
집 모퉁이의 요긴한 돌(벧전 2 : 7)
집 지은 자가 집보다 존귀함(히 3 : 3)

2. 새로 이사 온 자(찬송 455, 488)

남방으로 이사한 아브라함(창 20 : 1)
민족적 집단 이사 출애굽(출 13 : 1~6)
이방으로 이사 감(룻 1 : 1~2)
고향으로 이사 옴(룻 1 : 19~22)
낮에 이사하라(겔 12 : 1~7)
예수님 가정의 이사(마 4 : 14)
이사는 하나님의 섭리(행 7 : 3~4)
기업 얻을 땅으로 이사(히 11 : 8~10)
본향을 그리는 나그네(히 11 : 8~10)
나그네 같은 인생(벧전 1 : 11)

3. 셋방살이하는 자(찬송 466)

참새, 제비도 제 집이 있음(시 84 : 3)
각기 자기 집에서 영광 중에 삶(사 14 : 18)
내 집에서 평안함(단 4 : 4)
머리둘 곳조차 없는 인자(눅 9 : 58)
집 주인도 제 집을 잘 수직해야 함(눅 12 : 39)

처소를 예비하러 가신 주님(요 14:1~3)
바울도 셋방살이함(행 28:30)
하나님이 지으신 영원한 집(고후 5:1~3)

4. 실업자(찬송 432)

가난한 품군을 학대하지 말라(신 24:13)
품군들이 마음에 근심하리라(사 19:10)
일군이 없어 탄식함(마 9:37)
일군이 삯을 얻는 것이 마땅함(눅 10:7)
믿고서 일하라(눅 12:22~30)
품군의 하나라도 족하겠음(눅 15:19)
직업의 귀천 없이 일하라(행 18:1~3)
부지런히 일하라(롬 12:11)
수고하며 일하라(살후 3:8~10)

5. 사업에 실패한 자(찬송 93, 359)

욥의 경우를 생각하라(욥 1:21~22)
여호와께 의탁하면 성취됨(시 37:5)
두려워 말며 낙심하지 말라(사 7:4)
사업 실패의 원인을 살피라(학 1:3~6)
실패의 원인을 반성, 회개하라(눅 15:13~21)
이제부터는 육체대로 알지 않겠음(고후 5:16)
육체를 위해 심은 결과(갈 6:8)
이방인의 허망을 버리라(엡 4:17)
선행하다가 낙심하지 말라(살후 3:13)
주의 뜻이면 이것저것을 함(약 4:15)

6. 환경이 좋지 못한 자(찬송 415)

강포가 심한 데서 산 노아(창 6:5~13)
악인들이 들끓는 소돔성(창 13:13)
경박한 무리와 사귐(삿 9:4)
너희는 세상의 소금(마 5:13)

너희는 세상의 빛(마 5 : 14)
방탕한 환경에 물들지 말 것(눅 15 : 13)
하나님의 흠없는 자녀가 될 것(빌 2 : 15~16)
허다한 간증자들이 있음(히 12 : 1)
세상을 믿음으로 이길 것(요일 5 : 4~5)
마지막 때를 조심하라(유 1 : 17~23)

7. 가난한 자(찬송 539)

가난한 자에게 먹을 것을 주심(레 19 : 9~10)
여호와는 가난케도·부유케도 하심(삼상 2 : 7)
가난한 자가 소망이 있음(욥 5 : 16)
가난한듯 한 부자(잠 13 : 7)
가난해도 도적질 말라(잠 30 : 9)
가난해도 지혜 있는 소년(전 4 : 13)
가난한 자에게 복음을 전파함(마 11 : 5)
가난한 자들을 초대하라(눅 14 : 13, 21)
가난한 자들을 구제하라(롬 15 : 26)

8. 고아(찬송 487)

고아를 위해 신원하시는 하나님(신 10 : 18)
고아를 위한 분깃 및 기업(신 14 : 28~29)
고아의 송사를 억울하게 말라(신 24 : 17)
고아를 먹이지 아니했더냐(욥 31 : 17)
고아를 도우시는 주(시 10 : 14)
고아를 구원하시는 하나님(시 146 : 9)
고아와 같이 버리지 않음(요 14 : 3)
환난 중에 고아를 돌볼 것(약 1 : 27)

10. 과부(찬송 274, 511)

과부의 서원을 지키라(민 30 : 9)
과부를 위해 신원하시는 하나님(신 10 : 18)
엘리야를 공궤한 사르밧 과부(왕상 17 : 8~16)

과부의 마음을 기쁘게 함(욥 29:13)
하나님은 과부의 재판장(시 68:5)
과부를 구원하시는 하나님(시 146:9)
과부는 내게 의지하라(렘 49:11)
가난한 과부의 복된 연보(막 12:42~44)
외아들 죽은 과부의 설움(눅 7:11~17)
구제에서 빠지는 과부(행 6:1)

10. 나그네(찬송 422, 434)

어디를 가든지 보호하심(창 28:15)
내게 우거하는 나그네니(레 25:23)
내가 주께 나그네가 되었으니(시 39:12)
나그네를 돕는 여호와(시 121:1~8)
위험한 여행 중에 보호하심(고후 11:26)
나그네가 아니요 하나님의 권속(엡 2:19)
땅에 있어 나그네로다(히 11:13)
흩어진 나그네에게 편지하다(벧전 1:1)
나그네와 행인 같은 인생(벧전 2:11~12)

11. 수감자의 가족(찬송 342)

옥중에서도 은혜를 입음(창 39:19~23)
옥에 가둘까 염려하지 말라(마 5:25)
수감자를 돌봄이 성도의 책임(마 25:36)
바른 말을 하다가 투옥됨(눅 3:18~20)
믿음으로 인해 투옥됨(눅 21:12)
주와 같이 옥에도 가겠나이다(눅 22:33)
주의 사자가 옥문을 열어 줌(행 5:17~25)
사울이 신자를 투옥함(행 8:3)
위하여 기도할 것(행 12:1~19)
잠시 떠남은 얼굴뿐(살전 2:17)

Ⅷ. 불신자

1. 완고한 자(찬송 318)

하나님의 사랑을 원치 않음(마 23 : 37)
하나님의 영광을 구하지 않음(요 5 : 44)
예수를 믿지 않음이 가장 큰 죄(요 16 : 8~9)
십자가의 도를 어리석게 봄(고전 1 : 18)
전도의 말을 어리석게 믿음(고전 2 : 14)
세상 신이 정신을 혼미케 함(고후 4 : 3~4)
미혹된 마음으로 거짓을 믿음(살후 2 : 11)

2. 차차로 미루는 자(찬송 167)

어느 때까지 머뭇거리느냐(왕상 18 : 21)
하루 동안에 무슨 일이 날는지 모름(잠 27 : 1)
멸망은 갑자기 옴(잠 29 : 1)
생각지 못한 때에 인자가 옴(마 24 : 24~44)
준비하고 기다려야 할 것(마 25 : 10~12)
오늘 밤에 영혼을 불러갈지 모름(눅 12 : 19~20)
기회가 지날 때가 옴(눅 13 : 24)
내가 간 후에 다시 못 찾음(요 8 : 21)
어둠이 임하기 전에 행하라(요 12 : 35)
너희 생명은 안개와 같음(약 4 : 13~14)

3. 믿는 법을 모른다는 자(찬송 343)

자기가 길잃은 자임을 인식(사 53 : 6)
사람 앞에서 예수를 시인할 것(마 10 : 32~33)
예수의 도를 부끄러워 말 것(막 8 : 38)
예수를 구주로 영접할 것(눅 7 : 36~50)
구주 영접으로 하나님의 자녀가 됨(요 1 : 12)
십자가의 예수를 바라보라(요 3 : 14)
예수 믿으면 멸망치 않음(요 3 : 16)

예수 믿으면 구원을 얻음(행 16 : 31)
마음으로 믿으면 의에 이름(롬 10 : 10)
주의 이름을 부르는 자가 구원을 얻음(롬 10 : 13)

4. 이미 늦었다는 자(찬송 539)

하나님은 버리지 아니하심(시 27 : 9)
환난 날에 나를 부르라(시 50 : 15)
와서 의논하자고 하심(사 1 : 18)
임박한 진노를 피하라(마 3 : 7~12)
후에라도 뉘우치고 갈 것(마 21 : 28~31)
최후의 부르짖음도 들으심(눅 23 : 39~43)
은혜로 택한 남은 자(롬 11 : 5)
지금은 은혜 주실 때요 구원의 날(고후 6 : 2)
이제라도 눈물의 권면을 듣자(빌 3 : 18)

5. 죄가 많다는 자(찬송 187, 405)

다윗은 본래 살인 및 강간자(시 51 : 14)
우리의 죄를 멀리 옮기심(시 103 : 12)
주홍 같은 죄도 눈과 같이 됨(사 1 : 8)
허물을 도말하고 기억지 않음(사 43 : 25)
진노의 때가 이름(마 12 : 20)
예수는 잃어버린 자를 찾으심(눅 19 : 10)
세상 죄를 지고 가는 어린양(요 1 : 19)
죄인 위해 죽으신 예수(롬 5 : 8)
죄인 괴수도 구원 얻음(딤전 1 : 15)
우리 죄의 담당하는 예수(벧전 2 : 24)

6. 늙은 후에 믿겠다는 자(찬송 540)

언제 죽을는지 모름(창 27 : 2)
그림자와 같은 인생(욥 14 : 1~6)
아침 풀꽃과 같은 인생(시 90 : 1~10)
갑자기 멸망을 당함(잠 29 : 1)

인생은 죽을 때가 있음(잠 3 : 2)
젊어서 창조자를 기억하라(전 12 : 1)
오늘 밤에 영혼을 부를는지 모름(눅 12 : 20)
육체를 위하여 심으면 썩을 것 거둠(갈 6 : 7~8)
죽은 후에 심판은 반드시 받음(히 9 : 27)
내일 일을 알지 못함(약 4 : 14)

7. 헛된 것을 추구하는 자(찬송 208)

헛된 것을 쫓지 말라(삼상 12 : 21)
하나님은 중심을 보심(삼상 16 : 7)
뜻을 허탄한 데 두지 말라(시 24 : 4)
바른 길 같으나 죽는 길(잠 14 : 12)
점패는 허탄한 것(겔 13 : 9)
불신 죄가 제일 큰 죄(요 16 : 9)
생각이 허망하여짐(롬 1 : 21)
율법으로는 의인이 없음(롬 3 : 20)
헛된 영광을 구하지 말 것(갈 5 : 26)
헛된 말은 자기를 속임(엡 5 : 6)

8. 의심하는 자(찬송 215)

믿음이 적은 자는 의심함(마 14 : 31)
의심없이 믿으면 산도 옮김(마 21 : 21)
부활하신 주를 보고도 의심함(마 28 : 17)
마음에 의심치 않으면 그대로 됨(막 11 : 23)
어찌하여 의심이 일어나느냐(눅 24 : 38)
하나님의 명령을 의심하지 말라(행 10 : 17~20)
하나님의 약속을 의심하지 말라(롬 4 : 20)
의심하는 바를 비판하지 말라(롬 14 : 1~3)
의심하고 먹으면 정죄됨(롬 14 : 23)
의심자를 긍휼히 여기라(유 1 : 22)

9. 돈 번 후에 믿겠다는 자(찬송 324)

정직한 자에게 많이 주심(시 84 : 11)
돈없는 자도 환영함(사 55 : 1)
사람이 떡으로만 살지 못함(마 4 : 4)
생명과는 바꿀 수 없음(막 8 : 36~37)
돈가지고 은혜를 사지 못함(행 8 : 18~20)
그리스도를 위하여 해로 여길 것(빌 3 : 7~8)
범사에 돈을 탐하지 말라(히 13 : 5)

10. 우상 숭배자(찬송 377)

우상을 만들고 절하지 말라(출 20 : 4~5)
우상으로 유다를 범죄케 함(왕하 21 : 11)
우상 섬김으로 올무에 걸림(시 106 : 36)
우상 제조자는 수치를 당함(사 45 : 16)
하나님을 떠나는 일(겔 44 : 10)
마땅히 미워할 대상(롬 2 : 22)
우상 숭배자와 사귀지 말라(고전 5 : 11)
우상 숭배자는 탐심자(엡 5 : 5)

11. 미신을 믿는 자(찬송 338)

무능한 애굽의 술객들(출 8 : 18)
묵시를 해석 못하는 박사와 술객들(단 5 : 5)
택한 자라도 미혹하려 함(마 24 : 24)
요술로 백성을 놀라게 하던 시몬(행 8 : 9)
점쟁이 사귀들린 여종(행 16 : 16)
알지 못하는 신의 단(행 17 : 23)
신앙 탈선으로 미혹받음(딤전 6 : 10)
미혹된 길에서 돌아서라(약 5 : 20)
미혹에 끌려 떨어질까 삼가라(벧후 3 : 17)

12. 무신론자(찬송 460)

하나님 외에 다른 신이 없음(신 4 : 35)

악인의 사상에는 하나님이 없음(시 10 : 4)
어리석은 자는 무신론을 주장함(시 14 : 1)
하나님을 경외함이 지식의 근본(잠 1 : 7)
참 하나님을 아는 것이 영생(요 17 : 3)
피조물을 보아 알 수 있음(롬 1 : 10)
양심으로 신을 알게 함(롬 1 : 19)
지혜 있는 것 같은 어리석음(롬 1 : 22)
하나님을 찾는 자가 없음(롬 3 : 11)
자기 지혜로 하나님을 알지 못함(고전 1 : 21)

13. 예수의 신성을 부인하는 자(찬송 269)

태초부터 계신 조물주(요일 1 : 1~3)
예수는 곧 하나님이심(요 5 : 18)
예수 공경이 하나님 공경(요 5 : 23)
예수를 보내신 분은 하나님(요 5 : 30)
도마의 신앙 고백(요 20 : 28)
예수는 만유의 주(행 10 : 36)
만물 위에 찬양받으실 하나님(롬 9 : 5)
천사의 예배를 받으심(히 1 : 6)
처음과 나중이 되심(계 1 : 17)
만국 심판의 권능이 있음(계 2 : 26~27)

14. 도를 무시하는 자

죄인을 감찰하시는 하나님(시 130 : 2)
긍휼을 구할 것(눅 18 : 9~14)
예수는 생명의 길(요 14 : 6)
도덕 의지자는 저주하에 있음(갈 3 : 10)
속량자 구주를 의지하라(갈 3 : 13)

15. 원망하는 자(찬송 361)

미련한 자의 소행(잠 19 : 3)
하나님의 섭리는 측량치 못함(사 55 : 5~9)

네가 핑계하지 못하리라(롬 2:1)
감히 하나님을 힐문하느냐(롬 9:20)
원망과 시비가 없게 하라(빌 2:14)
원망 없이 접대하라(벧전 4:9)

16. 성경이 하나님 말씀임을 부인하는 자(찬송 379)

여호와의 율법은 완전·확실함(시 19:7)
성경을 몰라서 오해함(마 22:29)
하나님의 말씀은 폐하지 못함(마 24:44)
성경의 기록이 다 응함(눅 24:44)
마음이 열려야 성경을 깨달음(눅 24:45)
하나님께 속한 자가 말씀을 들음(요 8:47)
성경은 폐하지 못함(요 10:35)
성경이 무엇을 말하느뇨(롬 4:3)
성경은 하나님의 감동으로 쓰여짐(딤후 3:16)

17. 지옥을 부인하는 자(찬송 545)

범죄자는 지옥에 던짐(마 5:30)
지옥에 던질 자를 두려워 할 것(마 10:28)
지옥 판결은 피하지 못함(마 23:33)
악인은 영영한 불에 감(마 25:41)
죽은 후에는 지옥 형벌이 있음(눅 12:5)
악인은 앙화를 받음(눅 16:23~26)
지옥은 고통이 연속됨(벧후 2:4)
생명책에 누락된 자가 감(계 13:7~8)
유황불 구덩이가 있음(계 19:20)
둘째 사망이 있음(계 21:8)

18. 믿으면 핍박받는다는 자(찬송 455)

의를 위해 핍박받으면 복이 있음(마 5:10~12)
사람의 원수가 그 집안 식구(마 10:36)
예수님이 먼저 미움을 받았음(요 15:18)

핍박받음이 하나님께 합당함(행 5 : 41)
환난을 이겨야 천국에 들어감(행 14 : 22)
고난을 참으면 주와 같이 왕노릇함(딤후 2 : 12)
경건하게 살려면 핍박받음(딤후 3 : 12)
피곤하여 낙심치 말 것(히 12 : 3)
죽도록 충성할 것(계 2 : 10)

19. 실직을 두려워하는 자(찬송 189)

사람이 떡으로만 살지 않음(마 4 : 4)
먼저 그 나라와 의를 구할 것(마 6 : 33)
천하보다 귀한 생명(막 8 : 36~37)
생활 문제가 가산에 있지 않음(눅 12 : 15)
재물 축적이 별세시에 소용이 없음(눅 12 : 16~21)
부자의 향락은 사후의 지옥 고통(눅 16 : 24~26)
너희는 마음에 근심하지 말라(요 14 : 1)
만물을 은혜로 주심(롬 8 : 32)
주의 뜻이면 이것·저것을 할 수 있음(약 4 : 15)

20. 죄가 없다고 교만한 자(찬송 469)

자기 죄를 없는 체 하는 자(삼하 12 : 15)
독사의 자식들아 회개하라(마 3 : 7)
자기를 높이는 자는 낮아짐(눅 18 : 14)
죄가 없다고 하나 죄가 있음(요 9 : 41)
남을 가르치며 범죄하는 자(롬 2 : 19~23)
의인은 한 사람도 없음(롬 3 : 10)
경건한 체 제 마음을 속이는 자(약 1 : 26)
교만한 자를 물리치심(약 4 : 6)
하나님을 거짓말하는 자로 만듦(요일 1 : 10)
실상은 죽은 상태(계 3 : 1)

IX. 군인 신자

1. 병역의 의무(찬송 389)

왕이 군대를 소집(왕상 20:1)
하나님이 함께 하심(수 1:5~9)
상관에게 복종할 것(롬 13:1~2)
자비량하여 다니지 않음(고전 9:7)
각각 자기 짐을 질 것(갈 6:5)
함께 수고하는 군사(빌 2:25)
자기 일에 얽매이지 않음(딤후 2:4)
징집자를 기쁘게 할 것(딤후 2:4)
선한 싸움을 할 것(딤후 4:7)

2. 훈련생(찬송 318)

연단하여 갑절의 축복을 줌(욥 42:10)
하나님께서 우리를 연단하심(사 48:10)
연단으로 최후까지 이름(단 11:35)
연단받아 정결해짐(단 12:10)
연단은 소망을 이룸(롬 5:4)
연단받아 선악을 분별함(히 5:14)
믿음의 시련이 인내를 만듦(약 1:3)
연단 후에 면류관을 얻음(약 1:12)

3. 出戰者(찬송 359)

출전을 자원한 다윗(삼상 17:34~35)
싸우러 나아가라(왕상 22:15)
출전할 만한 군대(대상 7:4)
옷을 팔아 검을 사라(눅 22:36)
누가 우리를 대적하리요(롬 8:31)
승리를 위해 절제할 것(고전 9:25)
그리스도 안에서 이기게 하심(고후 2:14)

4. 승전자(찬송 410)

아브라함의 개선(창 14 : 11~17)
하나님이 승전케 하심(민 21 : 3)
시혼과의 전쟁에서 승리(민 21 : 11~32)
바산왕과의 전쟁에서 승리(민 21 : 33~35)
여리고성의 점령(수 6 : 1~21)
사울의 승전비 건립(삼상 15 : 21)
여호와의 이름으로 승리함(삼상 17 : 45)
다윗의 승전 환영가(삼상 18 : 7)
모든 일에 넉넉히 이김(롬 8 : 37)
선으로써 악을 이김(롬 13 : 21)

부목사학

※
초판 1쇄 / 1987년 4월 30일
4판 1쇄 / 2002년 3월 30일

※
지은이 / 이주영
펴낸이 / 이숭하
펴낸곳 / 성광문화사
121-011 서울 마포구 아현동 95-1
☎ (312)2926・8110, (363)1435
FAX・(312)3323
E-mail・Sk 1435@chollian.net

※
출판등록번호 / 제 10-45호
출판등록일 / 1975.7.2
책 번호 / 401
파본은 교환해 드립니다.
이 출판물은 저작권법으로 보호 받는 저작물이므로 무단 전제나 무단 복제를 할 수 없습니다.

값 10,000원

ISBN 89-7252-372-0 93230
Printed in Korea